Richard Preston, geboren 1954 in Cambridge, Massachusetts, studierte Naturwissenschaften und wurde an der Princeton University promoviert. Als Wissenschaftsjournalist arbeitet er u.a. für den *New Yorker*. *Hot Zone* ist sein drittes Sachbuch.

Vollständige Taschenbuchausgabe Februar 1997
Droemersche Verlagsanstalt Th. Knaur Nachf., München

Titel der Originalausgabe: »The Hot Zone«

Teile dieses Buches wurden ursprünglich in *The New Yorker* und *Esquire* veröffentlicht. Der Autor dankt für die Abdruckerlaubnis folgender veröffentlichter und unveröffentlichter Texte:
Zitate aus Dan W. Dalgard, *Chronology of Events*,
Copyright © 1989, 1994 by Dan Dalgard; Auszug eines Briefes von Karl M. Johnson an Richard Preston;
Auszüge aus D'Vera Cohn, *Deadly Ebola Virus Found in Va. Laboratory*, abgedruckt am 1.12.1989 in der *Washington Post*, Copyright © 1989 by Washington Post.
Originalverlag: Random House, New York
Satz: Ventura Publisher im Verlag
Druck und Bindung Elsnerdruck, Berlin
Printed in Germany
ISBN 3-426-77257-4

2 4 5 3 1

Richard Preston

Hot Zone

Tödliche Viren aus dem Regenwald
Ein Tatsachen-Thriller

Aus dem Amerikanischen von
Sebastian Vogel

Knaur®

Für Frederic Delano Grant, Jr.,
der von allen bewundert wird, die ihn kennen.

Der Autor bedankt sich für ein Forschungsstipendium, das ihm von der Alfred P. Sloan Foundation gewährt wurde.

Die Dinge, die in diesem Buch beschrieben werden, ereigneten sich zwischen 1967 und 1993. Die Inkubationszeit der Viren, um die es hier geht, ist kürzer als 24 Tage. Niemand, der mit einer der Virusarten infiziert war und erkrankte, und niemand, der mit einer infizierten Person in Berührung kam, kann nach der Genesung bzw. nach Ablauf der Inkubationszeit (wenn es zu keiner Erkrankung kam) das Virus weiterverbreiten. Keine der lebenden Personen, die in diesem Buch erwähnt werden, leidet an einer ansteckenden Viruskrankheit. Viren können nicht länger als 10 Tage in einem isolierten Zustand, also ohne Wirtszelle, überleben, es sei denn, sie werden auf spezielle Weise präpariert und tiefgefroren. Daher sind die in diesem Buch vorkommenden Orte, Reston oder die Region Washington, D. C., keine Seuchengebiete.

Der zweite Engel goß aus seine Schale ins Meer;
und es wurde zu Blut wie von einem Toten.

Offenbarung 16,3

An den Leser

Dieses Buch ist kein Roman. Die Geschichte ist wahr, und die Menschen gibt es wirklich. In einigen Fällen habe ich die Betroffenen anders genannt, so Charles Monet und Peter Cardinal, aber die Namen der übrigen Hauptpersonen sind die gleichen geblieben.

Die Dialoge wurden nach den Erinnerungen der Beteiligten rekonstruiert. An manchen Stellen beschreibe ich die Gedankengänge einer Person. In diesen Fällen gründet sich die Erzählung auf eine Befragung des Betreffenden, der sich seine Gedanken – oft mehrmals – in Erinnerung rief, gefolgt von einer Überprüfung der beschriebenen Tatsachen. Wenn man jemanden fragt: »Was haben Sie gedacht?«, ist die Antwort oft reichhaltiger und, was die menschliche Natur angeht, aufschlußreicher als alles, was ein Erzähler sich ausdenken könnte. Ich versuche, hinter dem Gesicht eines Menschen sein Wesen zu erkennen und aus seinen Worten etwas über sein Leben herauszuhören. Was ich dabei finde, liegt jenseits aller Vorstellungskraft.

Richard Preston

Inhalt

Infektionsbereich

Zutritt für Unbefugte verboten

Zum Öffnen
Identifizierungskarte
einführen

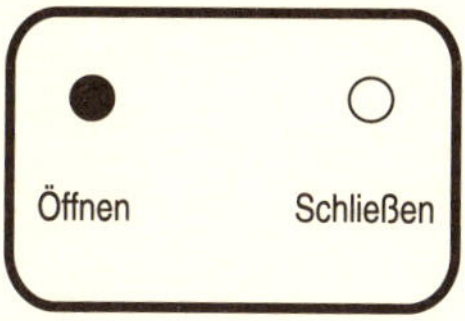

Bitte warten . . .

Eintritt genehmigt . . .

Trakt AA-5

Leitung: Oberst Nancy Jaax
Verwendete Erreger: unbekannt

Bitte weitergehen

Laborsicherheitsstufe

0

GARDEROBE

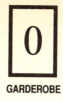

Geschlecht: weiblich

Legen Sie A L L E S ab, was die Haut berührt:
Kleidung, Schmuck, Kontaktlinsen usw.
Legen Sie keimfreie chirurgische
Kleidung an.

Eintritt genehmigt . . .

Laborsicherheitsstufe

2

ACHTUNG:
ULTRAVIOLETTES LICHT

Laborsicherheitsstufe

3

VORBEREITUNGSRAUM

Alarmanlage: eingeschaltet

Schutzanzug: fertig

Achtung

Biologische
Gefahrstoffe

Laborsicherheitsstufe

4

LUFTSCHLEUSE
DESINFEKTIONSDUSCHE

Eintritt ohne Schutzanzug verboten
Identifizierungscode eingeben

Eintritt genehmigt . . .

Erster Teil

Der Schatten des Elgon

Es kam aus dem Wald

1. Januar 1980

Charles Monet war ein Einzelkämpfer. Der Franzose lebte allein in einem kleinen einstöckigen Holzhaus auf dem Privatgelände der Nzoia-Zuckerfabrik im Westen Kenias. Sie lag in Sichtweite des Elgon, eines gewaltigen erloschenen Vulkans, der sich am Rand des Rift-Tals bis zu einer Höhe von etwa 4200 Metern erhebt. Was Monet nach Afrika getrieben hatte, war nicht ganz klar. Wie bei vielen Emigranten, die hier strandeten, schien seine Vergangenheit ein wenig undurchsichtig zu sein. Vielleicht hatte er in Frankreich irgendwie Ärger gehabt, oder vielleicht hatte ihn auch die Schönheit der Landschaft nach Kenia gezogen. Er war Amateur-Naturforscher und begeisterte sich für Vögel und andere Tiere, aber nicht für die Menschen im allgemeinen. Er war sechsundfünfzig, mittelgroß und mittelkräftig, mit weichen, glatten braunen Haaren – ein gutaussehender Mann. Eng befreundet, so schien es, war er nur mit Frauen, die in den kleinen Städten rund um den Berg wohnten, aber auch sie können den Ärzten, die nun Monets Tod untersuchen, nicht viel berichten. Sein Beruf bestand darin, sich um die Pumpenanlage der Zuckerfabrik zu kümmern, die das Wasser aus dem Nzoia River ansaugte und auf den kilometerlangen Zuckerrohrfeldern verteilte. Die meiste Zeit des Tages, so sagen sie, verbrachte er am Fluß im Pumpenhaus, denn es machte ihm Spaß, den Maschinen bei der Arbeit zuzusehen. Wie so oft in solchen Fällen, kann man die Einzelheiten nur schwer dingfest machen. Die Ärzte erinnern sich an die klinischen Symptome, denn wer einmal gesehen hat, wie ein bösartiger Erreger der Gefahrenklasse 4 auf einen Menschen wirkt, kann es nicht mehr vergessen. Der Fall von Charles Monet zeigt sich dem Betrachter als Mischung aus sachlich beschriebenen klinischen Befunden und einem so hellen, beunruhigenden Aufblitzen des Entsetzlichen, daß man unwillkürlich zurückzuckt und blinzelt, als starre man in eine andersfarbige, fremde Sonne.

Monet kam im Sommer 1979 nach Kenia, ungefähr zu der Zeit, als das menschliche Immunschwächevirus HIV, der AIDS-Erreger, endgültig aus den Regenwäldern Zentralafrikas ausbrach und seine tödliche Reise durch die Menschheit antrat. AIDS lag schon wie ein Schatten über der Bevölkerung Zentralafrikas, auch wenn noch niemand wußte, daß es die Krankheit gab. Sie hatte sich in aller Stille entlang des Kinshasa Highway ausgebreitet, einer Hauptverkehrsstraße, die sich von Ost nach West durch den afrikanischen Kontinent zieht und in Sichtweite des Elgon am Ufer des Victoriasees verläuft. HIV ist ein tödlicher, aber nicht sehr ansteckender Erreger der Gefahrenklasse 2. Er springt nicht so einfach von einem Menschen auf den anderen über, und er verbreitet sich nicht durch die Luft. Wenn man mit HIV-infiziertem Blut umgeht, braucht man keinen Isolieranzug zu tragen.

Die Woche brachte Monet immer nur mit schwerer Arbeit im Pumpenhaus zu, aber am Wochenende und im Urlaub suchte er die Waldgebiete in der Nähe der Zuckerfabrik auf. Er nahm Futter zum Ausstreuen mit und sah zu, wie Vögel und andere Tiere es fraßen. Er konnte vollkommen still dasitzen und Tiere beobachten. Nach den Berichten seiner Bekannten war er sehr vertraut mit wilden Affen, und er hatte eine besondere Art, mit ihnen umzugehen. Man sagte, er könne die Affen mit Futter anlocken. Er lernte auch, die afrikanischen Vögel zu erkennen. Auf einem Baum in der

Nähe seines Hauses wohnte eine Kolonie Webervögel. Monet verwendete viel Zeit darauf, sie bei Bau und Instandhaltung ihrer taschenförmigen Nester zu beobachten. Eines Tages um die Weihnachtszeit soll er einen kranken Vogel in sein Haus geholt haben, wo dieser dann starb – möglicherweise in Monets Händen.

Vielleicht war es ein Webervogel – niemand weiß es –, und vielleicht starb er an einem Virus der Gefahrenklasse 4 – auch das weiß niemand. Außerdem war Monet mit einem Raben befreundet. Es war ein Schildrabe, ein schwarzweißer Vogel, den die Menschen in Afrika sich manchmal als Haustier halten, ein freundliches, intelligentes Tier. Der Rabe setzte sich gern auf das Dach von Monets Haus und beobachtete dessen Kommen und Gehen. Wenn er hungrig war, flatterte er auf die Veranda und lief ins Haus, wo Monet ihn fütterte.

Jeden Morgen ging Monet die drei Kilometer durch die Zuckerrohrfelder zur Arbeit. In diesem Jahr hatten die Arbeiter zur Weihnachtszeit die Felder abgebrannt. Wenn er nach Norden über die verkohlte Landschaft blickte, konnte er vierzig Kilometer entfernt die beiden Gipfel des Elgon erkennen. Der Berg zeigte ein sich ständig veränderndes Antlitz: Helligkeit und Schatten, Regen und Sonne wechselten sich ab – ein beeindruckendes Schauspiel im afrikanischen Licht. In der Morgendämmerung sah er aus wie ein klobiger Haufen grauer Gebirgskämme, die im Dunst verschwammen und am höchsten Punkt einen Gipfel mit zwei Spitzen bildeten, den beiden Kanten des abgetragenen Kegels. Wenn die Sonne höher stieg, nahm der Berg eine silbriggrüne Farbe an, die Farbe des Elgon-Regenwaldes, und im weiteren Tagesverlauf bildeten sich Wolken, die den Berg den Blicken entzogen. Am Spätnachmittag, kurz vor Sonnenuntergang, wurden die Wolken dichter; sie ballten sich zu einem amboßförmigen Gewitterturm zusammen, den lautlose Blitze in ein weißes Licht tauchten. Die Unterseite der Wolken hatte die Farbe von Kohle, und ihre Oberkante war ausgefranst und glomm in mattem Orange, von der untergehenden Sonne beleuchtet. Über der Wolke war der Himmel tiefblau.

Monet hatte mehrere Freundinnen in Eldoret, einer kleinen Stadt südöstlich des Berges, wo die Menschen in Hütten aus Brettern und Wellblech wohnen. Er gab diesen Freundinnen Geld, und sie waren froh, daß sie ihn dafür lieben durften. Als sein Weihnachtsurlaub bevorstand, machte er Pläne, am Elgon zu zelten, und er lud eine der Frauen aus Eldoret ein, ihn zu begleiten. An ihren Namen kann sich niemand erinnern.

Monet und seine Freundin fuhren mit einem Landrover die lange, gerade Straße hinauf, die zum Endebess Bluff führt, einem auffälligen Felsvorsprung auf der Ostseite des Vulkans. Die Fahrbahn bestand aus einer Schicht Vulkanstaub und war so rot wie getrocknetes Blut. Sie gelangten zu den unteren Ausläufern des Vulkans und fuhren durch Maisfelder und Kaffeeplantagen, die schließlich offenem Grasland wichen. Die Straße führte an alten, halbverfallenen Gehöften aus der englischen Kolonialzeit vorbei, die sich hinter Reihen von Gummibäumen verbargen. Als sie in größere Höhen kamen, wurde die Luft kühler, und Schopfadler flatterten aus den Zedern auf.

Zum Elgon kommen nur wenige Touristen, deshalb waren Monet und seine Freundin mit ihrem Wagen wahrscheinlich die einzigen Autofahrer auf der Straße; allerdings waren viele Menschen zu Fuß unterwegs, Dorfbewohner, die kleine Höfe an den unteren Abhängen des Berges bewirtschafteten. Der Landrover näherte sich dem ausgefransten unteren Rand des Elgon-Regenwaldes, vorbei an Waldzungen, Bauminseln und an der Mount Elgon Lodge, einem englischen Gasthof, der in der ersten Hälfte des Jahrhunderts gebaut

worden war. Jetzt verfiel er, die Wände waren rissig, und in Sonne und Regen blätterte die Farbe ab.
Der Elgon erstreckt sich über die Grenze zwischen Uganda und Kenia, und auch in den Sudan ist es nicht weit. Biologisch gesehen ist der Berg eine Regenwaldinsel in der Mitte Afrikas, eine abgeschlossene Welt über trockenen Ebenen, die auf einem Durchmesser von achtzig Kilometern mit Bäumen, Bambus und Hochmooren bedeckt ist. Der Vulkan, ein Höcker im Rückgrat Zentralafrikas, stieg vor sieben Millionen Jahren in die Höhe und vernichtete mit heftigen Ausbrüchen und Ascheexplosionen mehrmals die umliegenden Wälder, bis er schließlich eine gewaltige Größe erreicht hatte. Bevor der Elgon durch Erosion an Höhe verlor, dürfte er der höchste Berg Afrikas gewesen sein – höher als heute der Kilimandscharo; der breiteste ist er heute noch. Wenn die Sonne aufgeht, wirft sie den Schatten des Elgon nach Westen bis tief nach Uganda hinein, und wenn sie untergeht, reicht der Schatten nach Osten quer über Kenia hinweg. Im Schatten des Elgon liegen die Dörfer der Elgon-Massai, eines Bauernvolkes, das aus dem Norden kam und sich vor einigen Jahrhunderten hier niederließ, um Rinder zu züchten. Die unteren Abhänge des Berges werden von sanften Regenschauern überspült, die Luft bleibt kühl und frisch, und der Vulkanboden ermöglicht eine reiche Maisernte. Die Dörfer bilden einen breiten Ring um den Vulkan, der wie eine Schlinge wirkt, die das Ökosystem des Berges allmählich erdrosselt. Man rodet den Wald und fällt die riesigen Bäume, um Feuerholz daraus zu machen und Weideland zu schaffen; von den Elefanten, die im Wald leben, verschwinden immer mehr.
Ein kleiner Teil des Elgon ist Nationalpark. Monet und seine Freundin hielten am Parkeingang an, um das Eintrittsgeld zu bezahlen. Meist lungerte ein kleiner Affe – vielleicht ein Pavian – an dem Tor herum und wartete auf kleine Geschen-

ke. Monet bot dem Tier eine Banane an und verführte es damit, sich auf seine Schulter zu setzen. Seine Freundin lachte. Dann beobachteten sie schweigend, wie das Tier fraß. Anschließend fuhren sie ein kurzes Stück den Berg hinauf und schlugen ihr Zelt auf einer offenen Lichtung mit feuchtem Gras auf, die zu einem Bach hin abfiel. Der Bach plätscherte aus dem Wald und hatte eine seltsame Farbe: milchigweiß vom Vulkanstaub. Das Gras wurde von weidenden Kaffernbüffeln kurz gehalten und war mit ihrem Dung übersät. Um den Lagerplatz herum türmte sich der Elgon-Regenwald, ein Dickicht aus knorrigen afrikanischen Olivenbäumen, behängt mit Moos und Rankenpflanzen und gefleckt von Früchten, die für Menschen giftig sind. Sie hörten die Affen schreien und die Insekten summen. Schwärme olivgrüner Tauben stoben aus den Bäumen auf und flogen mit atemberaubender Geschwindigkeit den Hang hinab – mit dieser Strategie entgehen sie den Habichten, die von oben herabstoßen, um sie im Flug zu fangen. Es gab Kampfer- und Teakholzbäume, afrikanische Zedern und Stinkbäume, und hier und da stand eine grüne Blätterwolke wie ein Pilz über dem Kronendach des Waldes: die Steineiben, die größten Bäume Afrikas, die fast so riesig werden wie der kalifornische Mammutbaum. Damals lebten auf dem Berg noch Tausende von Elefanten. Man konnte hören, wie sie sich durch den Wald bewegten, und mit Knackgeräuschen die Rinde von den Bäumen schälten und Äste abbrachen. Seidenaffen flitzten nahe beim Zelt über das Gras und beobachteten die Ausflügler mit wachen, klugen Augen.
Nachmittags dürfte es geregnet haben, wie es am Elgon üblich ist; deshalb blieben Monet und seine Begleiterin wahrscheinlich im Zelt und liebten sich, während das Gewitter auf das Stoffdach trommelte. Dann wurde es dunkel, und der Regen ließ nach. Sie zündeten ein Feuer an und machten sich etwas zu essen. Vielleicht feierten sie auch

und tranken Sekt. Ein paar Stunden später waren die Wolken wie üblich verschwunden, und der Vulkan erhob sich als schwarzer Schatten unter dem Nachthimmel. Möglicherweise stand Monet um Mitternacht auf der Wiese und betrachtete die Sterne – den Kopf in den Nacken gelegt und wacklig auf den Beinen nach dem Sekt.

Am Neujahrstag, irgendwann nach dem Frühstück – ein kalter Morgen, Lufttemperatur knapp über Null, das Gras naß und eisig –, fuhren die beiden auf einer schlammigen Piste weiter bergauf; schließlich stellten sie den Wagen in einem kleinen Tal unterhalb der Höhle Kitum Cave ab.

Sie schlugen sich das Tal hinauf bis zu der Höhle durch; die Elefantenpfade, die ihnen als Weg dienten, schlängelten sich an einem kleinen Bach entlang, der zwischen Olivengehölzen und über Grasmatten floß. Unterwegs hielten sie nach Kaffernbüffeln Ausschau, denn Begegnungen mit diesen Tieren sind gefährlich. Am oberen Ende des Tales öffnete sich die Höhle. Monet und seine Freundin gingen hinein und blieben den ganzen Neujahrstag über dort. Vermutlich regnete es, und deshalb saßen sie wahrscheinlich stundenlang am Eingang, vor dem der Bach in Kaskaden niederstürzte. Sie blickten über das Tal, suchten nach Kaffernbüffeln und Wasserböcken, und sie sahen Klippschliefer, murmeltiergroße Tiere mit dichtem Fell, die in der Nähe des Höhleneingangs an den Felsen auf und ab rannten. Auch nach Elefanten hielten sie Ausschau. Nachts kamen die Dickhäuter gewöhnlich in ganzen Herden nach Kitum Cave, um Salze und Mineralstoffe zu sich zu nehmen. In der Savanne finden Elefanten leicht Salz im harten Boden und in ausgetrockneten Wasserlöchern, aber im Regenwald ist es kostbar. Die Höhle war so groß, daß sie bis zu siebzig Elefanten gleichzeitig Platz bot. Wenn die Elefanten kamen, blieben sie die ganze Nacht dort, dösten im Stehen oder schabten den Fels mit dem Rüssel ab. Die Steinbrocken, die sie aus den Wän-

den brachen, zerkauten sie in kleine Stücke und schluckten sie. Der Elefantendung in der Höhle war voll davon.
Monet und seine Freundin hatten eine Taschenlampe dabei und gingen wieder ins Innere der Höhle, weil sie wissen wollten, wohin sie führte. Der Höhleneingang ist gewaltig: Er mißt etwa fünfzig Meter, und dahinter erweitert sich die Höhle noch mehr. Sie überquerten eine Felsplatte voll pulverförmigem Elefantendung und wirbelten mit jedem Schritt eine Staubwolke auf. Das Licht wurde dämmrig, und der Höhlenboden bildete eine Reihe ansteigender Stufen, die mit grünem Schleim bedeckt waren: Fledermauskot, verdautes Pflanzenmaterial, das eine Kolonie von Flughunden an der Decke fallengelassen hatte.
Die Fledermäuse flatterten aus Löchern und torkelten durch den Strahl der Taschenlampe. Sie umschwirrten die Köpfe der Eindringlinge und stießen hohe Schreie aus, und immer mehr Tiere erwachten. Schließlich blickten Hunderte von Fledermausaugen wie rote Edelsteine vom Höhlendach herab. Das Fledermausgeräusch pflanzte sich in Wellen an der Decke entlang fort und wanderte als Echo hin und her, ein trockener, schriller Klang, als ob viele kleine Türen in rostigen Scharnieren gleichzeitig bewegt würden.
Dann sahen die beiden das Schönste von Kitum Cave: Die Höhle ist ein versteinerter Regenwald. Aus Wänden und Decke ragen mineralische Holzbalken. Stämme von Regenwaldbäumen, die nach dem Ausbruch des Elgon vor sieben Millionen Jahren zu Opal und Feuerstein geworden waren. Die Balken sind von Kristallen umgeben, weißen Mineralnadeln, die aus dem Fels wachsen. Sie sind spitz wie Injektionsnadeln und glitzerten im Licht der Taschenlampe.
Monet und seine Freundin wanderten durch die Höhle und richteten das Licht auf den versteinerten Regenwald. Ließ er die Hand über die steinernen Bäume wandern und stach ihm dabei ein Kristall in den Finger? Sie fanden versteinerte

Knochen, die aus Decke und Wänden ragten, Knochen von Krokodilen, Urzeit-Nilpferden und den Vorfahren der Elefanten. Zwischen den Balken hingen Spinnen in ihren Netzen, die Motten und Insekten fraßen.
Die beiden kamen zu einer leichten Steigung, wo sich die Haupthalle der Höhle mit einem Durchmesser von über hundert Metern öffnet. Sie fanden eine Vertiefung, die sie mit der Taschenlampe ausleuchteten. Dort unten befand sich etwas Seltsames, eine Masse aus grauem und bräunlichem Material. Es waren die mumifizierten Leichen neugeborener Elefanten. Wenn die Elefanten nachts durch die Höhle wanderten, orientierten sie sich mit dem Tastsinn, indem sie den Boden vor sich mit der Rüsselspitze absuchten. Die Jungen fielen manchmal in die Vertiefung.
Monet und seine Freundin drangen tiefer in die Höhle ein, stiegen einen Abhang hinab und kamen schließlich zu einem Pfeiler, der das Höhlendach zu tragen schien. Er war mit Kratzern und Schrammen übersät, den Spuren von Rüsseln. Wenn die Tiere weiterhin das Fundament des Pfeilers abnagten, würde er irgendwann zusammenbrechen, und dann würde das Dach von Kitum Cave herunterkommen. Im hinteren Teil der Höhle fanden sie einen Pfeiler, der schon zerbrochen war. Darüber hing eine samtige Masse aus Fledermäusen. Sie hatten den Pfeiler mit schwarzem Kot überzogen – es war ein anderer Kot als der grüne Schleim in der Nähe des Höhleneingangs. Diese Fledermäuse waren Insektenfresser, und der Kot war ein Gemisch aus verdauten Insekten. Steckte Monet eine Hand in den Kot?
Forscher, die sich mit dem Fall beschäftigten, zogen die Möglichkeit in Betracht, daß Monet und seine Freundin sich in der Höhle liebten, im Stehen oder im Liegen. Man konnte nie feststellen, ob es so war. Wenn die beiden ihre Kleidung in der Höhle tatsächlich abgelegt haben, boten sie Krankheitserregern damit ideale Angriffsmöglichkeiten.

Die Frau war nach diesem Ausflug mit Charles Monet zum Elgon ein paar Jahre lang von der Bildfläche verschwunden. Dann tauchte sie überraschend in einer Bar in Mombasa wieder auf, wo sie als Prostituierte arbeitete. Ein kenianischer Arzt, der den Fall Monet untersuchte, trank zufällig in diesem Lokal ein Bier und fing eine nichtssagende Unterhaltung mit ihr an. Dabei ließ er Monets Namen fallen. Zu seiner Verblüffung erwiderte sie: »Ich weiß. Ich komme aus dem Westen Kenias. Ich war die Frau bei Charles Monet.« Er glaubte ihr nicht, aber sie erzählte ihm die Geschichte mit so vielen Einzelheiten, daß er schließlich überzeugt war. Nach dieser Begegnung in der Bar verschwand sie wieder im Straßenlabyrinth von Mombasa; inzwischen ist sie wahrscheinlich an AIDS gestorben.
Charles Monet kehrte an seinen Arbeitsplatz in der Pumpstation der Fabrik zurück. Jeden Tag ging er über die verbrannten Zuckerrohrfelder zur Arbeit, und dabei genoß er zweifellos den Anblick des Elgon. Wenn der Berg in Wolken verborgen war, konnte Monet vielleicht immer noch seine Anziehung spüren, wie die Schwerkraft eines unsichtbaren Planeten.
Zu dieser Zeit geschahen im Körper von Charles Monet Dinge, von denen er nichts ahnte. Eine parasitäre Lebensform hatte ihn als Wirt erobert und vermehrte sich in seinem Inneren. Sie stellte pausenlos Kopien von sich selbst her.

Die Kopfschmerzen beginnen in der Regel am siebten Tag nach dem Kontakt mit dem Erreger. Am siebten Tag nach dem Neujahrsbesuch in Kitum Cave, am 8. Januar 1980 also, spürte Monet einen pochenden Schmerz hinter den Augenhöhlen. Er entschloß sich, nicht zur Arbeit zu gehen, und legte sich in seinem Bungalow ins Bett. Die Kopfschmerzen verschlimmerten sich. Die Augen taten weh und dann auch

die Schläfen – der Schmerz schien in seinem Kopf zu kreisen. Aspirin half nicht, und dann setzten schwere Rückenschmerzen ein. Johnnie, seine Haushälterin, die für ihn kochte und alles in Ordnung hielt, war noch auf Weihnachtsurlaub, und deshalb hatte Monet vorübergehend eine andere Frau eingestellt. Sie versuchte ihn zu pflegen, aber eigentlich wußte sie nicht, was sie tun sollte. Am dritten Tag nachdem die Kopfschmerzen begonnen hatten, wurde ihm übel, er bekam Fieber und fing an zu erbrechen. Das Erbrechen wurde stärker und ging in trockenes Würgen über. Gleichzeitig wurde er seltsam teilnahmslos. Sein Gesicht verlor jeden Ausdruck von Leben und erstarrte zu einer ausdruckslosen Maske mit unbeweglichen Augen, die vor sich hinstarrten. Die Augenlider hingen ein wenig herab, und das verlieh Monet ein seltsames Aussehen: die Augen schienen fast aus dem Kopf zu fallen, obwohl sie gleichzeitig halb geschlossen waren. Die Augäpfel selbst wirkten fast wie in den Höhlen eingefroren und wurden hellrot. Die Gesichtshaut verfärbte sich gelblich und ähnelte bald darauf einem Limburger Käse mit leuchtenden, sternähnlichen roten Flecken. Monet sah jetzt aus wie ein Gespenst.
Seine Erscheinung ängstigte die Haushälterin. Sie verstand nicht, warum dieser Mann sich so verwandelt hatte. Seine Persönlichkeit veränderte sich. Er wurde mürrisch, widerwillig und verärgert, und sein Gedächtnis schien wie weggeblasen; aber er phantasierte nicht. Auf Fragen konnte er antworten, auch wenn er offenbar nicht genau wußte, wo er sich befand. Er verhielt sich wie nach einem leichten Schlaganfall.
Als Monet nicht zur Arbeit kam, machten sich einige seiner Kollegen auf den Weg zu ihm, um nach dem Rechten zu sehen. Der schwarzweiße Rabe saß auf dem Dach und sah zu, wie sie ins Haus hineingingen. Sie erkannten sofort, daß Monet ins Krankenhaus mußte. Es ging ihm jetzt so

schlecht, daß er seinen Wagen nicht selbst steuern konnte, und deshalb brachte ihn ein Kollege zu einer Privatklinik in Kisumu, einer Stadt am Ufer des Victoriasees. Die Ärzte untersuchten Monet, konnten sich aber keinen Reim darauf machen, was mit seinen Augen, seinem Gesicht und seinem Verstand geschehen war. In dem Glauben, er habe irgendeine bakterielle Infektion, spritzten sie ihm Antibiotika, die aber wirkungslos blieben. Sie meinten, er solle ins Nairobi Hospital gehen, das beste private Krankenhaus Ostafrikas. Das Telefonnetz funktionierte kaum, und es schien nicht der Mühe wert, die Ärzte zuvor über sein Kommen zu informieren. Er konnte noch gehen und schien in der Lage zu sein, allein zu reisen. Sie setzten ihn in ein Taxi, das ihn zum Flugplatz brachte, und er bestieg eine Maschine der Kenia Airways.

Ein gefährliches Virus aus dem Regenwald ist von keinem Ort der Erde weiter als vierundzwanzig Flugstunden entfernt. Alle Städte der Welt sind netzartig durch Flugrouten miteinander verbunden. Wenn ein Virus einmal in dieses Netz eingedrungen ist, kann es im Laufe eines Tages überallhin gelangen – nach Paris, Tokio, New York, Los Angeles, an jeden Ort, den Flugzeuge anfliegen. Charles Monet und die Lebensform in seinem Inneren befanden sich nun in diesem weltumspannenden Netz.

Die Maschine war eine Fokker Friendship, eine Propellermaschine mit fünfunddreißig Sitzplätzen. Unter ihr lag der Victoriasee, blau und glitzernd, gesprenkelt von den Einbaumkanus der Fischer. Die Friendship beschrieb eine Kurve nach Osten und stieg über grüne Hügel, die mit Teeplantagen und kleinen Gehöften bedeckt waren.

Die kleinen Flugzeuge, die auf den Nebenstrecken über Afrika dröhnen, sind oft überfüllt, und auch dieser Flug war vermutlich ausgebucht. Die Maschine überquerte Waldgürtel, Ansammlungen kleiner Hütten und Dörfer mit Blechdä-

chern. Plötzlich fiel die Landschaft in Stufen und Schluchten ab, und ihre Farbe ging von grün in braun über. Das Flugzeug überquerte das Rift-Tal, den Geburtsort der Spezies Homo sapiens. Die Propeller ächzten; die Friendship durchstieß Wolkenbänke, bauschige Rift-Wolken, und begann zu schlingern und zu schaukeln. Monet wurde übel.
Die Sitze in diesen kleinen Maschinen sind schmal und stehen eng nebeneinander; man bekommt alles mit, was im Passagierraum geschieht. Gerüche nimmt man sofort wahr.
Man konnte den Mann mit seiner Übelkeit nicht übersehen: Er beugt sich in seinem Sitz nach vorn. Irgend etwas stimmt nicht mit ihm, aber was da vorgeht, ist nicht genau zu erkennen. Er hält die bereitgestellte Papiertüte vor den Mund. Er würgt heftig und erbricht etwas in die Tüte. Die Tüte füllt sich. Vielleicht sieht er sich um, und dann erkennt man, daß seine Lippen mit etwas schmierig Rotem bedeckt sind, vermischt mit schwarzen Punkten, als hätte er Kaffeebohnen gekaut. Seine Augen haben die Farbe von Rubinen, und das Gesicht ist eine ausdruckslose Masse von Blutergüssen. Die roten Flecken, die ein paar Tage zuvor wie kleine Sterne aufgetaucht waren, sind größer geworden und haben sich in riesige dunkelrote Schatten verwandelt: Der ganze Kopf ist blau und rot. Die Gesichtsmuskeln sind erschlafft. Das Bindegewebe im Gesicht löst sich auf, und es sieht aus, als löse sich das Gesicht von den Schädelknochen. Wieder öffnet er den Mund und speit in die Tüte, das Erbrechen geht endlos weiter. Es hört nicht auf, immer wieder kommt Flüssigkeit hoch, obwohl der Magen längst leer sein müßte. Die Tüte füllt sich bis zum Rand mit einer Masse, die als Vomito negro oder »schwarzes Erbrechen« bekannt ist. In Wirklichkeit ist das Erbrochene nicht schwarz, sondern ein scheckiges Gemisch aus schwarzen und roten teerartigen Körnchen, vermischt mit frischem Blut. Es stammt aus einer

inneren Blutung und riecht nach Schlachthof. Es ist mit Viren durchsetzt, höchst ansteckend und tödlich gefährlich, eine Flüssigkeit, die einem Militärexperten für biologische Kampfstoffe das Blut in den Adern gefrieren lassen würde. Monet schließt die volle Tüte und gibt sie einer Stewardeß.

Wenn ein gefährliches Virus sich in einem Wirtsorganismus vermehrt, kann es den Körper vom Gehirn bis zur Haut mit Virusteilchen überschwemmen. Die Militärexperten sprechen dann von »extremer Vermehrung«. Das ist etwas anderes als bei einer gewöhnlichen Erkältung. Auf dem Höhepunkt der extremen Vermehrung kann ein winziger Blutstropfen des Betroffenen hundert Millionen Virusteilchen enthalten. Der ganze Körper verwandelt sich dabei zum Teil in Viruspartikel. Mit anderen Worten: Der Wirtsorganismus wird von einer Lebensform beherrscht, die ihn in ihresgleichen umwandeln will. Das gelingt zwar nicht völlig, aber das Ergebnis ist ein Gemisch aus verflüssigter Körpersubstanz und Viren, eine Art biologischer Unfall.

In Monet hat die extreme Vermehrung stattgefunden; ein Zeichen dafür ist das Bluterbrechen. Er sieht völlig steif aus, als würde bei jeder Bewegung irgend etwas in seinem Inneren zerreißen. Sein Blut gerinnt, und die Klumpen lagern sich überall ab – in Leber, Nieren, Lunge, Händen, Füßen und Kopf. Die Blutgerinnsel sammeln sich in der Darmmuskulatur und schneiden dem Darm die Blutzufuhr ab. Die Muskeln sterben ab, so daß der Darm schlaff wird. Schmerzen scheint Monet nicht mehr richtig wahrzunehmen, denn die Gerinnsel unterbrechen auch im Gehirn die Blutzufuhr, so daß dort lauter kleine Gehirnschläge entstehen. Der Gehirnschaden löscht die Persönlichkeit aus – die Charaktereigenschaften verschwinden, und er wird zu einem lebenden Automaten. Kleine Gehirnbereiche verflüssigen sich. Zuerst kommen die höheren Bewußtseinsfunktionen zum Erliegen, während die tieferen Teile des Hirnstamms (des primitiven Gehirns, das auch Ratten und Echsen besitzen) noch intakt bleiben.

Das *Wer* von Charles Monet, so könnte man sagen, war bereits gestorben, während das *Was* noch am Leben war.

Durch das schwarze Erbrechen sind offenbar Blutgefäße in der Nase gerissen – er bekommt Nasenbluten. Das Blut strömt aus beiden Nasenlöchern, eine glänzende, nicht verklumpte Flüssigkeit aus den Arterien, die über Nase und Kinn tropft. Dieses Blut gerinnt nicht, es fließt immer weiter. Eine Stewardeß gibt ihm ein paar Papiertaschentücher, und er versucht, das Nasenbluten einzudämmen, aber das Blut wird nicht fest, und die Taschentücher sind schnell durchgeweicht.

Wenn ein Mensch im Flugzeug auf dem Nebensitz im Sterben liegt, will man ihn nicht belästigen; außerdem ist man ja auch angeschnallt und kann sich kaum bewegen zwischen den engen Sitzen. Die Friendship schlingert, und die Ellbogen des anderen stoßen einen. Man sagt sich, er werde sich schon erholen. Vielleicht verträgt er Flugreisen einfach nicht. Ihm ist schlecht, dem Ärmsten, und man bekommt im Flugzeug leicht Nasenbluten, die Luft ist so dünn und trocken, da muß man ja Nasenbluten bekommen ... und man fragt ihn leise, ob man ihm helfen kann. Er antwortet nicht, murmelt nur etwas, das man nicht versteht, man versucht, es nicht zu beachten, aber der Flug scheint sich ewig hinzuziehen. Die Friendship dröhnt durch die Wolken, am Rift-Tal entlang. Monet sackt in seinem Sitz zusammen. Er ist nicht tot. Er bewegt sich. Seine roten Augen sind geöffnet und wandern ein wenig herum.

Es ist Spätnachmittag, die Sonne scheint auf die Hügel westlich des Rift-Tals und schickt Lanzen aus Licht in alle Richtungen, als wolle sie auf den Äquator stürzen. Die Friendship beschreibt eine sanfte Kurve und überquert den Ostrand

des Tals. Der Boden steigt an, seine Farbe wechselt von braun nach grün, und unter der rechten Tragfläche wandert eine grüne Hügelreihe vorüber. Ein paar Minuten später setzt die Maschine auf dem Jomo Kenyatta International Airport auf. Monet rafft sich hoch. Er kann noch gehen und stolpert die Gangway hinunter aufs Rollfeld. Sein Hemd ist von oben bis unten rot. Gepäck hat er nicht. Das einzige, was er dabeihat, trägt er in seinem Inneren, eine Ladung von Viren. Monet ist zu einer menschlichen Virusbombe geworden. Langsam geht er durch das Flughafengebäude zum Ausgang, wo an einer Straßenkurve die Taxis stehen. Die Taxifahrer umringen ihn – »Taxi?« »Taxi?«
»Krankenhaus ... Nairobi«, murmelt er.
Ein Fahrer hilft ihm beim Einsteigen. Die Taxifahrer von Nairobi unterhalten sich gern mit ihren Fahrgästen, und dieser hier fragt Monet vermutlich, ob er krank ist. Die Antwort dürfte auf der Hand liegen. Monets Magen geht es ein wenig besser, er ist jetzt schwer, voll und gebläht wie nach einer Mahlzeit und nicht mehr leer, angespannt und brennend.
Das Taxi erreicht den Uhuru Highway und fährt in Richtung Nairobi. Es durchquert eine Graslandschaft mit Akazienbäumen, vorbei an Fabriken, und dann taucht es in das geschäftige Leben von Nairobi ein. An den Straßenrändern drängen sich die Menschen, Frauen gehen auf gestampften Lehmwegen, Männer lungern herum, Kinder fahren auf Fahrrädern, ein Mann repariert am Straßenrand Schuhe, ein Traktor zieht einen Wagen mit Kohlen. Das Taxi biegt nach links in die Ngong Road ein, fährt an einem Stadtpark vorbei einen Hügel hinauf, passiert eine Reihe von Gummibäumen und gelangt schließlich durch eine enge Straße und an einem Pförtner vorbei zum Nairobi Hospital. Am Taxistand neben einem Blumenkiosk hält es an. Auf einer Glastür steht **Notambulanz**. Monet gibt dem Fahrer Geld, steigt aus dem Taxi

und öffnet die Glastür; er schleppt sich zum Schalter für die Anmeldung. Sprechen kann er kaum noch.
Der Mann blutet, und sie werden sich sofort um ihn kümmern. Er muß warten, bis man einen Arzt rufen kann, aber dieser wird sofort kommen. Monet geht ins Wartezimmer. Es ist ein kleiner Raum, an den Wänden sind Bänke mit Kissen. Das starke Licht Ostafrikas fällt durch die Fensterreihe auf einen Tisch mit einem Stapel alter Zeitschriften und zeichnet Rechtecke auf den grauen Steinfußboden, der in der Mitte einen Abfluß hat. Der Raum riecht nach Holzrauch und Schweiß, er ist angefüllt mit triefäugigen Menschen, Afrikanern und Europäern, die Schulter an Schulter sitzen. In der Notambulanz gibt es immer jemanden mit einer Schnittwunde, die genäht werden muß. Die Leute warten geduldig, drücken einen Waschlappen an den Kopf oder einen Verband an den Finger, und manchmal sieht man auf dem Stoff einen Blutfleck. Also setzt sich Charles Monet auf eine Bank der Notambulanz, und er sieht kaum anders aus als alle übrigen Menschen hier, abgesehen von seinem ausdruckslosen, mit Blutergüssen übersäten Gesicht und den roten Augen. Ein Schild an der Wand warnt die Patienten vor Taschendieben, und ein anderes verkündet:

Bitte bleiben Sie ruhig. Wir danken für Ihr Verständnis.
Achtung: Dies ist eine Sofortambulanz.
Notfälle werden bevorzugt behandelt.
Unter Umständen müssen Sie wegen solcher Fälle
länger auf die Behandlung warten.

Monet bleibt ruhig und wartet auf die Behandlung. Plötzlich tritt er ins letzte Krankheitsstadium ein: Die menschliche Virusbombe detoniert. Militärexperten für biologische Ge-

fahren haben dafür einen speziellen Ausdruck. Sie sagen: »Der Betroffene bricht zusammen und blutet aus«, oder vorsichtiger: »Es geht zu Ende.«
Benommenheit und schreckliche Schwäche stellen sich ein, das Rückgrat wird gefühllos, und er verliert das Gleichgewicht. Der Raum dreht sich um ihn. Er erleidet einen Schock und bricht zusammen. Er kann nichts dagegen tun. Monet beugt sich nach vorn, legt den Kopf auf die Knie und erbricht mit einem keuchenden Stöhnen aus dem Magen eine unglaubliche Menge Blut, die sich über den Fußboden ergießt. Er verliert das Bewußtsein und stürzt nach vorn auf die Erde. Das einzige Geräusch ist das Würgen im Hals, denn er erbricht auch im bewußtlosen Zustand weiter. Dann hört man ein Geräusch, als würde ein Bettlaken zerrissen – die Eingeweide platzen, und aus dem After tritt Blut aus, vermischt mit Stücken der Darmschleimhaut. Der Darm hat sich aufgelöst und wird mit einer Riesenmenge Blut ausgestoßen. Monet ist zusammengebrochen und blutet aus.
Die anderen Patienten im Wartezimmer stehen auf und weichen vor dem Mann auf dem Fußboden zurück. Man ruft nach einem Arzt. Um den Kranken herum breitet sich eine Blutlache aus. Der Erreger hat seinen Wirt zerstört und tritt jetzt aus allen Körperöffnungen aus: Er versucht, ein neues Opfer zu finden.

Sprünge

15. Januar 1980

Im Laufschritt eilten Schwestern und Pfleger herbei. Sie hoben Charles Monet auf eine fahrbare Trage und schoben ihn in die Intensivstation des Nairobi Hospital. Über die Lautsprecher wurde nach einem Arzt gerufen. Ein junger Doktor namens Shem Musoke erschien, ein energischer, warmherziger Mann, der als einer der besten Nachwuchsmediziner der Klinik galt. Er arbeitete schon seit vielen Stunden und hatte ein gutes Gespür für Notfälle. Musoke hatte keine Ahnung, was dem Mann fehlte, außer, daß er ganz offensichtlich an einer schweren Blutung litt. Um die Ursache zu suchen, blieb keine Zeit. Die Atmung begann bereits zu stocken – und dann kam der Atemstillstand, hervorgerufen durch eingeatmetes Blut.

Dr. Musoke fühlte den Puls. Er ging schwach und langsam. Eine Schwester lief, um ein Laryngoskop zu holen, einen Schlauch zum Öffnen der Atemwege. Dr. Musoke riß Monets Hemd auf, so daß er jedes Heben und Senken des Brustkorbs sehen konnte; er stand am Kopfende der fahrbaren Trage und beugte sich über Monets Gesicht, bis er ihm verkehrt herum direkt in die Augen sehen konnte.

Monet starrte Dr. Musoke an, aber die Augäpfel zeigten keine Bewegung, und die Pupillen waren erweitert – ein Zeichen für einen Gehirnschaden: keine Steuerung mehr. Die Nase blutig, der Mund blutig. Dr. Musoke bog den Kopf des Patienten nach hinten, um die Luftwege freizumachen, so daß er das Laryngoskop einführen konnte. Gummihandschuhe trug er nicht. Er ließ einen Finger um die Zunge des Patienten gleiten, um den Mund zu säubern, und wischte Schleim und Blut heraus. Seine Hände waren von einer schwarzen Masse bedeckt. Der Patient roch nach Erbrochenem und Blut, aber das war für Dr. Musoke nichts Neues, und er konzentrierte sich auf seine Arbeit. Er bückte sich, bis sein Gesicht nur wenige Zentimeter über dem von Monet war, und sah dem Kranken in den Mund. Dann schob er die Zunge beiseite, so daß er den Rachen mit dem Kehldeckel erkennen konnte, ein dunkles Loch, das in die Lunge führte. Er schob das Laryngoskop hinein und blickte durch das Instrument. Plötzlich zuckte und wand sich Monet. Er erbrach.

Das schwarze Erbrochene ergoß sich um den Schlauch herum aus dem Mund, eine schwarz-rote Brühe spritzte in die Luft und regnete auf Dr. Musoke herab. Sie traf die Augen des Arztes, lief über seinen weißen Kittel und über seine Brust und zeichnete darauf Streifen aus rotem Schleim, die mit schwarzen Flecken gesprenkelt waren. Ein wenig landete auch in seinem Mund.

Er legte den Kopf des Patienten anders hin und wischte das Blut mit den Fingern aus dem Mund. Die rote Flüssigkeit bedeckte Dr. Musokes Hände und Unterarme. Es war überall, auf der fahrbaren Trage, auf dem Arzt und auf dem Fußboden. Die Schwestern der Intensivstation trauten ihren Augen nicht; sie hielten sich im Hintergrund und wußten nicht, was sie tun sollten. Dr. Musoke blickte in die Luftröhre und schob das Instrument weiter in die Lunge. Die Atemwege waren voller Blut.

Luft zischte in die Lunge. Der Patient atmete wieder.

Monet stand offensichtlich durch den Blutverlust unter Schock. Er hatte so stark geblutet, daß er an Flüssigkeitsverlust litt. Das Blut war praktisch aus allen Körperöffnungen ausgetreten. Die verbliebene Menge reichte nicht mehr

für den Kreislauf, deshalb schlug das Herz nur noch schwach, und der Blutdruck war fast bei Null. Er brauchte eine Bluttransfusion.
Eine Schwester brachte einen Beutel mit Vollblut. Dr. Musoke hängte ihn an einen Ständer und stach dem Patienten die Kanüle in den Arm. Irgend etwas stimmte mit den Venen nicht: Um die Nadel herum quoll Blut heraus. Dr. Musoke versuchte es noch einmal, nachdem er an einer anderen Stelle des Arms nach der Vene gesucht hatte. Fehlanzeige, hier kam noch mehr Blut. Wo er die Nadel auch ansetzte, überall zerrissen die Venen wie gekochte Makkaroni, und Blut kam heraus; es lief von den Einstichstellen am Arm herunter und gerann nicht. Dr. Musoke gab seine Versuche mit der Bluttransfusion auf, denn er fürchtete, der Patient würde durch das kleine Loch im Arm verbluten. Die Blutungen aus dem After setzten sich fort und waren jetzt schwarz wie Pech.
Monet sank immer tiefer ins Koma und erlangte das Bewußtsein nicht mehr wieder. In den frühen Morgenstunden starb er auf der Intensivstation. Dr. Musoke war die ganze Zeit an seinem Bett geblieben. Er und seine Kollegen hatten keine Ahnung, woran Monet gestorben war. Bei der Obduktion stellte sich heraus, daß Nieren und Leber völlig zerstört waren. Die Leber hatte schon ein paar Tage vor dem Tod ihre Funktion eingestellt. Sie war gelb und zum Teil verflüssigt – wie die Leber einer drei Tage alten Leiche. Es war, als sei Monet schon vor seinem Tod ein lebender Leichnam gewesen. Die Auflösung des Darms mit abgelöster Schleimhaut ist ein weiterer Effekt, den man bei Leichen nach etwa drei Tagen beobachtet. Was war die genaue Todesursache? Man konnte es nicht sagen, denn es gab viele Möglichkeiten. Im Inneren dieses Mannes war alles durcheinander, wirklich alles, und jede Einzelerscheinung konnte tödlich sein: Die Blutgerinnung, die starken Blutungen, die in Pudding ver-

wandelte Leber, der blutgefüllte Darm. Da ein Fachbegriff fehlte, mit dem man die Krankheit hätte beschreiben können, sprachen sie von »plötzlichem Leberversagen«. Man verpackte Monets sterbliche Überreste in einen wasserdichten Sack und verbrannte sie einem Bericht zufolge an Ort und Stelle. Als ich ein paar Jahre später nach Nairobi kam, konnte sich niemand erinnern, wo seine Asche begraben war.

24. Januar 1980

Neun Tage nachdem das Erbrochene des Patienten in Dr. Shem Musokes Augen und Mund gelangt war, bekam der Arzt Rückenschmerzen. Er war dafür nicht anfällig – wirklich, er hatte noch nie im Leben ernsthaft Schmerzen im Rücken gehabt, aber jetzt ging er auf die Dreißig zu, und ihm war, als komme er in das Alter, wo manche Männer Probleme mit dem Rücken bekommen. Er hatte sich in den letzten Wochen wirklich angestrengt: eine ganze Nacht bei einem herzkranken Patienten, und dann, in der nächsten Nacht, war er fast ununterbrochen mit diesem Franzosen beschäftigt gewesen, der mit Blutungen irgendwo vom Land gekommen war. Tagelang hatte er kaum geschlafen. Über den Vorfall mit dem Erbrochenen hatte er nicht weiter nachgedacht, und als die Schmerzen den ganzen Körper erfaßten, dachte er immer noch nicht daran. Aber als er in den Spiegel sah, stellte er fest, daß seine Augen gerötet waren.

Rote Augen – er fragte sich, ob er wohl an Malaria litt. Er hatte jetzt auch Fieber, ein sicheres Zeichen für eine Infektionskrankheit. Die Rückenschmerzen waren zu schlimmen Schmerzen aller Muskeln geworden. Er nahm Malariatabletten, aber sie halfen nicht, und deshalb bat er eine Schwester, ihm ein Malariamedikament zu spritzen.

Sie gab ihm die Injektion in den Arm. Der Einstich tat entsetzlich weh. Noch nie hatte er bei einer Spritze solche Schmerzen gehabt; es war einfach nicht normal. Dann bekam er Bauchweh; jetzt dachte er an Typhus und nahm Antibiotikatabletten, aber die wirkten auch nicht. Seine Patienten brauchten ihn, also arbeitete er weiter im Krankenhaus. Schließlich wurden die Magen- und Gliederschmerzen aber unerträglich, und er bekam Gelbsucht.
Da er selbst keine Diagnose stellen und wegen der starken Schmerzen nicht mehr arbeiten konnte, ging er zu Dr. Antonia Bagshawe, einer anderen Ärztin des Nairobi Hospital. Sie untersuchte ihn, sah daß er Fieber hatte, sah die roten Augen, die Gelbsucht, die Bauchschmerzen, und konnte sich keinen eindeutigen Reim darauf machen; sie fragte sich, ob er Gallensteine hatte. Eine Gallenkolik kann Fieber, Bauchschmerzen und Gelbsucht hervorrufen, aber für die roten Augen war sie keine Erklärung. Deshalb ordnete Dr. Bagshawe eine Ultraschalluntersuchung der Leber an. Die Aufnahmen zeigten eine Vergrößerung der Leber, aber ansonsten war nichts Ungewöhnliches zu bemerken. Die Ärztin vermutete immer noch Gallensteine. Ihr Kollege war jetzt sehr krank, und sie verlegte ihn auf die Privatstation, wo Schwestern ihn rund um die Uhr beobachteten. Sein Gesicht wurde zu einer ausdruckslosen Maske. Diese mutmaßliche Gallenkolik konnte tödlich enden. Dr. Bagshawe empfahl eine diagnostische Operation.
Im Hauptoperationssaal des Nairobi Hospital öffnete ein Chirurgenteam unter Leitung von Dr. Imre Lofler Dr. Musokes Bauch. Sie machten einen Schnitt über der Leber und zogen die Bauchmuskeln zurück. Darunter fanden sie etwas Unheimliches und Beunruhigendes, das sie sich nicht erklären konnten. Die Leber, geschwollen und gerötet, sah alles andere als gesund aus, aber sie fanden keinerlei Anzeichen für Gallensteine. Außerdem hörten die Blutungen nicht auf.

Bei jedem chirurgischen Eingriff muß man Blutgefäße durchtrennen, und die verletzten Adern bluten eine Weile, bis die Gerinnung einsetzt. Setzt sich die Blutung fort, bringt der Chirurg sie durch verschiedene Tamponaden zum Stillstand. Aber Musokes Blutgefäße blieben offen – sein Blut gerann nicht, als hätten sie es mit einem Bluter zu tun. Sie legten ein Schaumgel über die ganze Leber, aber das Blut drang durch den Schaum hindurch. Er verlor Blut wie ein Schwamm. Sie mußten eine Menge davon absaugen, aber als sie es herausgepumpt hatten, füllte sich der Einschnitt erneut. Es war, als grabe man ein Loch unter dem Grundwasserspiegel: Es läuft genauso schnell voll, wie man es leerpumpt.
Einer der Chirurgen erzählte später, das Team habe »bis zu den Ellenbogen im Blut gesteckt«. Während der Operation machten sie auch eine Leberbiopsie, das heißt, sie schnitten ein Stückchen von der Leber ab, ließen es in eine Flasche mit Konservierungsflüssigkeit fallen und nähten Dr. Musoke so schnell wie möglich wieder zu.
Nach der Operation verschlechterte sich sein Zustand sehr schnell, und bald versagten die Nieren. Es sah aus, als würde er sterben. Zur gleichen Zeit mußte Antonia Bagshawe ins Ausland reisen, und Musoke wurde einem Arzt namens David Silverstein zugewiesen. Die Nachricht, daß Dr. Musoke an Nierenversagen litt und eine Dialysebehandlung brauchte, sorgte in der Klinik für große Unruhe, denn Musoke war bei seinen Kollegen sehr beliebt, und sie wollten ihn nicht verlieren. Silverstein beobachtete seinen neuen Patienten sorgfältig, und kurze Zeit später hegte er den Verdacht, Musoke könne von einem ungewöhnlichen Virus befallen sein. Er entnahm dem Patienten ein wenig Blut und trennte daraus das Serum ab, jene durchsichtige, gelbliche Flüssigkeit, die zurückbleibt, wenn man aus dem Blut die Zellen entfernt. Ein paar Röhrchen mit eingefrorenem

Serum schickte er zur Untersuchung an verschiedene Labors: an das National Institute of Virology im südafrikanischen Sandringham und an die Centers for Disease Control in Atlanta im US-Bundesstaat Georgia. Dann wartete er gespannt auf die Ergebnisse.

Die Diagnose

David Silverstein wohnt in Nairobi, aber er besitzt auch ein Haus in der Nähe von Washington, D. C. Nicht weit davon, in einem Café in einer Einkaufspassage, lernte ich ihn letzten Sommer kennen, als er beruflich in den USA zu tun hatte. An einem kleinen Tisch erzählte er mir von den Fällen Monet und Musoke. Silverstein ist ein schmächtiger, kleiner Mann Ende Vierzig, mit Schnauzbart, Brille und einem wachen, beweglichen Blick. Er ist Amerikaner, spricht aber mit einem leichten Swahili-Akzent. Als ich ihn kennenlernte, trug er ein Baumwolljackett und Blue jeans, sein Gesicht war hübsch gebräunt, und er sah gesund und entspannt aus. Da er die größte Privatpraxis Ostafrikas leitet, ist Silverstein in Nairobi zu einer Berühmtheit geworden. Zu seinen Patienten gehört der kenianische Präsident Daniel arap Moi, den er auch auf Auslandsreisen begleitet. Außerdem behandelt Silverstein alle wichtigen Persönlichkeiten Ostafrikas, die korrupten Politiker, die Schauspieler und die dekadente anglo-afrikanische Adelsschicht. Er reiste als persönlicher Arzt an der Seite von Lady Diana Delamere, als sie in die Jahre kam; er überwachte ihr Herz und ihren Blutdruck (sie wollte ihren Lieblingssport, das Hochseefischen vor der kenianischen Küste, trotz eines schweren Herzleidens nicht aufgeben). Und er war auch der Arzt von Beryl Markham, die über ihr Leben als Pilotin in Ostafrika das Buch *West With the Night* geschrieben hatte und meist im Nairobi Aero Club herumlungerte, wo sie vor allem als robust und trinkfest bekannt war. (»Als ich sie kennenlernte, war sie eine gut abgehangene alte Dame.«) Sein Patient Dr. Musoke war in den Annalen der Medizingeschichte zu einer Berühmtheit geworden.

»Ich behandelte Dr. Musoke mit unterstützender Pflege«, erklärte mir Silverstein. »Mehr konnte ich nicht tun. Ich versuchte, ihn ausreichend zu ernähren und das Fieber zu senken, wenn es zu stark anstieg. Im Grunde versorgte ich jemanden, ohne etwas zu wissen.« Eines Nachts um zwei Uhr klingelte in Silversteins Wohnung in Nairobi das Telefon. Es war ein amerikanischer, in Kenia stationierter Wissenschaftler. Er berichtete, die Südafrikaner hätten in Musokes Blut etwas höchst Ungewöhnliches gefunden: »Er ist positiv für das Marburg-Virus. Das ist eine ernste Angelegenheit. Wir wissen nicht viel über den Erreger.« Marburg-Virus – diesen Namen hatte Silverstein noch nie gehört.

»Nach dem Anruf konnte ich nicht mehr schlafen«, erzählte er mir. »Ich hatte eine Art Wachtraum und fragte mich, was das wohl für ein Virus war.« Er lag im Bett, dachte an das Leiden seines Freundes und Kollegen Dr. Musoke und ängstigte sich, was da für ein Erreger auf das medizinische Personal der Klinik losgelassen worden war. Er hörte noch, wie die Stimme sagte: »Wir wissen nicht viel über den Erreger.« Da er ohnehin wach war, zog er sich schließlich an und fuhr schon vor der Morgendämmerung in sein Büro. Er zog ein Lehrbuch aus dem Regal und sah unter »Marburg-Virus« nach.

Die Beschreibung war kurz. Marburg ist trotz des deutschen Namens ein afrikanischer Erreger. Viren werden nach dem Ort benannt, in dem sie entdeckt werden. Und diese Virusinfektion war zum erstenmal 1967 in der alten Universitätsstadt Marburg ausgebrochen, in einem Labor der Behringwerke. Dort wurden mit Nierenzellen afrikanischer Affen Impfstoffe hergestellt. Die Behringwerke bezogen regelmäßig Affen aus Zentralafrika. Das Virus war in einer Luftfrachtsendung mit insgesamt fünf- bis sechshundert Tieren aus Entebbe in Uganda versteckt. Nur zwei oder drei Affen trugen das Virus in sich, und auch sie waren vermutlich nicht auffällig krank. Aber kurz nachdem sie in Deutschland eingetroffen waren, breitete sich das Virus unter ihnen aus, und einige Tiere brachen zusammen und bluteten aus. Der Marburg-Erreger war unsichtbar von Uganda nach Deutschland gelangt, und als er dort ankam, übersprang er die Artgrenzen und fand sich plötzlich bei Menschen wieder.

Der erste Mensch, der sich bekanntermaßen mit dem Marburg-Erreger infizierte, war Klaus F., ein Angestellter der Behringwerke, der die Affen fütterte und ihre Käfige reinigte. Er erkrankte am 8. August 1967 und starb zwei Wochen später. Über das Marburg-Virus weiß man so wenig, daß es nur ein einziges Buch darüber gibt, eine Sammlung von Fachartikeln von einer Konferenz über das Virus, die 1970 an der Universität Marburg stattfand. Aus diesem Buch erfährt man:

Der Affenpfleger Heinrich P. kam am 13. August 1967 aus dem Urlaub zurück und verrichtete vom 14. bis 23. seine Arbeit, die darin bestand, die Affen zu töten. Die ersten Symptome traten am 21. August auf.
Die Laborassistentin Renate L. zerschlug am 28. August ein Reagenzglas, das Infektionsmaterial enthalten hatte und sterilisiert werden sollte. Sie erkrankte am 4. September 1967.

Und so weiter. Die Betroffenen bekamen ungefähr am siebten Tag nach dem Erregerkontakt Kopfschmerzen, und dann ging es bergab: hohes Fieber, Blutgerinnsel, Blutungen und schließlich der Schock. Ein paar Tage lang glaubten die Ärzte in Marburg, das Ende der Welt sei gekommen. Insgesamt hatten sich schließlich einunddreißig Menschen angesteckt, und sieben davon starben in einer Blutlache. Wie sich herausstellte, betrug die Sterblichkeitsquote eins zu vier, und damit war das Marburg-Virus ein tödlicher Erreger: Selbst in den modernsten Krankenhäusern, wo man die Patienten an lebenserhaltende Maschinen anschließen kann, tötet er ein Viertel der Infizierten. Am Gelbfieber dagegen, das allgemein als sehr gefährliche Erkrankung gilt, stirbt nur einer von zwanzig Patienten, die ins Krankenhaus kommen.

Der Marburg-Erreger gehört zur Familie der Filoviren, das bedeutet »fadenförmige Viren«. Er war das erste Virus dieser Gruppe, das man entdeckte. Die verschiedenen Arten von Filoviren gleichen sich wie Geschwister, und sie ähneln keinem anderen bekannten Virus. Die meisten Viren sind kugelförmige Teilchen und ähneln winzigen Pfefferkörnern, die Fadenviren aber wurden mit verworrenen Seilen, Haaren, Würmern oder Schlangen verglichen. Wenn sie in einer gewaltigen Flüssigkeitsmenge auftreten, wie es beim Tod eines Infizierten oft geschieht, sehen sie aus wie eine Schüssel Spaghetti, die man auf den Fußboden geschüttet hat. Manchmal rollen sich die Marburg-Viren auch zu brezelförmigen Schleifen zusammen. Der Marburg-Erreger ist das einzige ringförmige Virus, das man kennt.

Bei seiner Entdeckung damals schienen vor allem seine Wirkungen auf das Gehirn äußerst beängstigend; sie ähnelten den Symptomen der Tollwut: Das Virus schädigte irgendwie das Zentralnervensystem und konnte das Gehirn zerstören. Die Marburg-Virusteilchen sahen auch fast wie Tollwutviren aus: Das Tollwutvirus ist wie eine Gewehrkugel geformt. Wenn man eine Gewehrkugel in die Länge zieht, ähnelt sie irgendwann einem Stück Seil, und wenn man dieses Stück zum Ring biegt, sieht es aus wie das Marburg-Virus. In dem Glauben, der Marburg-Erreger könnte mit dem Tollwutvirus verwandt sein, nannte man ihn »gestrecktes

Tollwutvirus«. Wie sich aber später herausstellte, gehören beide zu getrennten Familien.

Im Jahr 1980, als Charles Monet starb, kannte man neben dem Marburg-Erreger noch zwei weitere Filoviren namens Ebola-Zaire und Ebola-Sudan. Und von diesen dreien war das Marburg-Virus noch am harmlosesten. Am schlimmsten war Ebola-Zaire: Neun von zehn Menschen, die sich mit dem Ebola-Zaire-Virus infizieren, sterben. Es ist ein Mördervirus.

Das Marburg-Virus wirkt auf Menschen ähnlich wie radioaktive Strahlung: Es schädigt praktisch alle Gewebe. Besonders heftig greift es die inneren Organe an, aber auch das Bindegewebe und die Haut. In Deutschland bekamen alle Überlebenden ganz oder teilweise eine Glatze. Die Haare starben an den Haarwurzeln ab und fielen in Büscheln aus, wie nach einer radioaktiven Verbrennung. Aus allen Körperöffnungen kam es zu Blutungen. Von einem der Männer, die in Marburg starben, habe ich ein Foto gesehen, aufgenommen wenige Stunden vor seinem Tod. Er liegt mit unbekleidetem Oberkörper im Bett. Das Gesicht ist leblos, Brust, Arme und Gesicht sind mit Flecken und Blutergüssen übersät, und auf den Brustwarzen stehen Blutströpfchen.

Als die Überlebenden sich auf dem Weg der Besserung befanden, schälte sich die Haut an Gesicht, Händen, Füßen und Geschlechtsorganen. Einige Männer litten an aufgedunsenen, halbzerstörten Hoden. Besonders schlimm war von diesem Symptom ein Leichenwärter betroffen, der mit Marburg-Virus-infizierten Toten umging. Die Samenflüssigkeit der männlichen Opfer war offenbar auch nach dem Rückgang der Infektion mit dem Marburg-Virus gesättigt und blieb noch mehrere Monate nach der Genesung ansteckend, als sei der Erreger entschlossen, sich in den Hoden festzusetzen und sich dort weiter zu vermehren. Auch in der Flüssigkeit im Augeninneren war das Virus noch monatelang nachweisbar. Warum der Marburg-Erreger eine besondere Vorliebe für Hoden und Augen hat, weiß niemand. Ein Mann steckte seine Frau beim Geschlechtsverkehr an. Seltsame Wirkungen hatte das Marburg-Virus auf die Psyche. »Die meisten Patienten zeigten ein mürrisches, leicht aggressives oder pessimistisches Verhalten«, heißt es in dem Buch. »Zwei Patienten hatten das Gefühl, sie lägen auf Brotkrümeln.« Ein Patient bekam eine Psychose, offenbar eine Folge des Gehirnschadens. Der Patient Hans O.-V. zeigte keine Anzeichen geistiger Verwirrung, das Fieber ging zurück, und sein Zustand schien sich zu stabilisieren, aber dann fiel sein Blutdruck plötzlich ab, die Pupillen erweiterten sich zu großen schwarzen Flecken – er brach zusammen und starb. Bei der Obduktion zeigte sich eine riesige Blutung in der Mitte des Gehirns. Dort hatte das »Ausbluten« stattgefunden.

Die Weltgesundheitsorganisation bemühte sich darum, die genaue Herkunft der Affen festzustellen, denn man wollte herausfinden, wo das Marburg-Virus seinen natürlichen Lebensraum hat. Affen, soviel schien klar zu sein, trugen den Erreger normalerweise nicht, denn sie starben so schnell, daß sie für das Virus kein nützlicher Wirt waren. Der Erreger hatte also eigentlich einen anderen Wirtsorganismus – vielleicht ein Insekt, eine Ratte, eine Spinne, ein Reptil? Wo genau hatte man die Affen gefangen? Dieser Ort mußte der Schlupfwinkel des Virus sein. Kurz nachdem die Krankheit in Deutschland ausgebrochen war, flog ein Forscherteam der Weltgesundheitsorganisation nach Uganda, um die eingeborenen Affenfänger zu befragen. Aber die Wissenschaftler erhielten nur sehr ungenaue Antworten. Die Jäger schienen unwillig, ihre Kenntnisse preiszugeben, und konnten sich angeblich einfach nicht erinnern, wo gerade diese Affen herkamen. Das Team der Weltgesundheitsorganisation gelangte zu dem Schluß, die Affen müßten aus Wäldern mitten in Uganda stammen, aber genau konnten sie die Herkunft der Tiere und des Virus nicht klären.

Das Rätsel blieb viele Jahre lang ungelöst, bis 1982 ein englischer Tierarzt mit einer interessanten Geschichte über die Affen an die Öffentlichkeit trat. Ich möchte ihn Mr. Jones nennen (er bleibt heute lieber anonym). Im Sommer 1967, als das Virus in Deutschland umging, arbeitete Mr. Jones vertretungsweise – der hauptamtliche Tierarzt war verreist – als Affeninspektor bei der Exporteinrichtung in Entebbe, von der aus die kranken Affen nach Marburg verladen wurden. Das Affenhaus wurde von einem deutschen Tierhändler betrieben (»Er war eine Art liebenswerter Schurke«, so Mr. Jones) und exportierte etwa 13 000 Affen im Jahr nach Europa – nach ugandischen Maßstäben ein gewaltiges Geschäft. Die infizierte Ladung kam mit einem Nachtflug nach London und wurde von dort nach Deutschland weitergeschickt, wo das Virus dann ausbrach.

Nach mehreren Telefongesprächen stöberte ich Mr. Jones schließlich im englischen Cambridge auf, wo er heute als pensionierter Universitätsdozent und tierärztlicher Berater wohnt. Er erklärte mir: »Das einzige, was wir mit den Tieren vor dem Verladen machten, war eine äußerliche Untersuchung.«

»Durch wen?« fragte ich.

»Durch mich«, erwiderte er. »Ich sah sie mir an, um festzustellen, ob sie gesund erschienen. Gelegentlich waren bei solchen Sendungen ein oder zwei Tiere verletzt, oder sie hatten Hautschäden.«

Seine Methode war einfach: Er suchte die krank aussehenden Tiere heraus, bevor die übrigen, die gesund erschienen, in das Flugzeug verladen wurden. Als ein paar Wochen später von den Affen in Marburg die Infektionswelle ausging, hatte Jones ein schreckliches Gefühl.

»Ich war bestürzt, denn ich hatte die Exportgenehmigung

unterschrieben«, erklärte er mir. »Ich habe heute das Gefühl, daß das Leben dieser Menschen in meiner Hand lag. Aber dieses Gefühl legt die Vermutung nahe, ich hätte irgend etwas daran ändern können. Ich konnte es einfach nicht wissen.« Das Virus war der Wissenschaft damals natürlich noch nicht bekannt, und der Ausbruch konnte von nur zwei oder drei kranken Tieren ausgegangen sein.

Die Geschichte wird noch undurchsichtiger. Mr. Jones fuhr fort: »Die kranken Tiere wurden getötet, jedenfalls glaubte ich das.« Wie er jedoch später erfuhr, tötete man sie keineswegs. Der deutsche Chef der Firma ließ die kranken Affen in Kisten packen und auf eine kleine Insel im Victoriasee bringen, wo man sie freiließ. Eine Insel, auf der so viele kranke Affen herumliefen, konnte natürlich leicht zu einer Brutstätte für Affenviren werden. »Wenn dann bei dem Kerl die Affen knapp wurden, fuhr er hinaus zu der Insel und fing ein paar, ohne daß ich es wußte.« Nach Mr. Jones' Meinung ist es durchaus möglich, daß der Marburg-Erreger sich auf dieser Insel einnistete und dort unter den Affen umging, und möglicherweise stammten einige Tiere, die später in Deutschland auftauchten, tatsächlich von dort. Aber als das WHO-Team zu Untersuchungen anreiste, »erklärte mir mein Chef, der Deutsche, ich solle nichts sagen, außer wenn ich gefragt würde«. Wie sich herausstellte, wurde Mr. Jones von niemandem befragt – er traf nie mit den Wissenschaftlern der Weltgesundheitsorganisation zusammen. Die Tatsache, daß das Team nie mit ihm, dem Affeninspektor, sprach, war laut Jones »schlechte Epidemiologie, aber gute Politik«. Hätte er enthüllt, daß es im Victoriasee eine von Krankheit verseuchte Insel gab, hätte man dem deutschen Affenhändler das Handwerk gelegt, oder zumindest hätte er die verschreckten europäischen Kunden verloren, die sich vor der Pestinsel fürchteten, und für Uganda wäre eine wichtige Devisenquelle versiegt.

Kurz nach den Krankheitsfällen in Marburg erinnerte sich Mr. Jones an etwas, das ihm wichtig erschien. Zwischen 1962 und 1965 war er im Osten Ugandas am Fuß des Elgon stationiert, um Rinder auf Krankheiten zu untersuchen. Irgendwann während dieser Zeit erzählten ihm die Häuptlinge der Gegend, daß die Bewohner an der Nordseite des Vulkans, am Greek River, an einer seltsamen Krankheit litten, die zu Blutungen, »merkwürdigen Hautausschlägen« und zum Tode führte – und die Affen in dieser Region starben an einer ähnlichen Krankheit. Mr. Jones verfolgte die Gerüchte nicht weiter und konnte die Erzählungen der Häuptlinge daher nicht bestätigen.

Möglicherweise gab es aber schon vor dem Ausbruch des Marburg-Virus in Deutschland eine versteckte Epidemie am Fuße des Elgon.

Nachdem Dr. David Silverstein in Erfahrung gebracht hatte, was das Marburg-Virus bei Menschen anrichtet, veranlaßte er die kenianischen Gesundheitsbehörden, das Nairobi Hospital zu schließen. Eine Woche lang wurden neu eintreffende Patienten am Eingang abgewiesen, und im Inneren wurden einundsechzig Menschen in Quarantäne genommen, vorwiegend Angehörige des medizinischen Personals. Unter ihnen waren der Arzt, der bei Monet die Obduktion vorgenommen hatte, die Schwestern, die Monet und Dr. Musoke gepflegt hatten, das Chirurgenteam, das an der Operation von Dr. Musoke beteiligt war, und die Schwestern, Pfleger und Assistenten, die mit den Ausscheidungen von Monet und Dr. Musoke in Berührung gekommen waren. Wie sich herausstellte, hatte ein großer Teil des Personals unmittelbaren Kontakt mit den beiden Patienten oder mit ihren Blutproben und anderen Körperflüssigkeiten gehabt. Die Chirurgen erinnerten sich nur zu gut, wie sie bei der Operation »bis zu den Ellenbogen im Blut« gesteckt hatten, und jetzt ängstigten sie sich zwei Wochen lang in der Quarantäne, weil sie nicht wußten, ob die Marburg-Krankheit bei ihnen ausbrechen würde. Eine menschliche »Virusbombe« war in die Ambulanz gekommen und dort »detoniert«, und dieser Vorfall hatte die ganze Klinik lahmgelegt.

Dr. Shem Musoke überlebte die Begegnung mit dem gefährlichen Erreger. Zehn Tage nach den ersten Krankheitszeichen bemerkten die Ärzte eine Besserung. Statt nur passiv dazuliegen, wurde er quengelig und weigerte sich, Medikamente zu nehmen. Eines Tages, als eine Schwester ihn im Bett herumdrehen wollte, drohte er ihr mit der Faust und schrie: »Ich habe einen Stock und werde dich verprügeln!« Ungefähr zur gleichen Zeit trat die Wende ein: Endlich ging das Fieber zurück, und sein Blick wurde klarer; Verstand und Persönlichkeit kehrten wieder, und er erholte sich langsam, aber vollständig. Heute ist er einer der leitenden Ärzte des Nairobi Hospital und Mitarbeiter von Dr. Silverstein. Eines Tages konnte ich ihn befragen, und er erklärte mir, er habe an die Wochen, in denen er mit dem Marburg-Virus infiziert war, so gut wie keine Erinnerung. »Ich weiß noch, daß ich sehr verwirrt war«, sagte er. »Vor der Operation lief ich zum Beispiel mit der Infusionsnadel im Arm aus dem Zimmer, und die Schwestern packten mich und legten mich wieder ins Bett. An die Schmerzen erinnere ich mich kaum. Ich weiß nur noch, wie weh die Muskeln und der untere Rücken taten. Und ich erinnere mich, wie es mich umwarf.« Weitere eindeutig belegte Fälle von Marburg-Infektionen gab es in dem Krankenhaus nicht.
Wenn ein Virus sozusagen »versucht«, in die menschliche Spezies einzubrechen, beobachtet man als Warnzeichen unter Umständen »Miniepidemien«, vereinzelte Ausbrüche an verschiedenen Orten und zu verschiedenen Zeitpunkten. Die Vorfälle im Nairobi Hospital waren ein isoliertes Auftre-

ten, ein winziger Ausbruch eines Virus aus dem Regenwald, von dem man nicht wußte, inwieweit es bei Menschen eine tödliche Ansteckungskette in Gang setzen kann.
Röhrchen mit dem Blut von Dr. Musoke wanderten in verschiedene Labors überall auf der Welt, wo man Proben des Marburg-Virus in jeweilige Sammlungen von Krankheitskeimen aufnahm. Der Erreger stammte ursprünglich aus dem schwarzen Erbrochenen von Charles Monet. Heute bezeichnet man diesen besonderen Virusstamm als Musoke-Stamm. Ein Teil davon landete schließlich in Glasgefäßen in Gefriertruhen der US-Armee, wo er in einem »Zoo« gefährlicher Erreger unsterblich wurde.

Frau und Soldatin

25. September 1983, 18.00 Uhr

Thurmont, Maryland. Knapp drei Jahre nach dem Tod von Charles Monet. Eine typisch amerikanische Kleinstadt. Auf dem Catoctin Mountain, einem Bergrücken der Appalachen, der im Westen des Bundesstaates von Norden nach Süden verläuft, verfärbten sich die Bäume zu einem weichen Gelb und Gold. Junge Leute fuhren mit kleinen Lastwagen langsam durch die Straßen der Stadt; sie warteten, ob etwas geschah, und wünschten sich, der Sommer möge kein Ende nehmen. Der schwache Geruch von Herbst durchzog die Luft, der Duft reifer Äpfel und abgefallener Blätter, und auf den Feldern trockneten die abgeernteten Maishalme. In den Apfelplantagen am Stadtrand ließen sich Schwärme von Staren krächzend zur Nachtruhe nieder. Auf der Gettysburg Road bewegte sich ein Strom von Autoscheinwerfern nach Norden.

In einem viktorianischen Haus nicht weit vom Stadtzentrum stand Major Nancy Jaax, Tierärztin in der Armee der Vereinigten Staaten, in der Küche und bereitete ihren Kindern das Abendessen zu. Es gab Hähnchen. Nancy Jaax war eine schlanke Frau mit athletischem Körperbau. Früher, in Kansas, war sie preisgekrönte »Miss Landwirtschaft« gewesen. Ihre gewellten, kastanienbraunen Haare trug sie knapp schulterlang, und ihre Augen hatten eigentlich zwei Farben – die Iris war grünlich mit einem bernsteinfarbenen inneren Rand. Nancy bewegte sich schnell und energisch; die Kinder waren unruhig und müde.

Die fünfjährige Jaime hing an Nancys Bein und zerrte an ihrer Jogginghose. Das Mädchen war klein für sein Alter und hatte grüne Augen wie seine Mutter. Jason, der siebenjährige Sohn, saß im Wohnzimmer vor dem Fernseher. Er war dünn wie eine Bohnenstange und ein stiller Junge; wahrscheinlich würde er einmal so groß werden wie sein Vater. Major Jerry Jaax war ebenfalls Tierarzt. Er befand sich derzeit zur Ausbildung in Texas. Von dort hatte er seine Frau angerufen und ihr erzählt, es sei brütend heiß, er vermisse sie sehr und würde am liebsten nach Hause kommen. Sie vermißte ihn auch. Sie waren nie länger als ein paar Tage getrennt gewesen, seit sie sich damals im College zum erstenmal verabredet hatten.

Nancy und Jerry Jaax – der Name wird »Dschäcks« ausgesprochen – gehörten zum Army Veterinary Corps, einer kleinen Einheit von »Hundedoktoren«. Sie kümmert sich um die Wachhunde der Armee sowie um die Armeepferde, -kühe, -schweine, -maultiere, -kaninchen, -mäuse und -affen. Zu ihrem Aufgabenbereich gehört aber auch die Lebensmittelkontrolle.

Nancy und Jerry hatten das viktorianische Haus gekauft, kurz nachdem sie nach Fort Detrick versetzt worden waren. Es war nicht weit von ihrer Arbeitsstelle entfernt, und sie richteten es nach und nach her. Die Küche war sehr klein, und zur Zeit hingen noch Rohre und Kabel aus der Wand. Im Wohnzimmer war ein Erker mit einer Sammlung tropischer Pflanzen und Farne, und in einem Käfig zwischen den Pflanzen lebte ein südamerikanischer Papagei namens Herky, der nun »Hei-ha, hei-ha, der Feierabend ist da!« trällerte und aufgeregt »Mama! Mama!« schrie. Die Stimme klang nach Jason.

»Was ist?« rief Nancy. Dann wurde ihr klar, daß es der Papagei gewesen war. »Nervensäge«, murmelte sie.

Der Vogel war darauf aus, daß Nancy ihn aus dem Käfig ließ.

»Mama! Mama! Jerry! Jaime! Jason!« Er rief die Namen aller Familienmitglieder, und als er keine Antwort bekam, pfiff er »Colonel Bogeys Marsch« aus *Die Brücke am River Kwai,* und dann: »Waaas? Waas? Mama! Mama!«
Nancy wollte Herky nicht aus dem Käfig lassen, weil er ihr erst kürzlich tief in den Daumen gehackt hatte.
Sie deckte die Küchenbar mit Tellern und Besteck. Einige Offiziere in Fort Detrick hatten an ihren Handbewegungen etwas Abruptes bemerkt und ihr vorgeworfen, ihre Hände seien »zu schnell« für komplizierte Tätigkeiten in gefährlichen Situationen, oder sie sagten, sie habe »schwere Hände«. Das war einer der Gründe gewesen, warum Nancy mit der Eliteausbildung, zu der ein hartes körperliches Training gehörte, angefangen hatte: Sie hoffte, ihre Bewegungen würden dadurch geschmeidig und kräftig werden, und außerdem hatte sie unter der Frustration einer Frau gelitten, die als Offizier in der Armee Karriere machen will. Sie war nur einssechzig groß, trainierte aber gern mit ihren männlichen Kollegen, mit richtig großen Kerlen. Es machte ihr Spaß, sie ein wenig herumzustoßen, und sie freute sich, wenn sie mit ihren Tritten höher als bis zum Kopf der Männer kam. Beim Sparring mit einem Gegner benutzte sie die Füße mehr als die Hände, denn ihre Hände waren empfindlich. Mit dem richtigen Rückwärtstritt konnte sie vier Bretter durchschlagen. Sie war soweit gekommen, daß sie einen Mann mit den nackten Füßen töten konnte, aber diese Vorstellung allein verschaffte ihr keine große Genugtuung. Einige Male war sie von der Ausbildung mit einem gebrochenen Zeh, einer blutenden Nase oder einem blauen Auge nach Hause gekommen. Jerry schüttelte in solchen Fällen nur den Kopf.
Nancy erledigte die gesamte Hausarbeit, doch sie konnte es nicht ausstehen: Traubengelee von den Teppichen zu schrubben, erschien ihr nicht als lohnende Beschäftigung, und Zeit hatte sie dafür ohnehin nicht. Manchmal verfiel sie

allerdings in einen wahren Putzwahn; dann rannte sie eine Stunde lang durch das Haus und warf Gegenstände in die Schränke. Auch das Kochen war ausschließlich ihre Aufgabe. Jerry half ihr in der Küche leider nicht, weshalb es auch schon Streit gegeben hatte. Sie stritt sich mit ihm auch darüber, daß er unüberlegt irgendwelche großen Anschaffungen machte. Zum Beispiel hatte Jerry, als sie in Fort Riley in Kansas stationiert waren, ein Segelboot gekauft. Und dann war da dieser entsetzliche Diesel-Cadillac mit der Innenverkleidung aus rotem Leder. Sie war darin mit Jerry jeden Tag zur Arbeit gefahren, aber noch bevor die Raten abgezahlt waren, hüllte der Wagen auf einmal die ganze Straße in Rauch ein. Eines Tages hatte sie genug und sagte zu Jerry: »Du kannst in der Einfahrt auf diesen roten Ledersitzen hocken, solange du willst, aber ich werde nicht mehr bei dir einsteigen.« Also hatten sie den Cadillac verkauft und statt dessen einen Honda Accord erstanden.

Dann kam der Tag, wo Jerry mit seinen Spontankäufen nun wirklich zu weit ging. Er kam abends nach Hause und sagte: »Nancy, weißt du was, ich habe für uns ein Haus in Thurmont gekauft.«

»*Was* hast du?« Die Folge war ein kleiner Streit, der aber bald vorbei war.

Das Haus der Jaax' war die größte viktorianische Villa der Stadt, eine Ansammlung von Backsteintürmchen mit Schieferdach, hohen Fenstern und einer Kuppel. Es stand an einer Straßenecke in der Nähe der Krankenwagenstation. Die Sirenen weckten sie nachts auf. Das Haus war leer und verfallen, mit zerbrochenen Fensterscheiben, und in der Stadt ging das Gerücht um, der frühere Eigentümer habe sich im Keller erhängt.

Nachdem die Jaax' es für eine relativ niedrige Summe bekommen hatten, stand eines Tages die Witwe des Toten vor der Tür, eine verhutzelte Greisin, die ihre alte Wohnung noch einmal sehen wollte. Sie sah Nancy scharf an und sagte: »Mädchen, Sie werden dieses Haus noch hassen. Ich habe es auch gehaßt.«

Neben dem Papagei gab es noch andere Tiere im Haus. In einem Drahtkäfig im Wohnzimmer lebte ein Python namens Sampson. Er entwischte manchmal und kletterte dann schließlich in den hohlen Mittelfuß des Wohnzimmertisches, wo er sich schlafen legte. Dort blieb er, bis er nach ein paar Tagen wieder aufwachte. Nancy verspürte ein Kribbeln bei dem Gedanken, daß im Eßtisch ein Python schlief. Man fragte sich, ob die Schlange wohl aufwachte, wenn man gerade beim Abendessen saß. Einmal war Sampson aus dem Käfig ausgebrochen und einige Tage lang verschwunden. Die ganze Familie trommelte und klopfte auf den Eßtisch, um sie herauszuscheuchen, aber dort war sie nicht. Eines Abends, als Nancy noch spät in ihrem Arbeitszimmer in der Kuppel des Hauses im obersten Stockwerk saß, glitt die Schlange auf einmal zwischen den Dachbalken hervor. Sie hing vor Nancys Gesicht und sah sie mit ihren lidlosen Augen an, so daß Nancy aufschrie.

Die Familie besaß außerdem einen irischen Setter und einen Airedale-Terrier. Jedesmal wenn die Jaax' zu einem anderen Armeestützpunkt versetzt wurden, zogen die Tiere in Kisten und Käfigen mit um – die Familie besaß ihr eigenes transportables Ökosystem.

Nancy liebte Jerry trotz der kleinen Meinungsverschiedenheiten, die sie hin und wieder hatten. Er war groß und sah gut aus, ein schöner Mann mit früh ergrauten Haaren, durchdringenden braunen Augen und einer scharfgeschnittenen Nase; und er verstand Nancy besser als jeder andere Mensch auf der Welt. Außerhalb ihrer Ehe hatten Nancy und Jerry Jaax wenig gesellschaftlichen Umgang. Sie waren auf Bauernhöfen in Kansas aufgewachsen, nur zwanzig Meilen Luftlinie voneinander entfernt, aber sie hatten als Kinder nichts voneinander gewußt. Kennengelernt hatten sie sich erst in der tierärztlichen Fakultät der Kansas State University; ein paar Wochen später waren sie verlobt, und als Nancy zwanzig war, heirateten sie. Zur Zeit des Examens waren sie pleite und verschuldet, so daß sie keine eigene Tierarztpraxis eröffnen konnten. Sie gingen daher zusammen zur Armee.

An Wochentagen hatte Nancy keine Zeit zum Kochen, deshalb verbrachte sie den Samstag in der Küche. Dann machte sie Rindereintopf im Römertopf oder briet ein paar Hähnchen, wie heute abend. Nun überlegte sie kurz, welche Beilage es dazu geben sollte. Sie öffnete die Speisekammer und holte eine Dose »Libbys grüne Bohnen« aus dem Regal. In ein paar Schubladen suchte sie nach dem Dosenöffner, konnte ihn aber nicht finden. Auch in der großen Kramschublade, in der sich Kleinzeug wie Kaffeelöffel und Kartoffelschäler befanden, war er nicht. Sie zog kurzerhand ein Fleischermesser aus der Schublade.

Ihr Vater hatte sie immer davor gewarnt, Dosen mit dem Fleischermesser zu öffnen. Aber Nancy hatte nie viel auf die Ratschläge ihres Vaters gegeben. Sie stieß das Messer in die Dose, und die Spitze blieb im Metall stecken. Mit dem rechten Handballen schlug sie auf den Messergriff, und plötzlich rutschte die Hand ab und glitt über die scharfe Klinge. Das Messer knallte auf den Fußboden, und große Blutstropfen fielen auf die Küchenbar. »Scheiße!« sagte sie. Der Schnitt ging tief mitten durch die rechte Handfläche. Sie fragte sich, ob Knochen oder Sehnen verletzt waren. Mit leichtem Druck auf die Wunde dämmte sie die Blutung ein, wandte sich dann zum Spülbecken, drehte den Hahn auf und hielt die Hand unter den kühlen Strahl. Das Wasser färbte sich rot. Sie bewegte die Finger. Es funktionierte, also hatte sie keine Sehne durchtrennt. Mit der Hand über dem Kopf ging sie ins Badezimmer, wo sie eine Binde fand. Sie wartete, bis das

Blut gerann, und drückte dann den Verband so auf den Schnitt, daß er die Wundränder zusammenzog und die Verletzung verschloß. Sie mochte den Anblick von Blut nicht, auch wenn es ihr eigenes war. Blut war ihr unheimlich. Sie hatte im Labor häufig damit zu tun und wußte, was es manchmal alles enthalten konnte.
Wegen ihrer Verletzung ließ Nancy das Baden der Kinder ausfallen und gab ihnen den üblichen Gutenachtkuß. Jaime schlief bei ihr im Bett. Sie schien die Geborgenheit zu brauchen, denn sie war immer ein wenig gereizt, wenn Jerry nicht zu Hause war.

Das Ebola-Projekt

26. September 1983

Am nächsten Morgen wachte Nancy Jaax um vier Uhr auf. Sie erhob sich leise aus dem Bett, um Jaime nicht zu wecken, duschte und legte ihre Uniform an. Sie trug grüne Armeehosen mit schwarzen Längsstreifen an der Seitennaht, ein grünes Armeehemd und wegen der frühmorgendlichen Kälte einen schwarzen Militärpullover. Auf den Schultern des Pullovers waren die Rangabzeichen eines Majors angebracht, mit goldenem Eichenlaub. Sie trank eine Cola, um richtig wach zu werden, und ging nach oben in ihr Arbeitszimmer.

Heute würde sie einen biologischen Schutzanzug tragen müssen. Sie machte eine Ausbildung in Tierpathologie. Ihr Spezialgebiet waren die Wirkungen gefährlicher Erreger der Gefahrenklasse 4, und wenn man mit diesen Erregern arbeitet, muß man biologische Schutzkleidung anziehen. Außerdem bereitete sie sich auf das Examen in Pathologie vor, das sie in der folgenden Woche ablegen sollte. Als die Sonne an diesem Morgen über den Apfelplantagen und Feldern im Osten der Stadt aufging, saß Nancy über ihre Bücher gebeugt am Schreibtisch. Allmählich setzte das Krächzen der Stare in den Bäumen ein, und die ersten Lastwagen rollten unter ihrem Fenster die Straßen von Thurmont entlang. In Nancys rechter Handfläche pochte es immer noch.

Um sieben Uhr ging sie hinunter ins Elternschlafzimmer und weckte Jaime, die zusammengerollt im Bett lag. Anschließend ging sie in Jasons Zimmer. Er war schwerer zu wecken, sie mußte ihn mehrmals schütteln. Dann kam die Kinderfrau Mrs. Trapane, eine ältere Dame; sie zog Jaime und Jason an und machte ihnen das Frühstück, während Nancy wieder zu ihren Büchern zurückkehrte. Mrs. Trapane würde Jason zum Schulbus bringen und zu Hause auf Jaime aufpassen, bis Nancy abends von der Arbeit zurückkam.

Um halb acht schlug Nancy die Bücher zu und verabschiedete sich mit einem Kuß von den Kindern. Ihr fiel ein, daß sie bei der Bank anhalten und Geld holen mußte, um Mrs. Trapane zu bezahlen. Sie fuhr zur Arbeit, die Gettysburg Road entlang bis zum Fuß des Catoctin Mountain. Als sie die Stadt, Frederick, durchquerte und sich Fort Detrick näherte, wurde der Verkehr dichter und langsamer. Sie verließ die Autobahn und erreichte die Haupteinfahrt des Stützpunktes. Der Wachhabende winkte sie durch. Sie bog rechts ab, fuhr an dem Exerzierplatz mit dem Fahnenmast vorbei und stellte den Wagen auf einem Parkplatz in der Nähe eines klobigen, fast fensterlosen Gebäudes ab; es bestand aus Beton und gelben Ziegeln, die eine Fläche von fast 40 000 Quadratmetern umschlossen. Aus den Abluftrohren auf dem Dach kam gefilterte Luft, die aus den hermetisch abgeschlossenen biologischen Labors im Inneren des Gebäudes herausgepumpt wurde. Es war das Armeeforschungsinstitut für Infektionskrankheiten, kurz USAMRIID genannt – die Abkürzung bedeutet »United States Army Medical Research Institute of Infectious Diseases«.

Militärangehörige nennen USAMRIID oft einfach »das Institut«. Wenn sie den vollen Namen USAMRIID verwenden, sprechen sie das Wort militärisch gedehnt aus, so daß es wie Juusaamriiid klingt und eine Zeitlang im Raum nachklingt. Die Wissenschaftler im USAMRIID beschäftigen sich mit medizinischer Verteidigung. Ihre Forschungen dienen dem Ziel, Soldaten gegen biologische Waffen und natürliche Infektionskrankheiten zu schützen. Ihre Spezialgebiete sind Medikamente, Impfstoffe und biologische Sicherheit. An dem Institut laufen ständig mehrere Forschungsprogramme parallel, beispielsweise die Entwicklung von Impfstoffen gegen verschiedene Bakterien wie die Erreger von Milzbrand und Botulismus sowie die Untersuchung von Viren, mit denen sich amerikanische Soldaten infizieren könnten – entweder auf natürlichem Wege oder weil die Mikroben als Waffen eingesetzt werden. In der ersten Zeit nach der Institutsgründung beschäftigte man sich auch mit der Erforschung biologischer Angriffswaffen – man entwickelte tödliche Bakterien- und Virenstämme, die man in Bomben füllen konnte. Im Jahr 1969 unterzeichnete Präsident Nixon jedoch eine Verordnung, in der die Entwicklung offensiver biologischer Waffen in den Vereinigten Staaten verboten wurde. Von da an widmete man sich im USAMRIID der Entwicklung schützender Impfstoffe und der Grundlagenforschung mit dem Ziel, gefährliche Mikroorganismen unschädlich zu machen.

Major Nancy Jaax ging durch den Hintereingang in das Gebäude und zeigte dem Wächter ihren Sicherheitsausweis; er nickte und lächelte sie an. Sie wollte in den Haupttrakt des Sicherheitsbereichs und wanderte durch ein Labyrinth von Korridoren. Überall waren Soldaten in Arbeitsanzügen, aber sie traf auch zivile Wissenschaftler und Techniker mit Identifizierungsplaketten am Kittel. Alle sahen sehr beschäftigt aus, und nur selten blieb jemand auf dem Flur stehen, um mit einem anderen ein wenig zu plaudern.

Nancy wollte wissen, was in der Nacht mit den Ebola-Affen geschehen war. Sie ging über einen Korridor der Sicherheitsstufe 0 in Richtung des biologischen Hochsicherheitslabors der Stufe 4, auch AA-5- oder Ebola-Trakt genannt. Dieser Gebäudeabschnitt bestand aus mehreren zusammenhängenden Räumen der Sicherheitsstufe 4; der zivile Armeewissenschaftler Eugene Johnson hatte sie als Labor zur Erforschung des Ebola-Virus eingerichtet. Er war Experte für diesen Erreger und seinen Bruder, das Marburg-Virus. Johnson hatte mehrere Affen mit dem Ebola-Virus infiziert und ihnen dann verschiedene Medikamente gegeben, weil er wissen wollte, ob sie die Krankheit aufhalten konnten. In den letzten Tagen waren die ersten Affen gestorben. Nancy war als Pathologin zu Johnsons Team gestoßen. Ihre Aufgabe war es, bei den Affen die Todesursache festzustellen.

Sie kam zu einem Fenster in der Wand. Es bestand aus dickem Glas wie in einem Aquarium und führte unmittelbar in den Ebola-Trakt, in die Räume der Sicherheitsstufe 4. Durch das Fenster konnte man die Affen nicht sehen. Jeden Morgen legte ein ziviler Tierpfleger einen Schutzanzug an und ging hinein, um die Affen zu füttern, die Käfige zu reinigen und den körperlichen Zustand der Tiere zu überprüfen. Heute war ein Zettel mit einem Stück Klebeband an der Innenseite der Glasscheibe befestigt. Die handschriftliche Notiz stammte von dem Tierpfleger. Er teilte mit, zwei Affen seien in der Nacht »zugrunde gegangen«; das heißt, sie waren zusammengebrochen und ausgeblutet.

Als Nancy die Nachricht gelesen hatte, wußte sie, was sie zu tun hatte: Sie würde einen Schutzanzug anlegen und die Affen sezieren. Das Ebola-Virus zerstört die inneren Organe, so daß die Leichen nach dem Tod schnell zerfallen. Sie werden weich, und das Gewebe verwandelt sich in eine geleeartige Masse, selbst wenn man sie in den Kühlschrank legt. Man muß die Tiere schnell sezieren, bevor die Verflüssigung einsetzt, denn Suppe kann man nicht aufschneiden.

Als Nancy Jaax den Antrag stellte, der Pathologiegruppe des Instituts zugeteilt zu werden, wollte der zuständige Oberst zunächst keine Genehmigung erteilen. »Das ist keine Arbeit für eine verheiratete Frau«, sagte er zu ihr. »Sie werden entweder die Arbeit oder die Familie vernachlässigen.« Eines Tages brachte sie ihm ihren Lebenslauf ins Büro, in der

Hoffnung, sie könne ihn damit überzeugen. Er sagte: »Ich kann in meiner Gruppe jeden haben, den ich brauche« – womit er sie wissen ließ, daß sie ihm nicht gut genug war –, und dann erwähnte er Secretariat, den berühmten Zuchthengst. »Wenn ich Secretariat in meiner Gruppe haben will, bekomme ich Secretariat.«

»Ich bin aber kein Ackergaul, Sir!« fauchte sie ihn an, und dann knallte sie ihm den Lebenslauf auf den Schreibtisch. Er überlegte sich die Sache noch einmal und stimmte ihrem Ansinnen schließlich zu. Wenn man zum erstenmal mit Krankheitserregern arbeitet, beginnt man bei der Armee mit der Sicherheitsstufe 2, später erhält man die Genehmigung für Stufe 3. Mit Material der Stufe 4 darf man erst arbeiten, wenn man eine Menge Erfahrung gesammelt hat, und manch einer erhält die Genehmigung nie. Bevor man auf den niedrigeren Stufen arbeiten darf, muß man sich einer Reihe von Impfungen unterziehen. Nancy war immun gegen Gelbfieber, Q-Fieber, Rift-Valley-Fieber, den VEE-, EEE- und WEE-Komplex (Viren, die im Gehirn von Pferden leben) sowie gegen Hasenpest, Milzbrand und Botulismus. Außerdem war sie als Tierärztin natürlich mehrmals gegen Tollwut geimpft worden. Ihr Immunsystem hatte auf die Impfungen stets schlecht reagiert: Sie war krank geworden. Deshalb hatte die Armee die Impfungen ausgesetzt.

Für Erreger der Stufe 4 gibt es allerdings ohnehin keine Impfstoffe. Es sind tödliche Viren. Ein vorbeugender Schutz oder die Heilung nach einer Infektion sind bei diesen Viren normalerweise nicht möglich.

Das Ebola-Virus trägt seinen Namen nach dem Ebola, einem Nebenfluß des Kongo, der im Norden Zaires den Abfluß eines Regenwaldgebietes bildet und sich an verstreut liegenden Dörfern vorüberwindet. Das erste bekannte Auftreten von Ebola-Zaire, dem gefährlichsten Typ des Ebola-Virus, ereignete sich im September 1976, als die Krankheit gleichzeitig in fünfundfünfzig Dörfern am Oberlauf des Flusses ausbrach. Sie schien aus dem Nichts zu kommen und tötete neun von zehn Betroffenen. Ebola-Zaire ist das gefährlichste Filovirus und der gefürchtetste Erreger im USAMRIID. Im Institut herrschte allgemein die Auffassung: »Wer mit Ebola arbeitet, ist verrückt.« Der Umgang mit dem Erreger galt schlicht als selbstmörderisch. Lieber arbeitete man mit »ungefährlichen« Objekten wie dem Milzbrandbazillus.

Eugene Johnson, der zivile Fachmann für biologische Gefahrstoffe, der das Ebola-Forschungsprogramm an dem Institut leitete, stand im Ruf, ein wenig abenteuerlustig zu sein. Für die Handvoll Leute auf der Welt, die sich mit gefährlichen Erregern wirklich auskennen und mit ihnen umgehen können, ist er so etwas wie eine Legende. Er ist einer der führenden Ebola-Jäger. Seinen Doktor hatte er an der Johns Hopkins University mit einer Arbeit über die Epidemiologie von Infektionskrankheiten gemacht.

Gene Johnson ist ein großer, um nicht zu sagen massiger Mann mit einem breiten, kantigen Gesicht und lose herabhängenden, zerzausten Haaren, einem dichten braunen Bart, einem Bauch, der über den Gürtel hängt, und funkelnden, tiefgründigen Augen. Wenn man ihn in eine schwarze Lederjacke gesteckt hätte, wäre er glatt als Begleiter der Rockgruppe *Grateful Dead* durchgegangen. Wie ein Armeeangestellter sieht er ganz und gar nicht aus. Er galt als erstklassiger Freilandvirologe (das ist jemand, der in freier Wildbahn oder bei Krankheitsepidemien nach Viren sucht), aber aus irgendwelchen Gründen schafft er es nur selten, seine Arbeiten zu veröffentlichen. Das ist die Erklärung für seinen märchenhaften Ruf. Wenn Leute, die Johnsons Arbeiten kennen, über ihn sprechen, hört man Sätze wie »Gene Johnson tat dieses, Gene Johnson tat jenes«, und alles klingt klug und phantasievoll. Er ist zurückhaltend, mit leichtem

Mißtrauen gegenüber Menschen und tiefem Mißtrauen gegenüber Viren. Ich glaube, ich habe nie jemanden getroffen, der soviel Angst vor Viren hatte wie Johnson, und besonders eindrucksvoll wird diese Angst durch seine Arbeit mit gefährlichen Erregern. Er weiß genau, was manche davon bei Menschen anrichten können. Jahrelang war er durch Zentralafrika gereist, um nach dem natürlichen Reservoir der Marburg- und Ebola-Viren zu suchen. Dabei hatte er den Schwarzen Kontinent praktisch völlig durchkämmt, aber die natürlichen Schlupfwinkel der Viren hatte er trotz allem nicht gefunden. Niemand wußte, woher die Filoviren stammten und wo sie in der Natur zu Hause waren. Die Spur hatte sich in den Wäldern und Savannen Zentralafrikas verloren. Das natürliche Reservoir des Ebola-Virus zu finden, war Johnsons großer Ehrgeiz, und er wollte auch eine Heilungsmethode entwickeln.

In dem Institut mochte niemand an seinem Projekt mitarbeiten, selbst die Leute nicht, die an Schutzanzüge gewöhnt waren und sich darin wohl fühlten. Sie wollten das Ebola-Virus nicht als Forschungsobjekt benutzen, um nicht selbst zum Forschungsobjekt des Erregers zu werden. Sie wußten nicht, in welchen Wirtsorganismen das Virus zu Hause war – ob in Fliegen, Fledermäusen, Zecken, Spinnen, Skorpionen oder irgendeiner Reptilien- oder Amphibienart. Vielleicht lebte es auch in Leoparden oder Elefanten. Und ebensowenig wußten sie, wie es sich verbreitet, wie es von einem Wirt zum nächsten überspringt. Aber sie wußten nur zu gut, was es einem Menschen antut.

Seit Gene Johnson begonnen hatte, mit dem Ebola-Virus zu arbeiten, suchten ihn immer wieder Alpträume heim. In kalten Schweiß gebadet wachte er auf, weil er geträumt hatte, das Virus sei in die menschliche Bevölkerung eingedrungen. Es handelte sich mehr oder weniger immer um den gleichen Traum: Er hatte seinen Schutzanzug und Handschuhe an und hielt eine mit den Ebola-Viren gesättigte Flüssigkeit in der Hand. Plötzlich lief die Lösung über die Handschuhe, und dann merkte er, daß sie voller Löcher waren und daß die Flüssigkeit sich in seinem Schutzanzug über die bloße Haut ergoß. Er wachte jedesmal verstört auf und sagte zu sich: »O Gott, *es hat einen Kontakt gegeben.*« Dann wurde ihm bewußt, daß er sich in seinem Schlafzimmer befand und seine Frau friedlich neben ihm im Bett lag.

In Wirklichkeit ist das Ebola-Virus nicht entscheidend und unwiderruflich in die menschliche Bevölkerung vorgestoßen, aber es sah so aus, als wäre es fast soweit. In Afrika hatte es hier und da kleine Ausbrüche gegeben, und es bestand die Sorge, daß eine solche Miniepidemie sich zu einer unaufhaltsamen Welle ausweiten würde. Wenn das Virus neun von zehn Infizierten tötete, ohne daß es einen Impfstoff oder eine Heilungsmethode gab, waren die möglichen Folgen klar. Sie betrafen die ganze Welt. Das Virus konnte plötzlich auftauchen und die gesamte Menschheit bedrohen.

Johnson erklärte den Leuten gerne, man wüßte nicht, was das Ebola-Virus früher angerichtet habe und was es in Zukunft anrichten werde. Es war unberechenbar. Ein Stamm, der sich über die Luft ausbreitete, konnte die Erde – wie die Grippe – in sechs Wochen umkreisen und ein Drittel bis neun Zehntel der Menschheit ausrotten; er könnte aber auch immer ein geheimer Parasit bleiben, der jeweils nur ein paar Menschen gleichzeitig tötet.

Der Ebola-Erreger ist entfernt mit dem Tollwutvirus verwandt, aber auch mit dem Masernvirus und den Parainfluenzaviren, die bei Kindern Erkältungen hervorrufen. Er ist recht einfach gebaut – einfach wie ein Feuersturm. Er tötet Menschen schnell, wirksam und mit katastrophalen Krankheitserscheinungen. Das Ebola-Virus enthält sieben verschiedene Proteine – sieben große Moleküle. Drei davon

sind nur ungenau bekannt, und über die vier anderen weiß man überhaupt nichts – ihre Strukturen und Funktionen sind ein Rätsel.
Offenbar suchen sich die Ebola-Proteine das Immunsystem als Ziel eines besonderen Angriffs aus, ähnlich wie HIV, das ebenfalls das Immunsystem zerstört. Anders als beim AIDS-Virus erfolgt der Angriff durch das Ebola-Virus schnell und plötzlich. Wenn der Erreger den Körper überschwemmt, versagt das Immunsystem, und der Organismus kann auf den Angriff der Viren nicht mehr reagieren: Er ähnelt einer eroberten Stadt mit weit geöffneten Toren, in die eine feindliche Armee eindringt, um sich auf den öffentlichen Plätzen niederzulassen und alles in Brand zu stecken. Von dem Augenblick an, in dem das Virus ins Blut gelangt, ist der Krieg verloren: Der Mensch ist dem Untergang geweiht. Den Ebola-Erreger wird man nicht los wie eine Erkältung; er tut in zehn Tagen das, wofür HIV zehn Jahre braucht.
Wie das Virus von einem Menschen zum anderen übertragen wird, ist nicht genau bekannt. Nach Ansicht von Armeeforschern wird es durch direkten Kontakt von Blut und Körperflüssigkeiten weitergegeben, also auf den gleichen Wegen wie das AIDS-Virus. Aber beim Ebola-Virus scheint es auch andere Infektionswege zu geben. Viele Menschen, die in Afrika an Ebola-Fieber erkrankten, hatten Leichen angefaßt, die mit dem Virus infiziert waren. Offenbar verläuft ein Ansteckungsweg von den Toten zu den Lebenden, über die Rinnsale aus nicht geronnenem Blut und Schleim, die aus dem toten Körper quellen. Während des Ausbruchs von 1976 in Zaire küßten und umarmten trauernde Angehörige die Toten, oder sie bereiteten die Leichen für das Begräbnis vor – und erkrankten drei bis vierzehn Tage später selbst.
Gene Johnson machte mit dem Ebola-Virus ein einfaches Experiment. Er infizierte ein paar Affen damit und behandel-

te sie dann mit Medikamenten, in der Hoffnung, das werde ihnen helfen. Auf diese Weise konnte er vielleicht einen Arzneistoff entdecken, mit dem sich das Ebola-Fieber bekämpfen oder heilen ließ.
Biologisch gesehen, gleicht der Organismus von Affen fast genau dem menschlichen, und deshalb verwendet man sie bevorzugt für medizinische Versuche. Sowohl Menschen als auch Affen gehören zur Familie der Primaten, und das Ebola-Virus ernährt sich von Primaten ganz ähnlich wie ein Raubtier, das nur bestimmte Fleischsorten frißt. Den Unterschied zwischen einem Menschen und einem Affen erkennt das Virus nicht: Es springt leicht zwischen beiden hin und her.

Nancy Jaax hatte sich freiwillig als Mitarbeiterin für Johnsons Projekt gemeldet. Sie war erpicht darauf, sich zu beweisen, vor allem weil ein paar Leute im Institut ihr nicht zutrauten, mit einem Schutzanzug zu arbeiten. Sie war eine Frau – und könnte Panik bekommen. Sie beobachteten ihre Hände und behaupteten, sie sähen unbeholfen aus. Der Ruf, unbeholfene Hände zu haben, war schlimm genug, aber noch schlimmer war, daß die Leute sagten, ihre Hände arbeiteten zu schnell, denn das galt als besonders gefährlich. Man sagte, ihre Hände sähen nervös und zittrig aus. Solche Hände waren für den Umgang mit dem Ebola-Virus nicht geeignet. Die Leute befürchteten, sie könne sich schneiden oder mit einer verseuchten Kanüle stechen – oder auch einen anderen verletzen. Ihre Hände wurden zu einem Sicherheitsrisiko.
An der Spitze der Abteilung für Pathologie stand Oberstleutnant Anthony Johnson, der aber mit Gene Johnson, dem zivilen Leiter des Ebola-Projekts, nicht verwandt war. Tony Johnson, ein freundlicher, gelassener Mann, war zu jener Zeit im Jahr 1983 Nancys Vorgesetzter. Er mußte jetzt ent-

scheiden, ob sie in der Sicherheitsstufe 4 arbeiten durfte. Er fragte im Institut herum, wer Nancy Jaax kannte und wer Auskunft über ihre Stärken und Schwächen geben konnte. Major Jerry Jaax, Nancys Mann, kam in Oberstleutnant Johnsons Büro. Er war dagegen, daß seine Frau im Schutzanzug arbeitete, und vertrat diese Ansicht sehr entschieden. Er sagte, es habe »familiäre Meinungsverschiedenheiten« darüber geben, ob Nancy mit dem Ebola-Virus arbeiten sollte – mit anderen Worten, Jerry hatte ihr gesagt, er wolle nicht, daß sie einen Schutzanzug anlegte. Jerry selbst wußte über solche biologischen Schutzanzüge so gut wie nichts. Bei seiner eigenen Arbeit brauchte er keinen, und er wollte auch nicht, daß seine Frau einen trug. Sorgen machte er sich vor allem, weil sie mit dem Ebola-Virus umgehen sollte.

Oberstleutnant Tony Johnson hörte sich an, was Major Henry Jaax zu sagen hatte, dann holte er die Meinung anderer Leute ein; schließlich hatte er das Gefühl, er müsse mit Nancy selbst sprechen, und ließ sie in sein Büro kommen. Er konnte sehen, wie angespannt sie war. Während sie sprach, beobachtete er ihre Hände. Er konnte daran nichts Ungewöhnliches bemerken, nichts Unbeholfenes und auch nichts zu Schnelles. Deshalb gelangt er zu dem Schluß, die Gerüchte über sie seien unbegründet.

Sie sagte: »Ich möchte keine besonderen Vergünstigungen.« Nun, besondere Vergünstigungen würde sie auch nicht bekommen. »Ich werde Sie dem Ebola-Projekt zuteilen«, erklärte er. Sie dürfe einen Schutzanzug anlegen und sich in die Ebola-Labors begeben, und die ersten paar Male werde er mitkommen, um ihr alles zu zeigen und um ihre Hände bei der Arbeit zu beobachten. Er werde sie wie ein Falke überwachen. Nach seiner Überzeugung war sie in der Lage, ganz und gar im Sicherheitsbereich zu arbeiten.

Während er sprach, sank sie in sich zusammen und weinte – »Es gab ein paar Tränen«, sagte er später. Es waren Freudentränen. Der Wunsch, im Ebola-Projekt zu arbeiten, war in diesem Augenblick in ihr stärker als alles andere.

13.00 Uhr

Den Vormittag über hatte Nancy in ihrem Büro Papierkram erledigt. Nach dem Mittagessen nahm sie eine Goldkette vom Hals und legte dann den Verlobungsring mit dem Diamanten und den goldenen Ehering ab. Sie zog die Kette durch die Ringe und schloß alles in einer Schublade ihres Schreibtisches ein. Anschließend begab sie sich in Tony Johnsons Büro und fragte ihn, ob er bereit sei. Sie gingen eine Treppe hinunter und einen Korridor entlang zum Ebola-Trakt. Vor den Räumen befand sich nur eine Garderobe. Tony Johnson bestand darauf, daß Nancy als erste hineingehen und sich umziehen solle. Er würde nachkommen.
Es war ein kleiner Raum mit ein paar Spinden an der Wand, ein paar Regalbrettern und einem Waschbecken mit einem Spiegel darüber. Nancy entkleidete sich und schloß alles in ihren Schrank ein. Den Verband ließ sie an der Hand. Dann zog sie einen sterilen Chirurgenanzug – grüne Hosen und ein grünes Hemd – an, stülpte sich eine Stoffhaube über den Kopf, steckte die Haare darunter und blickte in den Spiegel. Sie sah nicht nervös aus, aber gerade begann sie ein wenig nervös zu werden. Es war erst das zweitemal, daß sie den Sicherheitsbereich betrat. Auf nackten Füßen wandte sie sich vom Spiegel zu einer Tür, die in den Sicherheitsbereich der Stufe 2 führte. Durch die Glasscheibe in der Tür schien blaues Ultraviolettlicht.
Bei UV-Bestrahlung zerfallen Viren: Ihr Erbmaterial wird zerstört, so daß sie sich nicht mehr vermehren können. Als sie die Stufe 2 betreten wollte, spürte sie, wie die Tür ihr beim Öffnen Widerstand bot: Sie wurde durch den unter-

schiedlichen Luftdruck in den beiden Räumen zugedrückt, und ein leichter Luftzug rauschte um ihre Schultern nach innen in den Sicherheitsbereich. Der Unterdruck sollte verhindern, daß gefährliche Erreger nach außen drangen.
Die Tür schloß sich hinter ihr: Sie war im Sicherheitsbereich der Stufe 2. Das blaue Licht flutete über ihr Gesicht. Sie ging durch eine Duschwanne, in der sich eine Ultraviolettlampe, ein Stück Seife und eine Flasche mit ganz normalem Shampoo befanden. Dahinter folgte ein Badezimmer mit einer Toilette und einem Regal, in dem saubere weiße Socken lagen. Sie zog ein Paar davon an und stieß eine weitere Tür zur Stufe 3 auf.
Diesen Raum nannten sie Kostümierungszimmer. Er enthielt einen Tisch mit einem Telefon und ein Waschbecken. Auf dem Fußboden neben dem Tisch stand eine Papptonne, der Behälter für biologische Gefahrstoffe, der auch als Hutschachtel oder Eiscremetonne bekannt war. Sie war mit den Symbolen für gefährliche biologische Substanzen versehen, roten, dreiblättrigen Blüten mit scharfen Spitzen, und diente der Lagerung und dem Transport infektiöser Abfälle. Diese Hutschachtel war leer. Sie war nur für Notfälle gedacht.
Außerdem standen hier eine Schachtel mit Gummihandschuhen und eine Kunststoffdose mit Babypuder. Sie schüttete sich den Puder auf die Hände und streifte die Handschuhe über. Dann riß sie von einer Rolle mehrere Stücke Klebeband ab und hängte sie nebeneinander an die Tischkante. Jetzt kam das Abkleben: Sie befestigte den Rand der Handschuhe an den Ärmeln des Chirurgenhemds und wickelte das Band mehrmals herum, um eine dichte Verbindung herzustellen. In der gleichen Weise befestigte sie die Socken an der Hose. Damit war die erste Schutzschicht zwischen ihr und dem vermehrungswütigen *anderen* hergestellt.
Johnson kam in Chirurgenkleidung aus dem Bereich 2 her-

ein. Er legte ebenfalls Gummihandschuhe an und befestigte Ärmel und Hosenbeine mit dem Klebeband.
Nancy ging nach rechts in einen Vorraum; dort hing ihr biologischer Schutzanzug der Marke Chemturion, auf dem in großen Lettern über der Brust *Jaax* stand. Der Chemturion ist hellblau und wird deshalb auch »blauer Anzug« genannt. Er steht unter Druck, ist aus schwerem Kunststoff gefertigt und entspricht den gesetzlichen Vorschriften für den Umgang mit gefährlichen Erregern.
Sie öffnete den Schutzanzug, legte ihn auf den Betonfußboden und stieg hinein. Dann zog sie ihn bis zu den Achseln hoch und fuhr in die Ärmel, bis die Finger in den Handschuhen steckten. Der Anzug hatte braune Handschuhe aus dickem Gummi, die über Dichtungsringe mit den Ärmeln verbunden waren. Sie waren die wichtigste Schranke zwischen ihr und dem Ebola-Virus. Die Handschuhe waren der Schwachpunkt, der verletzlichste Teil des Schutzanzuges, denn sie kamen mit Kanülen, Messern und spitzen Knochenstücken in Berührung.
Für die Instandhaltung des Schutzanzuges ist jeder selbst verantwortlich, wie ein Fallschirmspringer, der seinen eigenen Fallschirm packt und in Ordnung hält. Nancy hatte es ein wenig eilig, und vielleicht sah sie sich den Schutzanzug nicht so sorgfältig an, wie sie es hätte tun sollen.
Johnson wies sie kurz in die Vorgehensweise ein und half ihr dann, den Helm über den Kopf zu ziehen. Er bestand aus weichem, biegsamen Kunststoff. Johnson sah ihr durch das Klarsichtfenster ins Gesicht; er wollte wissen, wie sie sich fühlte.
Sie zog den eingefetteten Reißverschluß über der Brust des Anzuges zu, und sobald der Anzug geschlossen war, beschlug das Sichtfenster. Sie griff zur Wand, zog einen spiralförmigen Luftschlauch zu sich heran und verband ihn mit dem Stutzen am Anzug. Die Luft kam mit einem Zischen, der

Anzug blähte sich dick und hart auf, und die trockene Luft ließ die winzigen Schweißtropfen verschwinden, die sich auf der Innenseite der Sichtscheibe angesammelt hatten.
In dem Institut erzählen sie, man könne nicht vorhersagen, ob jemand im Schutzanzug in Panik gerät. Es kommt dann und wann vor, meist bei unerfahrenen Personen. Sobald der Helm sich über dem Gesicht schließt, flackert der Blick vor Angst, der Betreffende schwitzt, verfärbt sich blaurot, zerrt am Anzug, will ihn aufreißen und sich Luft machen, verliert das Gleichgewicht und stürzt. Manche Leute schreien oder stöhnen auch, und das klingt, als ob jemand in einem Schrank erstickt.
Nachdem Tony Johnson Nancy in den Anzug geholfen und in ihren Augen nach Anzeichen von Panik gesucht hatte, legte er ebenfalls seinen Anzug an und gab ihr eine Packung mit Sezierinstrumenten. Er wirkte ruhig und konzentriert. Jetzt wandten sie sich zu der Edelstahltür, die in die Luftschleuse zur Stufe 4 führte. Auf dem Eingang befand sich das Symbol für biologische Gefahrstoffe und ein Warnschild:

Die Luftschleuse zur Stufe 4 ist eine Art Grauzone, in der zwei Welten aufeinandertreffen – die Schnittstelle zwischen dem Gefahrenbereich und der normalen Welt. Die Grauzone ist weder gefährlich noch ungefährlich. Sie ist beides. Man weiß es nicht genau. Nancy holte tief Luft und sammelte sich. In der Kampfausbildung hatte sie gelernt, wie man die Atmung unter Kontrolle hält.

Die Leute vollzogen gewöhnlich alle möglichen kleinen Rituale, bevor sie durch diese Tür gingen. Manche bekreuzigten sich. Andere trugen Amulette und Hexenfetische im Schutzanzug, obwohl es eigentlich verboten war, daß sich darin etwas anderes befand als der eigene Körper und die Chirurgenkleidung. Sie hofften, die Glücksbringer würden den Erreger abhalten, falls der Anzug undicht wurde. Beängstigend war für Nancy nicht, daß sie im Schutzanzug in den Bereich der Stufe 4 ging – das taten die Leute in dem Institut ständig –, sondern daß in diesem Fall eine Menge Blut auf sie wartete. Sie würde mit dem Blut umgehen, es würde über den Anzug fließen, und es war gesättigt mit Ebola-Viren. Das Blut war entsetzlich gefährlich.

Sie löste die Verbindung zum Luftschlauch, öffnete die Tür der Schleuse und ging hinein. Tony Johnson folgte ihr. Die Schleuse bestand vollständig aus rostfreiem Stahl und war innen mit Düsen für Wasser und Chemikalien besetzt. Es war die Desinfektionsdusche. Die Tür schloß sich hinter ihnen. Dann öffnete Nancy die andere Tür der Schleuse. Sie waren im Gefahrenbereich.

Voller Einsatz

26. September 1983, 13.30 Uhr

Sie standen in einem engen Korridor mit Klinkerwänden, von dem nach beiden Seiten mehrere Räume abzweigten. Der Sicherheitsbereich war ein Labyrinth. Von den Wänden hingen gelbe Luftschläuche. An der Decke befand sich eine Alarmleuchte, die blinken würde, wenn der Luftkreislauf versagte. Die Wände waren mit dicker, glänzender Lackfarbe gestrichen, und alle Steckdosen waren rundherum mit Kitt abgedichtet, damit die gefährlichen Erreger nicht durch Spalten in die Rohre mit den Elektroleitungen und von dort nach draußen gelangen konnten. Nancy griff nach einem Luftschlauch und verband ihn mit ihrem Anzug. Sie konnte nichts hören außer dem Rauschen der Luft in ihrem Helm. Das Geräusch war so laut, daß keine Unterhaltung möglich war.

Sie öffnete einen Metallschrank. Blaues Licht strahlte ihr entgegen, und sie nahm ein Paar Gummistiefel heraus, die an Bauernstiefel erinnerten. Sie ließ die weichen Fußteile des Schutzanzuges in die Stiefel gleiten und suchte nach Johnsons Blick. Alles klar, Chef.

Sie zogen die Luftschläuche aus den Anzügen und gingen den Flur entlang in den Affenraum. Auf beiden Seiten des Raumes standen Käfigreihen. Jaax und Johnson schlossen sich wieder an die Luftzufuhr an und sahen in die Käfige. Auf einer Seite saßen zwei Affen allein. Das waren die Kontrolltiere: Ihnen hatte man kein Ebola-Virus injiziert, sie waren gesund.

Sobald die beiden Menschen in Schutzanzügen auftauchten, spielten diese Affen verrückt. Sie rüttelten an den Käfigstangen und hüpften herum. Menschen in Schutzanzügen machen Affen nervös. Sie schrien und grunzten: *»Uuuh, uuuh! Hou, wou, hou!«* und stießen ein spitzes Quieken aus: *»iik!«* Die Affen kamen in den Käfigen nach vorn, rissen an den Türen und sprangen vor und zurück; dabei beobachteten sie Jaax und Johnson ständig. Die Käfige waren mit raffinierten Verschlüssen versehen, die dem Fummeln der intelligenten Tiere standhielten. Diese Affen sind phantasievolle kleine Kobolde, dachte Nancy, und sie langweilen sich.

In der anderen Käfigreihe herrschte fast völlige Ruhe. Hier waren die Ebola-Tiere untergebracht. Alle Affen in diesen Käfigen waren mit dem Ebola-Virus infiziert, und die meisten von ihnen waren still, teilnahmslos und in sich gekehrt; einer oder zwei schienen allerdings irgendwie verwirrt zu sein. Die meisten Tiere sahen noch nicht besonders krank aus, aber sie zeigten nicht die Wachheit und Energie, die man bei gesunden Affen beobachtet; auch ihr morgendliches Futter hatten die meisten noch nicht gefressen. Sie saßen fast unbeweglich in den Käfigen und beobachteten die beiden Menschen mit ausdruckslosem Gesicht.

Man hatte ihnen den tödlichsten Ebola-Typ gespritzt, den man kannte: den Mayinga-Stamm von Ebola-Zaire. Er stammte ursprünglich von einer jungen Frau namens Mayinga Z., die am 19. Oktober 1976 daran gestorben war. Sie hatte in einer Klinik in Zaire als Krankenschwester gearbeitet und eine katholische Nonne gepflegt, die an Ebola-Fieber starb. Als es mit dieser Patientin zu Ende ging, hatte sich das Blut über Mayinga ergossen, und ein paar Tage später war sie ebenfalls an Ebola-Fieber erkrankt und gestorben. Ein Teil des Blutserums von Schwester Mayinga war schließlich in die Vereinigten Staaten gelangt, und der Virusstamm, der zunächst in ihrem Blut gelebt hatte, befand sich nun in kleinen Glasgefäßen bei minus 70 Grad in den Super-Gefriertruhen des Instituts. Die Gefriertruhen waren mit Vorhängeschlössern und Alarmsirenen ausgestattet, trugen das Symbol für biologische Gefahrstoffe und waren mit Klebeband luftdicht verschlossen. Klebeband ist das erste Bollwerk gegen gefährliche Erreger, denn es verschließt Risse. Ohne Klebeband, so könnte man fast sagen, gäbe es keine biologische Laborsicherheit. Gene Johnson, der zivile Wissenschaftler, hatte eine kleine Menge von dem Mayinga-Stamm aufgetaut und den Affen injiziert. Als die Tiere krank wurden, hatte er sie mit einem Medikament behandelt, weil er hoffte, es werde ihnen bei der Bekämpfung des Virus helfen. Aber die Substanz schien nicht zu wirken.

Nancy Jaax und Tony Johnson gingen von einem Käfig zum anderen und sahen sich die Affen an. Schließlich fanden sie zwei Tiere, die zusammengebrochen und ausgeblutet waren. Ihre Nasen waren voller Blut, und die Pupillen der leuchtendroten, halbgeöffneten Augen waren stark erweitert. Die Affen hatten ausdruckslose Gesichter, nicht einmal Spuren des Schmerzes und des Todeskampfes waren erkennbar. Das Virus hatte das Bindegewebe im Gesicht zerstört und es auf diese Weise geringfügig verformt. Eine weitere Ursache für die Ausdruckslosigkeit war die Tatsache, daß auch der Gehirnabschnitt, der die Gesichtsmuskeln steuert, teilweise zugrunde gegangen war. Das maskenartige Gesicht, die roten Augen und die blutige Nase waren die charakteristischen Anzeichen, die das Ebola-Virus bei allen Primaten hervorruft, bei Affen ebenso wie bei Menschen. Sie weisen auf eine tückische Kombination aus Gehirnschaden und Zerstörung des Unterhaut-Bindegewebes hin.

Nancy Jaax spürte eine Welle des Unbehagens. Der Anblick

der toten und der leidenden Affen bedrückte sie. Als Tierärztin sah sie es als ihre Pflicht an, Tiere zu heilen und ihr Leiden zu lindern. Als Wissenschaftlerin sah sie ihre Aufgabe darin, medizinische Forschungen anzustellen und so dazu beizutragen, daß Menschen weniger litten. Sie war zwar auf einer Farm aufgewachsen, und ihr Vater hatte Vieh gezüchtet, über den Tod eines Tiers aber war sie nie leicht hinweggekommen. Als Mädchen hatte sie geweint, als ihr Vater einen preisgekrönten Stier zum Schlachter brachte. Im tierärztlichen Eid hatte sie sich zur Sorge um Tiere verpflichtet, aber der Eid beinhaltete auch die Rettung von Menschenleben durch die Medizin. Ihre Forschung, sagte sie, diene dazu, eine Heilungsmöglichkeit für Ebola-Infizierte zu finden. Es war medizinische Forschung, die Menschenleben retten würde und möglicherweise eine Tragödie von der Menschheit abwendete. Solche Gedanken halfen ihr, das Unbehagen zu überwinden, aber es gelang ihr nicht vollständig; sie schob die Gefühle beiseite.
Johnson beobachtete genau, wie Nancy damit begann, die Tiere aus den Käfigen zu holen. Die Handhabung eines bewußtlosen Affen in der Sicherheitszone 4 ist eine heikle Angelegenheit, denn Affen können aufwachen, und sie haben scharfe Zähne und einen kräftigen Biß; außerdem sind sie bemerkenswert stark und beweglich. Laboraffen sind keine Drehorgeläffchen, sondern große Wildtiere aus dem Regenwald. Ein Biß eines Ebola-infizierten Affen wäre mit ziemlicher Sicherheit tödlich.
Zunächst sah Nancy sich den Affen durch die Gitterstäbe an. Es war ein großes Männchen, und es sah aus, als wäre es wirklich tot. Sie sah, daß er noch die Eckzähne besaß, und das machte sie nervös. Normalerweise werden die Fangzähne bei den Affen aus Sicherheitsgründen abgefeilt, aber dieser hier besaß aus irgendeinem Grund noch die gewaltigen Hauer. Nancy steckte ihre Hand durch die Stäbe

und zwickte den Affen am Fuß; gleichzeitig beobachtete sie genau, ob sich die Augen des Tieres bewegten. Sie blieben starr.
Johnson sagte: »Machen Sie weiter, öffnen Sie den Käfig.« Er mußte schreien, damit sie ihn durch das Rauschen der Luft im Schutzanzug hören konnte. Sie entriegelte die Käfigtür und schob sie nach oben, bis der Käfig weit offenstand. Noch einmal betrachtete sie den Affen genau. Keinerlei Muskelzuckungen. Er war eindeutig tot. »In Ordnung, nehmen Sie ihn heraus«, sagte Johnson. Sie griff in den Käfig, faßte den Affen an den Oberarmen, drehte ihn um, zog die Arme nach hinten und hielt sie fest. Dann hob sie den Affen aus dem Käfig. Johnson nahm die Füße des Tiers. Gemeinsam trugen sie es zu einer »Hutschachtel« und ließen es hineingleiten. Dann hoben sie die Tonne hoch. Mit den Schutzanzügen kamen sie nur langsam vorwärts – zwei menschliche Primaten, die einen anderen Primaten trugen. Die einen waren die Herren der Erde oder hielten sich zumindest dafür, der andere war ein Vetter der Erdenherrscher. Beide Arten waren hier mit einer anderen Lebensform zusammen, die älter und mächtiger war als sie; diese Lebensform bewohnte das Blut.
Jaax und Johnson stapften aus dem Raum und schleppten den Affen in den Sezierraum. Sie legten das Tier auf einen Tisch aus rostfreiem Stahl. Seine Haut war von Ausschlag und roten Beulen übersät, die man durch die spärliche Behaarung leicht erkennen konnte. »Handschuhe«, sagte Johnson.
Sie zogen dünne Gummihandschuhe über die Handschuhe der Schutzanzüge. Ihre Hände waren jetzt dreifach geschützt: mit Innenhandschuhen, den Handschuhen des Schutzanzuges und mit den äußeren Handschuhen. Johnson sagte: »Und jetzt die Checkliste. Scheren. Klemmen.« Er legte die Instrumente nebeneinander an das Kopfende des

Tisches. Jedes Teil war numeriert, und er las die Nummern laut vor.

Sie machten sich an die Arbeit. Mit stumpfen Scheren öffnete Johnson nach und nach den Affen, und Nancy assistierte ihm dabei. Sie gingen langsam und mit äußerster Sorgfalt vor. Scharfe Klingen benutzten sie nicht, denn Klingen sind im Sicherheitslabor lebensgefährlich. Ein Skalpell kann die Handschuhe durchtrennen und in den Finger eindringen. Bevor man den Schmerz empfindet, ist der Erreger bereits im Blut.

Nancy reichte ihm die Instrumente und griff in den Körper des Affen, um Blutgefäße abzuklemmen und das Blut mit kleinen Tupfern zu entfernen. Die Körperhöhle des Affen war ein einziger See aus Blut. Die Leber war geschwollen, und Nancy bemerkte auch Blut im Darm. Sie mußte ihre Hände bremsen. Vielleicht bewegten sie sich zu schnell. Sie redete sich bei der Arbeit gut zu, um aufmerksam und gesammelt zu bleiben: Sauberhalten, sauberhalten. Okay, nimm die Klemme. Klemm die Arterie ab, die blutet. Unterbrechen, Handschuhe abspülen. Sie konnte das Ebola-Blut durch den Gummi spüren: Es fühlte sich naß und glitschig an, obwohl ihre Hände trocken und mit Babypuder bestreut waren.

Sie nahm die Hände aus dem Kadaver und wusch sie in einer Schüssel mit Desinfektionsmittel, die in einem Ausguß stand. Die Flüssigkeit war blaßgrün wie japanischer Tee. Sie zerstört Viren. Als sie die Handschuhe hineintauchte, verfärbte sich das Desinfektionsmittel braun. Sie hörte nur das zischende Geräusch der Luft in ihrem Anzug. Es hörte sich an wie ein U-Bahn-Zug, der durch einen Tunnel dröhnt.

Ein Virus ist eine kleine Kapsel aus Membranen und Protein, die einen oder mehrere DNA- oder RNA-Fäden umschließt. DNA und RNA sind lange Moleküle, die das Programm, gewissermaßen die Software, zur Herstellung neuer Kopien des Virus enthalten. Manche Biologen bezeichnen Viren als »Lebensform«, denn strenggenommen sind sie weder richtig lebendig noch richtig leblos. Sie stehen auf der Grenze zwischen belebter und unbelebter Materie. Außerhalb von Zellen liegen Viren nur herum, und dann können sie sogar Kristalle bilden. In Schleim oder Blut erscheinen sie leblos, aber sie besitzen an ihrer Oberfläche Strukturen, mit deren Hilfe sie sich paßgenau an die Oberfläche bestimmter Zellen anheften können. Und dann werden sie ins Zellinnere aufgenommen. Dort wird das Virus zu einem trojanischen Pferd: Es öffnet sich und entläßt seine Fracht, die DNA- oder RNA-Fäden mit der Anleitung für den Bau neuer Viren.

Ein Virus ist ein Parasit: Es kann nicht allein leben, sondern vermehrt sich nur in einer Zelle. Viren gibt es in den Zellen aller Lebewesen, sogar in Bakterien und einzelligen Pilzen, die manchmal von den Viren zerstört werden. Das heißt, auch Krankheitserreger können krank werden. Das Virus braucht Energie und Baumaterial der Zelle, um zu überleben. Es kopiert sich in der Zelle viele Male, bis schließlich so viele neue Virusteilchen vorhanden sind, daß die Zelle aufplatzt. Die Viren werden frei und dringen in neue Zellen ein. Andere Viren knospen aus der Zellmembran ab wie Tropfen, die aus einem Wasserhahn kommen – jedes neue Virusteilchen als einzelner Tropfen; auf diese Weise vermehrt sich das AIDS-Virus. Der Hahn tropft so lange, bis die Zelle ausgelaugt, verbraucht und zerstört ist. Und wenn genügend Zellen abgestorben sind, geht der ganze Organismus zugrunde. Das Virus »will« seinen Wirt nicht töten. Das ist gar nicht in seinem Interesse, denn wenn es dem Virus nicht gelingt, rechtzeitig auf einen neuen Wirt überzuspringen, stirbt es ebenfalls.

Die Erbinformation des Ebola-Virus ist in einem einzelnen RNA-Strang verschlüsselt. Die Moleküle dieser Verbindung

sind wahrscheinlich die ältesten und »primitivsten« Speicher für die Information zum Aufbau von Lebewesen. Der Urozean der Erde, der sich schon bald nach der Entstehung unseres Planeten vor etwa viereinhalb Milliarden Jahren bildete, könnte durchaus mikroskopisch kleine Lebensformen enthalten haben, die auf RNA basierten.
Viren sind kompromißlos egoistisch, kompakt, hart, logisch, nur darauf aus, sich selbst zu kopieren – und das tun sie manchmal mit verblüffender Geschwindigkeit. Ihr einziges Ziel ist die Vermehrung. Viren sind so klein, daß man sie nur im Elektronenmikroskop erkennen kann. Stellen wir uns einmal vor, die Halbinsel Manhattan wäre auf diese Größe geschrumpft:

•

Dieses Manhattan könnte leicht neun Millionen Einwohner von der Größe eines Virus beherbergen. Könnte man es vergrößern, würde man die Viren als kleine Figuren erkennen, zusammengedrängt wie die Menschenmengen auf der Fifth Avenue zur Mittagszeit. Hundert Millionen kristallisierte Polioviren hätten auf dem Punkt am Ende dieses Satzes Platz. Als Viren könnten die Besucher von zweihundertfünfzig Woodstock-Festivals auf einem Punkt sitzen, das ist die Bevölkerung von Großbritannien und Frankreich zusammen, und man würde es nicht einmal merken.

Sauberhalten, dachte Nancy. Kein Blut. Kein Blut. *Ich mag kein Blut.* Jedesmal, wenn ich einen Tropfen sehe, sehe ich Milliarden Viren. Unterbrechen und abspülen. Langsam, langsam. Sieh dir Tonys Anzug an. Ist alles in Ordnung?
Im Labor achtete man immer darauf, ob der Anzug des

anderen Löcher oder Risse hatte. Es war fast so, als würde eine Mutter auf ihr Kind aufpassen: im Hintergrund die ständige Frage, ob alles in Ordnung ist.

Gleichzeitig achtete Johnson auf Nancy. Er paßte auf, ob sie Fehler machte oder ruckartig mit den Instrumenten umging. Er fragte sich, ob sie etwas fallen lassen würde.

»Knochenzange«, sagte er.

»Was?« fragte sie zurück.

Er zeigte auf den Luftschlauch, um ihr zu bedeuten, sie solle ihn abknicken, damit sie ihn besser verstehen konnte. Sie griff nach dem Schlauch und bog ihn zusammen. Der Luftstrom hörte auf, der Anzug fiel um sie herum zusammen, und das Geräusch erstarb. Er hielt seinen Helm dicht an ihren und sagte noch einmal »Knochenzange«. Sie ließ den Schlauch los und reichte ihm das Instrument, das zum Öffnen des Schädels dient.

Die Untersuchung des Gehirns ist im Labor der Stufe 4 eine schwierige Angelegenheit. Ein Primatenschädel ist hart, und die Knochenplatten sind verwachsen. Normalerweise öffnet man den Schädel mit einer elektrischen Knochensäge, aber bei Sicherheitsstufe 4 ist das nicht möglich. Das Gerät würde eine Wolke aus Knochenstaub und Blutstropfen in die Luft wirbeln, und solche infektiösen Wolken will man im Sicherheitsbereich nicht erzeugen, auch wenn man einen Schutzanzug trägt. Es ist einfach zu gefährlich.

Sie öffneten den Schädel mit der Zange. Es gab ein lautes, knackendes Geräusch. Sie entnahmen das Gehirn, die Augen und das Rückenmark; die Organe wanderten in ein Gefäß mit Konservierungsflüssigkeit. Das Gehirn war mit winzigen Blutergüssen gesprenkelt, die wie kleine Mückenstiche aussahen. Johnson wollte ihr gerade ein Röhrchen mit einer Gewebeprobe geben, aber er hielt inne und zeigte auf ihren rechten Handschuh.

Sie blickte hinunter. Der Handschuh war voller Blut. Dann

sah sie das Loch; es war ein Riß quer über die Handfläche des rechten Außenhandschuhs. Nancy riß den Handschuh ab. Jetzt war der Haupthandschuh mit Blut bedeckt. Es lief außen am Ärmel des Schutzanzuges herab. Toll, einfach toll, dachte sie, der ganze Anzug voller Ebola-Blut. Sie spülte den Handschuh und den Arm in der Desinfektionslösung, bis er sauber und naßglänzend wieder zum Vorschein kam. Dann bemerkte sie, daß die Hand sich in den beiden anderen Handschuhen kalt und feucht anfühlte. Irgend etwas war im Inneren des Schutzanzuges naß geworden. Ihr kam der Verdacht, der Haupthandschuh könne undicht sein. Sie untersuchte ihn sorgfältig und entdeckte einen Riß am Handgelenk. Der Schutzanzug war defekt. Die Hand fühlte sich feucht an. Sie fragte sich, ob Ebola-Blut im Schutzanzug war, irgendwo in der Nähe der Schnittwunde in der Handfläche. Sie zeigte auf den Handschuh; Johnson beugte sich nach vorn und sah den Riß am Handgelenk.

Sie bemerkte die Überraschung in seinen Augen. Er hatte Angst, und das erschreckte sie. Sie zeigte mit dem Daumen zum Ausgang und sagte: »Ich will hier raus, werden Sie allein fertig?«

Er erwiderte: »Ich will, daß Sie sofort gehen. Ich werde den Bereich sichern und nachkommen.«

Mit der linken, unverletzten Hand zog sie den Luftschlauch heraus und rannte fast den Korridor entlang zur Luftschleuse. Der rechte Arm hing starr an ihrer Seite. Sie wollte die Hand nicht bewegen, denn dabei spürte sie jedesmal, wie etwas in dem Handschuh herumschwappte. Die Angst drohte sie zu überwältigen. Wie sollte sie mit einer Hand die Stiefel ausziehen? Sie schüttelte sie von den Füßen, so daß sie durch den Korridor flogen. Dann stieß sie die Tür der Luftschleuse auf, ging hinein und warf die Tür hinter sich zu.

Sie zog an einer Kette an der Decke. Die Desinfektionsdusche prasselte los. Das Entgiften nimmt sieben Minuten in Anspruch, und während dieser Zeit läßt sich die Ausgangstür nicht öffnen. Es dauert ein wenig, bis die Dusche auf Viren wirkt. Zuerst kamen Wasserstrahlen, die alle Blutspuren von dem Schutzanzug spülten, und dann sprühten Düsen von allen Seiten das Desinfektionsmittel, das den Schutzanzug keimfrei machte. Wenn allerdings etwas im Inneren des Handschuhs am Leben war, erreichte die chemische Dusche es natürlich nicht.

In der Luftschleuse war es dämmrig, fast dunkel – eine Grauzone im wahrsten Sinne des Wortes. Sie hätte jetzt gern auf eine Uhr gesehen. Noch fünf Minuten? Vier Minuten? Chemischer Sprühregen floß über die Sichtscheibe. Es war, als säße man bei Regen in einem Auto mit defekten Scheibenwischern, man sieht einfach nichts. Scheiße, Scheiße, Scheiße, dachte sie.

Es gibt in dem Institut ein Hochsicherheitskrankenhaus der Stufe 4, Slammer genannt. Dort können Ärzte und Schwestern in Schutzanzügen einen Patienten versorgen. Wenn jemand mit einem gefährlichen Erreger in Kontakt gekommen ist und den Slammer nicht mehr lebend verläßt, wird die Leiche in ein Leichenhaus der Stufe 4 gebracht, das als »U-Boot« bekannt ist. Diesen Namen haben die Soldaten des Instituts ihm gegeben, weil die Türen aus schwerem Stahl bestehen und aussehen wie die Druckschleusen eines U-Boots. An dieses Hochsicherheitskrankenhaus mußte Nancy jetzt denken. Verdammter Mist, dachte sie. Oh, Scheiße! Sie werden mich in den Slammer stecken, und während bei mir Ebola ausbricht, füllt Tony den Störfallbericht aus. Eine Woche später bin ich im U-Boot. Scheiße! Und Jerry ist in Texas. Und ich war heute nicht bei der Bank. Es ist kein Geld im Haus. Die Kinder sind mit Mrs. Trapane allein, *und sie muß bezahlt werden.* Auf dem Markt war ich auch nicht. Es ist nichts zu essen da. Wie sollen die Kinder etwas zu essen

bekommen, wenn ich im Slammer bin? Wer ist heute nacht bei ihnen? Scheiße, Scheiße, Scheiße!
Die Dusche versiegte. Sie öffnete die Tür und stürzte in das Kostümierungszimmer. Den Schutzanzug wurde sie schnell los. Sie schüttelte ihn ab und sprang heraus. Naß und triefend klatschte der Anzug auf den Betonfußboden.
Als sie den rechten Arm aus dem Anzug zog, sah sie, daß der Ärmel dunkel und feucht war; der Innenhandschuh war rot.
Am Handschuh des Schutzanzuges war eine undichte Stelle gewesen. Ebola-Blut war über den Innenhandschuh geflossen. Es hatte sich über dem Gummi verschmiert, genau über ihrer Haut und über dem Verband. Der letzte Handschuh war dünn und durchscheinend, und sie konnte den Verband erkennen, unmittelbar unter dem Ebola-Blut. Das Herz schlug ihr bis zum Hals, der Magen zog sich zusammen, und sie spürte ein Würgen im Hals. Ihre Gedanken überschlugen sich: Was jetzt? Der Handschuh ist nicht desinfiziert – Ebola-Blut hier drin. O Gott. Wie sind die Vorschriften? Was muß ich jetzt tun?
Sie hörte, wie Tony in die Schleuse kam. Die Düsen rauschten, als er mit der Desinfektion begann. Noch sieben Minuten, bis er ihre Fragen beantworten konnte.
Fünf oder zehn Ebola-Virusteilchen in einem Tropfen Blut konnten leicht durch ein winziges Loch in einem Chirurgenhandschuh schlüpfen, und das reichte unter Umständen für eine Infektion aus. Hier gab es keine Schüssel mit Desinfektionsmittel. Sie mußte es einfach mit Wasser abspülen. Sie ging zum Waschbecken und hielt die Hand eine ganze Weile unter den Hahn. Das Wasser spülte das Blut in den Abfluß. Das Abwasser gelangte in Heiztanks, wo es durch Kochen sterilisiert wurde.
Dann streifte sie den letzten Handschuh vorsichtig ab. Die rechte Hand kam zum Vorschein, mit Babypuder bedeckt,

mit kurzen Fingernägeln, einer Narbe am Knöchel – als Kind war Nancy von einer Ziege gebissen worden – und einem Verband auf der Handfläche.

Sie sah Blut, vermischt mit Babypuder.

Bitte, bitte, laß es *mein* Blut sein, dachte sie. Es war ihr eigenes Blut. Es war unter den Rändern des Verbandes herausgequollen. Sie hielt diesen letzten Handschuh unter den Wasserhahn, und er füllte sich wie ein Ballon mit Wasser. Der Handschuh wurde dick und hielt. Keine undichte Stelle.

Nancy knickten die Beine weg. Sie fiel gegen die Klinkerwand und glitt zu Boden. Es war ein Gefühl, als hätte ihr jemand einen Schlag in die Magengrube versetzt. Sie kam auf der Hutschachtel zu liegen, der Tonne für biologische Gefahrstoffe, die jemand als Schemel benutzt hatte. Sie steckte die Beine aus und lehnte sich kraftlos an die Wand. So fand Tony Johnson sie vor, als er aus der Luftschleuse kam.

Der Störfallbericht kam zu dem Schluß, Major Nancy Jaax habe keinen Kontakt mit dem Ebola-Virus gehabt. Der letzte Handschuh war unversehrt geblieben, und da jeder annahm, der Erreger werde durch unmittelbaren Kontakt mit Blut und Körperflüssigkeiten übertragen, schien es ausgeschlossen zu sein, daß er Major Jaax infiziert haben könnte, obwohl er in ihren Schutzanzug eingedrungen war.

An diesem Abend rief Nancy Jerry in Texas an. »Rate mal, was passiert ist. Ich hatte heute ein kleines Problem, ein Beinahe-Ebola-Erlebnis.« Sie schilderte ihm den Vorfall.

Jerry war entsetzt. »Verdammt, Nancy! Ich hab' dir gesagt, du sollst dich nicht mit diesem blöden Ebola-Virus einlassen. Dieses *Scheiß*-Ebola!« Zehn Minuten lang hielt er ihr eine Strafpredigt über die Gefahren bei der Arbeit im Schutzanzug und insbesondere über den Ebola-Erreger. Er selbst war nie im Sicherheitsbereich der Stufe 4 gewesen, und auch

diesen blauen Anzug hatte er nie angelegt. Das Ganze war so irrsinnig gefährlich.
Nancy blieb ruhig und diskutierte nicht mit ihm. Sie ließ ihn einfach reden, und als ihm langsam die Luft ausging, sagte sie, sie sei überzeugt, daß alles in Ordnung sei.
Er war überrascht, wie ruhig seine Frau wirkte. Hätte er auch nur die Spur einer Besorgnis bemerkt, wäre er noch am selben Abend nach Hause geflogen.

Die Ebola-Experimente waren ein Fehlschlag, das heißt, die Medikamente hatten auf das Virus keine Wirkung. Alle infizierten Affen starben, unabhängig davon, welche Arzneistoffe Gene Johnson ihnen gegeben hatte. Sie starben *alle.* Das Virus richtete die Affen ausnahmslos zugrunde; es war der perfekte Mörder. Die einzigen Überlebenden waren die beiden Kontrolltiere, die gesunden, nicht infizierten Affen in den Käfigen auf der anderen Seite des Raums.
Doch zwei Wochen nach dem Vorfall mit dem blutigen Handschuh geschah in den Ebola-Räumen etwas Beängstigendes. Die beiden gesunden Affen bekamen rote Augen und blutige Nasen. Schließlich brachen sie zusammen und bluteten aus. Man hatte sie nie absichtlich mit dem Ebola-Virus infiziert, und sie waren nicht einmal in die Nähe der kranken Tiere gekommen.
Wenn in einem Raum auf einer Seite ein Gesunder und auf der anderen ein AIDS-Kranker sitzt, kann das AIDS-Virus nicht durch die Luft schweben und den Gesunden infizieren, und selbst wenn sich die beiden berühren würden, wäre das nicht möglich. Aber das Ebola-Virus war offensichtlich durch den Raum geschwebt. Es hatte sich schnell und auf eine bis dahin unbekannte Weise fortbewegt. Höchstwahrscheinlich hatten die Kontrolltiere es eingeatmet.
»Irgendwie ist es dorthin gekommen«, erklärte Nancy Jaax, als sie mir die Geschichte ein paar Jahre später erzählte.

»Affen spucken und werfen mit Gegenständen. Und wenn die Tierpfleger die Käfige ausspritzen, kann ein Tröpfchennebel entstehen. Vermutlich ist es mit solchen Tröpfchen durch die Luft gewandert. Seitdem weiß *ich,* daß Ebola durch die Luft wandern kann.«

Der Ebola-Fluß

Es geschah am 6. Juli 1976 etwa 800 Kilometer nordwestlich des Elgon im Süden des Sudan, am ausgefransten Rand des zentralafrikanischen Regenwaldes: Ein Mann, der den Ebola-Jägern als Yu. G. bekannt ist, erlitt einen Schock und starb, während Blut aus allen Körperöffnungen lief. Er wird stets nur mit den Initialen bezeichnet.
Mr. Yu. G. war Lagerverwalter einer Baumwollfabrik in Nzara, einer Kleinstadt. Die Einwohnerzahl von Nzara war in den vorangegangenen Jahren gewachsen – die Stadt hatte die Bevölkerungsexplosion miterlebt, die sich überall in der Nähe des Äquators abspielt. Die Bevölkerung in dieser Gegend gehört zum großen Stamm der Azande. Ihre Heimat besteht aus Savannen und Auwäldern – ein schönes Land, mit Gruppen von Akazien am Ufer der Flüsse, die im Sommer austrocknen. In den Bäumen nisten afrikanische Tauben, die langgezogene Rufe ausstoßen. Zwischen den Flüssen erstreckt sich ein Meer aus Elefantengras, das bis zu drei Meter hoch werden kann. Weiter nach Süden, in Richtung Zaire, steigt das Land an: Der Wald breitet sich auf sanften Hügeln aus und wird zu einem geschlossenen Blätterdach – der Regenwald beginnt. In der Gegend um Nzara liegen fruchtbare Plantagen für Teakholz, Obst und Baumwolle. Die Menschen sind arm und arbeiten schwer. Sie leben in großen Familienverbänden und bewahren zäh ihre alten Stammestraditionen.
Mr. Yu. G. war fest angestellt. Sein Schreibtisch stand in

einem Raum voller Baumwollballen am hinteren Ende des Fabrikgeländes. An der Decke, in der Nähe seines Arbeitsplatzes, hingen Fledermäuse. Ob sie mit dem Ebola-Erreger infiziert waren, konnte nie nachgewiesen werden.
Das Virus könnte auf einem unbekannten Weg in die Fabrik gelangt sein – vielleicht durch Insekten, die sich in den Baumwollfasern verfangen hatten, oder durch die Ratten, die auf dem Gelände zu Hause waren. Möglicherweise hatte der Erreger aber auch gar nichts mit der Fabrik zu tun und Mr. Yu. G. hatte sich irgendwo anders angesteckt. Er ging nicht ins Krankenhaus, sondern starb auf einem einfachen Lager im Haus seiner Familie. Die Angehörigen bestatteten ihn nach der Tradition der Azande unter einem Steinhaufen auf einer Lichtung mit Elefantengras. Das war der erste belegte Fall von Ebola-Sudan gewesen.
Ein paar Tage nachdem Mr. Yu. G. gestorben war, erwischte es einige andere Angestellte, die im gleichen Raum gearbeitet hatten: Sie brachen zusammen, erlitten einen Schock und starben mit starken Blutungen aus den Körperöffnungen. Einer der Toten war P. G., ein Mann mit einem großen Freundeskreis und mehreren Geliebten. Er verbreitete den Erreger in der ganzen Stadt, vermutlich durch Berührung und sexuelle Kontakte. Das Virus vermehrte sich schnell: Während seiner Ausbreitung im Sudan durchlief es sechzehn Infektionsgenerationen – und die meisten Betroffenen starben.
Wenn ein Virus sehr ansteckend ist und schnell von einem Wirt zum nächsten springen kann, spielt es keine Rolle, was mit dem vorherigen Wirt geschieht, denn der Erreger kann sich eine Zeitlang vermehren – zumindest so lange, bis er die Population der Wirtsorganismen weitgehend ausgerottet hat. Die meisten tödlichen Fälle von Ebola-Sudan ließen sich über die Infektionskette bis zu Mr. Yu. G. zurückverfolgen. Der gefährliche Virusstamm hätte fast die gesamte

Bevölkerung des Südsudan vernichtet. Seine tödliche Spur zog sich von Nzara nach Osten bis zu der Ortschaft Maridi, wo es ein Krankenhaus gab.

Es traf das Krankenhaus wie eine Bombe: Zuerst starben die Patienten, und dann lief das Virus im Zickzack wie ein Blitz durch die Familien der Kranken.

Offenbar hatte das medizinische Personal bei den Patienten schmutzige Kanülen verwendet. Auf diese Weise verbreitete sich das Virus schnell im Krankenhaus, und nach den Patienten traf es schließlich auch das medizinische Personal. Es ist ein charakteristisches Kennzeichen von tödlichen, sehr ansteckenden Viren, daß sie sehr rasch auch das Pflegepersonal befallen. In manchen Fällen verstärkt sich die Epidemie auf diese Weise – als ob Sonnenlicht durch eine Linse gebündelt auf einen Haufen Zunder gerichtet wird.

Das Virus machte aus dem Krankenhaus von Maridi nach und nach eine Leichenhalle. Es sprang von Bett zu Bett, und die Ärzte bemerkten bei den Patienten zunächst Anzeichen geistiger Verwirrung, Psychosen und Persönlichkeitsverluste. Manche Sterbenden zogen sich aus und rannten nackt und blutend auf die Straße: Sie wollten nach Hause und wußten offenbar nicht, was mit ihnen geschehen war. Es gibt keinen Zweifel, daß das Ebola-Virus das Gehirn schädigt und geistigen Verfall mit Psychosen verursacht. Es ist aber nicht einfach, den Gehirnschaden von den Wirkungen der Angst zu unterscheiden. Wenn man in einem Krankenhaus eingesperrt ist, wo die Menschen in ihren Betten wegsterben, versucht man vielleicht zu entkommen, und wenn man blutet und verängstigt ist, zieht man vielleicht die Kleider aus.

Der Sudan-Stamm erzeugte eine mehr als doppelt so hohe Sterblichkeit wie das Marburg-Virus: Die Hälfte der Erkrankten starb, und zwar schnell. Es war die gleiche Sterblichkeitsquote wie bei der Pest im Mittelalter. Wenn das Ebola-

Sudan-Virus es geschafft hätte, aus Zentralafrika auszubrechen, wäre es wenige Wochen später in Khartum aufgetaucht, nach ein paar weiteren Wochen hätte es Kairo erreicht, und von dort wäre es nach Athen, New York, Paris, London und Singapur übergesprungen – es hätte die ganze Erde überschwemmt. Aber das geschah nicht, und die Krise im Sudan ging vorüber, ohne daß die Welt Notiz davon genommen hätte. Die Vorgänge im Sudan sind vergleichbar mit einer geheimgehaltenen Atombombenexplosion.

Aus ungeklärten Gründen flaute die Epidemie ab, und das Virus verschwand. Das Krankenhaus in Maridi war das Epizentrum des Ausbruchs gewesen. Während das Virus in der Klinik wütete, floh das überlebende medizinische Personal in Panik in den Busch. Das war vermutlich das beste, was sie tun konnten, denn nun wurden keine schmutzigen Nadeln mehr benutzt, und das Krankenhaus leerte sich, so daß die Ansteckungskette unterbrochen wurde.

Es gibt noch einen anderen möglichen Grund, warum das Ebola-Sudan-Virus verschwand. Es war zu gefährlich. Der Erreger brachte die Menschen so schnell um, daß sie vor ihrem Tod nicht genug Zeit hatten, andere anzustecken. Außerdem wurde das Virus nicht durch die Luft übertragen, und deshalb konnte es nicht die ganz große Katastrophe auslösen. Es wurde mit dem Blut weitergegeben, und die blutenden Patienten berührten kaum andere Menschen, bevor sie starben. Deshalb hatte das Virus zu selten die Gelegenheit, sich einen neuen Wirt zu suchen. Wenn die Leute den Erreger in die Luft gehustet hätten … aber das wäre eine ganz andere Geschichte. Jedenfalls richtete er in Zentralafrika ein paar hundert Menschen zugrunde, wie ein Feuer, das einen Haufen Stroh verzehrt, und dann verloschen die Flammen. Es blieb nur ein Haufen Asche übrig, anders als beim AIDS-Virus, das sich über den ganzen Planeten ausgebreitet hat wie ein Feuer, das in einem Kohlebergwerk wütet und nicht mehr zu löschen ist. Das Ebola-Virus, wie es im Sudan ans Licht kam, zog sich wieder in die Tiefen des afrikanischen Busches zurück, und dort lebt es zweifellos bis heute weiter: In einem unbekannten Wirt durchläuft es einen Vermehrungszyklus nach dem anderen, und dabei kann es seine Form ändern, mutieren und zu etwas Neuem werden, das möglicherweise in der Lage ist, die menschliche Spezies erneut zu befallen.

Anfang September 1976, zwei Monate nachdem die Epidemie im Sudan ausgebrochen war, tauchte achthundert Kilometer weiter westlich, in Zaire, ein noch bösartigeres Filovirus auf. Diese Gegend, die sogenannte Bumba-Zone in der Provinz Equateur, ist mit tropischem Regenwald bewachsen, in dem kleine Dörfer verstreut sind, und wird vom Fluß Ebola durchzogen. Die Sterblichkeit war beim Zaire-Stamm des Ebola-Virus nochmals fast doppelt so hoch wie bei Ebola-Sudan. Es schien einer schweigenden, unzähmbaren Macht zu entspringen, die unergründliche Absichten verfolgte. Der erste Mensch, der an Ebola-Zaire-Fieber erkrankte, ist bis heute nicht identifiziert.

In den ersten Septembertagen faßte vermutlich irgend jemand, der wahrscheinlich irgendwo südlich des Ebola lebte, etwas Blutiges an. Vielleicht war es Affenfleisch – die Bewohner jener Gegend jagen Affen – oder das Fleisch eines anderen Tiers, beispielsweise eines Elefanten oder einer Fledermaus. Vielleicht berührte der oder die Betreffende auch ein zertretenes Insekt oder wurde von einer Spinne gebissen. Gleichgültig, welchen Wirtsorganismus das Virus ursprünglich bewohnte – offenbar konnte es durch einen Blutkontakt im Regenwald in die Welt der Menschen eindringen. Das Eingangstor könnte durchaus eine Schnittwunde an der Hand dieser unbekannten Person gewesen sein.

Das Virus tauchte im Missionshospital von Yambuku auf,

einem Krankenhaus im Landesinneren, das von belgischen Nonnen geleitet wird. Die Klinik, eine Ansammlung von weißgetünchten niedrigen Häusern mit Blechdächern steht im Wald neben einer Kirche. Glockenläuten, Choräle und die Worte der heiligen Messe in der Bantusprache sind zu hören, während nebenan eine Schlange von Malariakranken zitternd auf die Spritze wartet.

Die Missionsstation in Yambuku betreibt auch eine Schule für Kinder. Im August machte ein Lehrer der Schule mit ein paar Freunden eine Urlaubsreise in den Norden Zaires. Sie liehen sich von der Missionsstation einen Landrover. Langsam kroch der Wagen auf schlammigen Pisten vorwärts, und zweifellos blieb er einige Male im Morast stecken – so ist das nun einmal, wenn man mit dem Auto durch Zaire fahren will. Die »Straße« war meist nur ein schattiger Fußpfad zwischen den hohen Bäumen: Es war, als führe man durch einen Tunnel. Schließlich erreichten sie den Ebola, überquerten ihn auf einer flachen Fähre, und fuhren weiter nach Norden. In der Nähe des Flusses Obangui hielten sie an einem Straßenmarkt, wo der Lehrer ein wenig frisches Antilopenfleisch kaufte. Einer seiner Freunde erstand einen gerade geschlachteten Affen und legte ihn hinter den Rücksitz des Landrover. Während sie in dem Wagen durchgeschüttelt wurden, konnte jeder der Mitreisenden den Affen oder das Antilopenfleisch berührt haben.

Als der Lehrer wieder nach Hause kam, kochte seine Frau das Antilopenfleisch, und die ganze Familie aß mit. Am nächsten Morgen fühlte er sich nicht wohl und ging deshalb nicht sofort in die Schule, sondern machte am Krankenhaus von Yambuku halt, um sich von den Nonnen eine Spritze geben zu lassen.

Die Nonnen des Krankenhauses von Yambuku legten jeden Morgen fünf Spritzen auf einen Tisch, mit denen sie den Patienten den ganzen Tag lang alle möglichen Injektionen

gaben. Fünf Kanülen für ein paar hundert Patienten in der Ambulanz und der Entbindungsstation der Klinik. Ab und zu spülten Nonnen und Pfleger die Kanülen in einer Schüssel mit warmem Wasser, um das Blut zu entfernen, aber in den meisten Fällen spritzten sie immer wieder, ohne die Nadel zu säubern – von Arm zu Arm, und das Blut mischte sich. Da das Ebola-Virus hochinfektiös ist, so daß fünf bis zehn mit dem Blut übertragene Virusteilchen für eine neue Infektion ausreichen, eröffnete sich hier für den Erreger eine hervorragende Gelegenheit zur Ausbreitung.
Ein paar Tage nachdem der Lehrer seine Injektion erhalten hatte, erkrankte er an Ebola-Zaire-Fieber. Es war der erste bekannte Fall dieser Krankheit, aber er könnte sich das Virus durchaus über eine verschmutzte Kanüle zugezogen haben. Das würde bedeuten, daß jemand anderer, der bereits am Ebola-Fieber erkrankt war, das Krankenhaus aufgesucht hatte und früher am gleichen Tag eine Injektion mit der Nadel erhalten hatte, die dann bei dem Lehrer benutzt wurde. Vermutlich stand diese unbekannte Person in der Schlange der Wartenden unmittelbar vor dem Lehrer. Diese Person war der Ausgangspunkt der Ebola-Epidemie in Zaire. Wie im Sudan begann die Ausbreitung einer Lebensform, die theoretisch die ganze Welt hätte befallen können, mit *einer einzigen* infizierten Person. Die Krankheit brach in fünfundfünfzig Dörfern rund um das Krankenhaus gleichzeitig aus. Zuerst starben diejenigen, die Injektionen erhalten hatten. Dann erfaßte sie die Familienangehörigen, vor allem die Frauen, die in Afrika traditionell die Toten für das Begräbnis vorbereiten. Dieses Etwas mit dem unbändigen Vermehrungswillen gelangte in einen Menschen, der im Wald etwas Blutiges angefaßt hatte und dann mit Kopfschmerzen und roten Augen in die Klinik von Yambuku kam, um sich eine Spritze geben zu lassen. Dieser Unbekannte, der in der Schlange vor dem Lehrer gestanden hatte, war ursprünglich

vielleicht von vier oder fünf Virusteilchen infiziert worden, die von irgendwoher gekommen waren.
Der Erreger vermehrte sich und verbreitete sich unter den Pflegekräften des Krankenhauses; die meisten von ihnen starben, und dann waren die belgischen Nonnen an der Reihe. Die erste Nonne, die an Ebola-Fieber erkrankte, war eine Hebamme. Die Mutter lag mit Ebola-Fieber im Sterben und hatte den Ebola-Erreger an das Ungeborene weitergegeben, das offensichtlich schon im Mutterleib zusammengebrochen und ausgeblutet war. Die Frau hatte eine Fehlgeburt, und die Nonne, die ihr bei dieser schauerlichen Entbindung zur Seite stand, hatte hinterher blutige Hände. Das Blut von Mutter und Totgeborenem war äußerst infektiös, und die Nonne muß an der Hand eine kleine Hautverletzung gehabt haben. Fünf Tage später war sie tot.
Im Krankenhaus von Yambuku gab es eine Nonne, die heute als Schwester M. E. bekannt ist. Sie erkrankte schwer an »L'épidémie«, wie man jetzt sagte. Ein Priester in Yambuku entschloß sich zu dem Versuch, sie nach Kinshasa, der Hauptstadt, zu bringen, damit sie dort besser medizinisch versorgt würde. Zusammen mit Schwester E. R., einer weiteren Nonne, fuhr er Schwester M. E. im Landrover in die Kleinstadt Bumba, ein Nest aus Ziegelbauten und Holzhütten, das sich am Kongo hinzieht. Dort mieteten sie ein Flugzeug nach Kinshasa, wo sie Schwester M. E. zum Ngaliema Hospital brachten, einer Privatklinik, die von schwedischen Schwestern geleitet wurde. Sie bekam ein Einzelzimmer und erduldete dort ihren Todeskampf, bis sie ihre Seele schließlich in Gottes Hände legte.

Das Ebola-Zaire-Virus greift alle Organe und Gewebe des menschlichen Körpers an, mit Ausnahme der Skelettmuskulatur und der Knochen: Es ist der perfekte Parasit, denn es macht aus dem ganzen Körper einen aufgelösten Schleim

aus Virusteilchen. Während das Virus Kopien von sich selbst herstellt, tauchen in den Adern kleine Blutgerinnsel auf. Das Blut wird dicker und fließt langsamer, und allmählich bleiben die Klumpen an den Wänden der Blutgefäße hängen. Sie bilden auf der Innenseite der Adern ein Mosaik, das immer dicker wird, neue Klumpen lösen sich ab und treiben mit dem Blut in die kleinen Haargefäße, wo sie sich festsetzen. Auf diese Weise kommt die Blutversorgung verschiedener Körperbereiche zum Erliegen, und in Gehirn, Leber, Nieren, Lunge, Darm, Hoden und Brustgewebe (bei Männern wie bei Frauen) sowie überall auf der Haut sterben Teile des Gewebes ab. Die Haut bekommt rote Flecken, Petechien genannt, die durch Blutungen unter der Haut entstehen. Besonders heftig greift das Ebola-Virus das Bindegewebe an: Es vermehrt sich im Kollagen, dem wichtigsten Protein des Gewebes, das Haut und Organe zusammenhält. Das Kollagen wird zu Brei, die unteren Hautschichten sterben ab und verflüssigen sich. Die Haut verwandelt sich in ein Meer aus winzigen weißen und roten Blasen und bekommt Risse, aus denen Blut tropft. Die roten Punkte auf der Haut dehnen sich aus und werden zu großen Blutergüssen, die Haut wird weich und schwammig, so daß sie beim geringsten Druck reißen kann. Im Mund blutet es rund um die Zähne und aus den Speicheldrüsen – Blut kommt buchstäblich aus allen Öffnungen, und seien sie auch noch so klein. Die Zungenoberfläche wird leuchtendrot, schält sich ab und wird verschluckt oder ausgespuckt. Dieses Ablösen der Zungenhaut soll besonders schmerzhaft sein.
Ähnliche Hautablösungen beobachtet man im Rachen; die abgestorbenen Hautreste gelangen dann in die Luftröhre und werden abgehustet. Wenn der Herzmuskel weich wird und nach innen blutet, quillt bei jedem Herzschlag Blut aus den Herzkammern in die Brusthöhle. Das Gehirn wird von abgestorbenen Blutzellen verstopft. Der Erreger greift auch

die Innenwand der Augäpfel an. Wenn es dort zu Blutungen kommt, wird der Betroffene blind. Blutige Tränen stehen auf den Augenlidern und laufen die Wangen hinunter, weil das Blut nicht gerinnt. Manchmal wird eine Körperseite durch einen halbseitigen Schlaganfall gelähmt, was bei einer Ebola-Infektion unausweichlich zum Tode führt. Während die inneren Organe von Blutgerinnseln verstopft sind, kann das Blut, das nach außen fließt, nicht gerinnen. Wenn man es im Reagenzglas betrachtet, sieht man, daß es zerstört ist: Die roten Blutzellen sind aufgelöst und abgestorben.

Einen großen Teil des Gewebes tötet das Virus ab, während der Betroffene noch am Leben ist. Es erzeugt eine schleichende Nekrose kleiner Gewebeabschnitte, die sich durch alle inneren Organe ausbreitet. Die Leber schwillt an und wird gelb, verflüssigt sich allmählich, reißt und stirbt ab. Die Nieren versagen, so daß alle Giftstoffe im Blut bleiben. Die Milz wird zu einem großen, harten Blutklumpen, und der Darm kann sich ebenfalls völlig mit Blut füllen. Die Darmschleimhaut stirbt ab und wird in den Darminnenraum abgestoßen, so daß sie mit großen Blutmengen nach außen gelangt. Bei Männern schwellen die Hoden an; sie werden schwarzblau, die Samenflüssigkeit ist mit Viren gesättigt, und oft bluten die Brustwarzen. Bei Frauen beobachtet man bläuliche Verfärbungen und Schwellungen der Schamlippen, und häufig kommt es zu starken Scheidenblutungen. Wird eine schwangere Frau infiziert, erleidet sie eine Fehlgeburt.

Das Ebola-Virus zerstört das Gehirn noch gründlicher als das Marburg-Virus, und die Ebola-Infizierten bekommen im letzten Krankheitsstadium häufig epileptische Anfälle. Durch die Krämpfe und Zuckungen des Patienten verteilt sich das Blut in der Umgebung. Möglicherweise ist das epileptische Blutspritzen ein Erfolgsrezept des Ebola-Virus

– das Opfer stirbt, dabei verteilt sich sein Blut, so daß das Virus eine größere Chance hat, auf einen neuen Wirt überzuspringen – eine Art Schmierinfektion.
Das Ebola-Virus vermehrt sich (wie auch das Marburg-Virus) so schnell und heftig, daß in den infizierten Körperzellen kristallartige, mit Viren angefüllte Blöcke auftauchen. Diese sogenannten Kristalloide sind Virusvorräte, die sich bald aus der Zelle befreien. Sie tauchen zunächst in der Mitte der Zelle auf und wandern dann zu ihrer Außenwand. Wenn ein solches Kristalloid die Zellmembran erreicht hat, zerfällt es in mehrere hundert einzelne Virusteilchen, die wie Haare durch die Zellmembran gleiten und vom Blut des Wirtsorganismus weggetragen werden. Die so »geschlüpften« Ebola-Viren heften sich überall im Körper an neue Zellen und dringen in sie ein, um sich erneut zu vermehren. Die Fortpflanzung hält an, bis das Gewebe in allen Körperteilen mit den Kristalloiden angefüllt ist – bis jeder Blutstropfen des Kranken hundert Millionen Virusteilchen enthält.
Nach dem Tod zerfällt der Leichnam sehr schnell: Die inneren Organe, die schon einige Tage vorher ganz oder teilweise abgestorben waren, lösen sich auf, und es kommt zu einer Art Kernschmelze: Bindegewebe, Haut und Organe, die bereits mit toten Abschnitten durchsetzt, vom Fieber aufgeheizt und durch den Schock geschädigt sind, verflüssigen sich.

Als alles vorüber war, bedeckte das Blut im Krankenzimmer von Schwester M. E. den Fußboden, die Möbel und die Wände. Wie mir jemand berichtete, der den Raum gesehen hatte, brachte niemand im Krankenhaus es fertig, das Zimmer zu säubern, nachdem sie den Leichnam – vielfach eingewickelt – weggebracht hatten. Ärzte und Schwestern wollten das Blut an den Wänden nicht berühren und hatten

sogar Angst, die Luft in dem Raum einzuatmen. Also verschloß man das Zimmer mehrere Tage lang.
Woran die Nonne gestorben war, wußte niemand, aber es mußte ein vermehrungsfähiger Erreger sein, und die Krankheitssymptome ruhig und rational zu überdenken, war nicht einfach. Auch Gerüchte aus dem Dschungel, wonach der Erreger am Oberlauf des Kongo ganze Dörfer ausradierte, trugen nicht gerade zur Beruhigung bei. Die Ärzte des Krankenhauses in Kinshasa untersuchten den Fall der Nonne und begannen den Verdacht zu hegen, das Marburg-Virus oder ein ähnlicher Erreger könne die Todesursache sein. Als nächstes erkrankte Schwester E. R., die mit Schwester M. E. nach Kinshasa geflogen war, an »L'épidémie«. Man legte sie in dem Krankenhaus ebenfalls in ein Einzelzimmer, und sie starb mit den gleichen Symptomen wie ihre Vorgängerin.
Im Ngaliema Hospital gab es eine junge Krankenschwester namens Mayinga N. Sie hatte die erste Nonne gepflegt, die in dem blutverschmierten Zimmer gestorben war. Vielleicht hatte sie sich mit Blut oder dem schwarzen Erbrochenen bespritzt – jedenfalls bekam sie ebenfalls Kopfschmerzen und Erschöpfungszustände. Sie wußte, daß sie krank wurde, aber sie wollte sich nicht eingestehen, was es war. Mayinga stammte aus einer armen, aber ehrgeizigen Familie und hatte ein Stipendium, mit dem sie zur Ausbildung nach Europa gehen sollte. Ihre größte Sorge war, daß man sie nicht mehr ins Ausland reisen lassen würde, wenn sie krank war. Als die Kopfschmerzen anfingen, kam sie nicht mehr zur Arbeit, sondern tauchte unter. Zwei Tage blieb sie verschwunden. In dieser Zeit ging sie in die Stadt, weil sie ihre Reiseerlaubnis unter Dach und Fach haben wollte, bevor sie erkennbar krank wurde. Einen ganzen Tag lang – es war der 12. Oktober 1976 – stand sie Schlange vor den Büros im Außenministerium von Zaire, um ihre Papiere zu bekommen. Am nächsten Tag verschlechterte sich ihr Zustand,

aber statt zur Arbeit zu gehen, fuhr sie noch einmal in die Stadt. Diesmal nahm sie ein Taxi zum größten Krankenhaus von Kinshasa, dem Mama Yemo Hospital. Warum ging sie zur Behandlung nicht ins Ngaliema Hospital, wo sie arbeitete und wo die Ärzte sich um sie gekümmert hätten? Es muß eine Art innerer Verweigerung gewesen sein. Nicht einmal vor sich selbst wollte sie eingestehen, daß sie sich angesteckt hatte. Vielleicht, so hoffte sie, war es nur ein Malariaanfall. Das Mama Yemo Hospital war die letzte Zuflucht für die Armen der Stadt, und stundenlang wartete sie dort in einer Notambulanz, die mit zerlumpten Gestalten und Kindern überfüllt war.
Ich sehe Schwester Mayinga, von der die Viren in den Kühltruhen der US-Armee stammen, lebhaft vor mir: eine freundliche, stille, schöne Afrikanerin von etwa zwanzig Jahren mit Zukunftsaussichten und Träumen. Irgendwie hofft sie, daß das, was mit ihr geschehen muß, nicht geschehen wird. Sie sitzt in der Ambulanz des Mama Yemo Krankenhauses zwischen Malariakranken und Kindern mit zerlumpten Kleidern und aufgetriebenen Bäuchen, und niemand schenkt ihr Beachtung, denn sie hat nur Kopfschmerzen und rote Augen.
Vielleicht haben sich die Augen vom Weinen gerötet. Ein Arzt gibt ihr eine Malariaspritze und erklärt ihr, sie solle sich in Quarantäne begeben. Aber auf der Quarantänestation des Mama Yemo Hospital ist kein Zimmer frei, also ruft sie sich wieder ein Taxi. Sie läßt sich zu einem anderen Krankenhaus fahren, der Universitätsklinik, vielleicht können die Ärzte sie dort behandeln. Aber die Ärzte des Universitätskrankenhauses finden nichts, außer vielleicht einige Symptome von Malaria. Die Kopfschmerzen werden stärker. Sie sitzt im Wartezimmer der Klinik und weint. Schließlich tut sie das einzige, was ihr noch übrigbleibt: Sie kehrt ins Ngaliema Hospital zurück und läßt sich dort als Patientin aufnehmen.

Man legt sie in ein Einzelzimmer, sie wird teilnahmslos, und ihr Gesicht erstarrt zur Maske.

Aus dem Regenwald kamen neue Nachrichten über das Virus und seine Wirkung auf Menschen, und als in der Stadt das Gerücht umging, eine kranke Schwester sei zwei Tage lang herumgelaufen und mit vielen Menschen in überfüllten Räumen und öffentlichen Gebäuden in engen Kontakt gekommen, entstand eine Panik. Zuerst verbreitete sich das Gerede unter Missionsangehörigen und Regierungsbeamten, dann auf den Cocktailpartys der Diplomaten, und schließlich drang das Gerücht nach Europa. Als man in den Büros der Weltgesundheitsorganisation WHO in Genf davon hörte, brach dort Panik aus. Nach den Berichten derer, die damals dort waren, konnte man die Angst auf den Gängen des WHO-Gebäudes spüren, und der Direktor der Behörde war sichtlich mitgenommen. Schwester Mayinga schien zum Ausgangspunkt einer explosionsartigen, tödlichen Infektionskette in einer übervölkerten Stadt der dritten Welt zu werden. WHO-Beamte befürchteten eine weltweite Epidemie. Europäische Regierungen überlegten, ob man Flüge aus Kinshasa einstellen sollte. Die Tatsache, daß eine infizierte Person, die in einem Krankenhauszimmer hätte isoliert werden müssen, zwei Tage lang durch die Stadt gelaufen war, schien zu einer Bedrohung für die Menschheit zu werden.

Der zairische Präsident Mobutu Sese-Seko setzte seine Armee ein. Rund um das Ngaliema Hospital stationierte er Soldaten mit dem ausdrücklichen Befehl, niemanden durchzulassen außer den Ärzten. Das Pflegepersonal stand jetzt zum größten Teil unter Quarantäne, und die Soldaten gewährleisteten, daß die Isolierung auch eingehalten wurde.

Weitere Armee-Einheiten riegelten auf Mobutus Anordnung

die Bumba-Zone ab: Sie errichteten Straßensperren und hatten den Befehl, jeden zu erschießen, der das Gebiet verlassen wollte. Auch die Bootskapitäne auf dem Fluß hatten jetzt von dem Virus gehört und weigerten sich, im Bumba-Gebiet anzulegen, obwohl die Leute sie vom Ufer aus darum anflehten. Dann riß der Funkkontakt mit Bumba ab. Niemand wußte, was sich am Oberlauf des Flusses abspielte, wer starb, was das Virus anrichtete. Bumba war vom Antlitz der Erde verschwunden und in schweigendes Dunkel gesunken.

Als die erste Nonne im Ngaliema Hospital im Sterben lag, entschlossen sich die Ärzte, keine vollständige Obduktion durchzuführen, sondern unmittelbar vor dem Tod schnell einige Gewebeproben zu entnehmen. Sie gehörte einem Orden an, der Autopsien verbot, aber die Ärzte wollten unbedingt wissen, was sich da in ihr vermehrte. Als sie im letzten Krankheitsstadium in Krämpfe verfiel, führten sie eine Kanüle in den Oberbauch ein, um eine Probe des Lebergewebes zu gewinnen. Das Organ war bereits teilweise verflüssigt, und es war eine dicke Nadel. Die Spritze füllte sich mit einer ausreichenden Gewebemenge aus der Leber. Vielleicht wurde das Blut bei dieser Biopsie an die Wände verspritzt. Aus dem Arm wurden Blutproben entnommen, von denen das Serum abzentrifugiert wurde. Ein paar Tage später landete ein Teil des Blutes der Nonne in der Abteilung für besondere Erreger der Centers for Disease Control, kurz CDC genannt, in Atlanta im US-Bundesstaat Georgia.
In dieser Abteilung der CDC beschäftigt man sich mit unbekannten, neu auftretenden Viren. Sie war kurz zuvor von dem Arzt Karl M. Johnson gegründet worden, einem Freilandvirologen, dessen angestammtes Arbeitsgebiet die Regenwälder Mittel- und Südamerikas sind. Ein Team von Wissenschaftlern der CDC unter Leitung von Karl Johnson

analysierte das Blut der Nonne. Es war in einem Glasröhrchen in einer Schachtel mit Trockeneis eingetroffen. Patricia Webb, die damals mit Karl Johnson verheiratet war und zu dem Team gehörte, öffnete das Paket. Dabei stellte sie fest, daß die Glasröhrchen zerbrochen waren. Es gelang ihr aber, eine ausreichende Menge Blut für eine Virenanalyse zu entnehmen. Besondere Vorsichtsmaßnahmen bei der Handhabung des Serums hielt sie nicht ein (es war 1976, vor dem Auftauchen von AIDS). Johnson und seine Mitarbeiter hatten noch fast nichts von den Vorfällen im Hinterland von Zaire gehört; sie wußten nur, daß die Leute dort an einem »Fieber« starben, das mit »generalisierten Symptomen« einherging. Nähere Einzelheiten waren weder aus dem Busch bekannt noch aus dem Krankenhaus, in dem die Nonne kurz zuvor gestorben war.

Patricia Webb brachte das Serum in Kulturflaschen mit Affenzellen, die daraufhin vom Virus infiziert wurden und schnell abstarben.

Frederick A. Murphy, ein weiterer Wissenschaftler in Karl Johnsons Team, ist einer der führenden Fachleute für die Fotografie von Viren im Elektronenmikroskop. (Seine Aufnahmen wurden schon in Kunstmuseen ausgestellt.) Murphy wollte sich die sterbenden Zellen genau ansehen und versuchen, die Viren zu fotografieren. Am 13. Oktober, während Schwester Mayinga in den Wartezimmern der Krankenhäuser von Kinshasa herumsaß, legte er ein Tröpfchen der Flüssigkeit mit den Zellen auf ein kleines Plättchen. Er ließ es zu einer Kruste eintrocknen und legte es dann unter das Elektronenmikroskop.

Er traute seinen Augen nicht. Die Kruste war voller Virusteilchen. So etwas hatte er noch nie gesehen. Die eingetrocknete Flüssigkeit war mit Gebilden durchsetzt, die aussahen wie Regenwürmer. Ihm stockte der Atem. Er dachte nur: Marburg. Das hier, so glaubte er, müßten Marburg-Erreger sein,

denn das waren 1976 die einzigen fadenförmigen Viren, die man kannte. Noch nie hatte er so viele Viren in einem winzigen Tropfen gesehen.
Ruckartig und mit einem seltsamen Gefühl im Bauch stand Murphy auf. Das Labor, in dem er die Proben präpariert hatte, war äußerst gefährlich. Er verließ den Mikroskopierraum, schloß die Tür hinter sich und eilte über den Korridor in das Labor, wo er mit dem Blut der Nonne gearbeitet hatte. Er nahm eine Flasche mit Chlorbleiche und schrubbte den Raum gründlich von oben bis unten ab. Als er fertig war, ging er zu Patricia Webb und erzählte ihr, was er im Mikroskop gesehen hatte. Sie rief ihren Mann an und sagte: »Karl, komm schnell ins Labor. Fred hat *Würmer* in der Probe gefunden«.
Sie starrten die »Würmer« an und versuchten, die Formen zu klassifizieren. Man erkannte Schlangen, Spiralen, verzweigte, Y-förmige Gebilde, Schleifen von der Form eines kleinen g, Bögen wie ein U und eingerollte Linien wie eine 6. Und sie bemerkten auch die charakteristische Form, die sie von nun an »Schäferstab« nannten.
Andere Experten bezeichneten die Form auch als »Hakenöse«, nach einem ähnlich geformten Gegenstand, den man in Eisenwarengeschäften findet.

Am nächsten Tag nahm Patricia Webb einige Untersuchungen vor, und dabei stellte sie fest, daß der Erreger mit Nachweisreagenzien für Marburg-Viren und alle anderen bekannten Viren nicht reagierte. Das Team hatte also einen unbekannten Erregerstamm isoliert, ein neues Virus. Damit hatten sie auch das Recht, ihn zu benennen. Karl Johnson taufte ihn auf den Namen Ebola.
Karl Johnson verließ später die CDC und verbringt seine Zeit heute meist in Montana mit Forellenangeln. Er arbeitet als Berater auf verschiedenen Gebieten, unter anderem bei

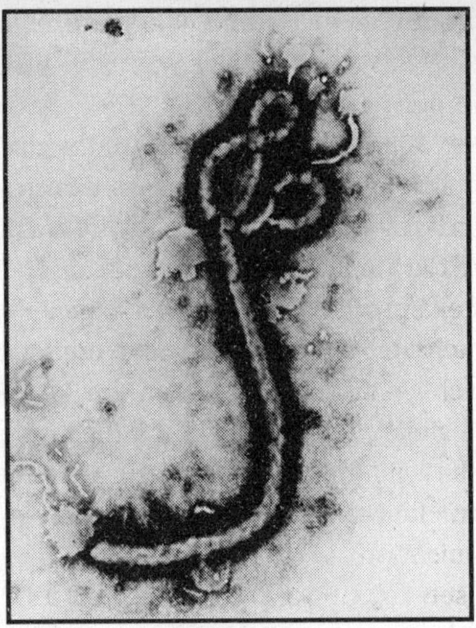

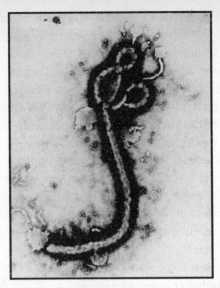

Ein einzelnes Ebola-Virusteilchen mit einem deutlich ausgeprägten »Schäferstab« an einem Ende. Das Foto wurde von Frederick A. Murphy, der damals an den Centers for Disease Control arbeitete, am 13. Oktober 1976 aufgenommen. Die seilartig angeordneten klumpigen Gebilde sind die Strukturproteine. Sie umhüllen einen einzelnen RNA-Strang, der die Erbinformation des Virus enthält. Vergrößerung 112 000fach.

der Einrichtung von Sicherheitslabors. Ich hörte, er sei über eine Faxnummer in Big Sky in Montana zu erreichen, und schickte ihm ein Fax, in dem ich erklärte, ich sei vom Ebola-Virus gefesselt. Das Fax kam auch an, aber ich erhielt keine Antwort. Also schickte ich einen Tag später ein zweites Fax. Wieder nur Schweigen. Offenbar war er so mit Angeln beschäftigt, daß er keine Zeit zum Antworten hatte. Als ich die Hoffnung schon aufgegeben hatte, spuckte mein Faxgerät folgende Zeilen aus:

Mr. Preston,
Wenn Sie nicht gerade das meinen, was ein Kaninchen Auge in Auge mit einer Kobra empfindet, ist »gefesselt« nicht das

richtige Wort für mein Gefühl. Wie wäre es mit »Scheißangst«?

Zwei Tage nachdem sein Team zum erstenmal das Ebola-Virus isoliert hatte, machte sich Karl Johnson zusammen mit zwei anderen Ärzten der CDC nach Afrika auf. Mit siebzehn Kisten voller Geräte wollten sie versuchen, in Zaire und im Sudan die Bekämpfung des Virus zu organisieren (gerade hatte sich auch der Ausbruch im Sudan ereignet). Sie flogen zunächst nach Genf, wo sie sich mit der WHO abstimmen wollten. Wie sie feststellen mußten, wußte man dort sehr wenig über die Epidemien in Zaire und im Sudan, und außerdem gab es auch noch Schwierigkeiten, weil einige Bürokraten der Organisation ihre Kenntnisse nur widerwillig weitergaben. Also setzten sich die Ärzte der CDC mit ihren Kisten wieder in Richtung Flughafen in Bewegung. Dort, im Wartesaal, überfiel einen von ihnen im letzten Augenblick die Panik. Er sollte in den Sudan fliegen, aber er bestieg das Flugzeug nicht. Das war nichts Ungewöhnliches.
Karl Johnson erklärte es mir später so: »Ich habe gesehen, wie junge Ärzte vor diesen hämorrhagischen Viren buchstäblich weggelaufen sind. Der Arzt, der in Genf das Flugzeug nicht bestieg, gab zu, daß er zuviel Angst hatte. Wir schickten ihn daher nach Hause. Einen Arzt, der panische Angst bekommt, wenn man ihn mitten in ein Gebiet schickt, in dem gerade eine Epidemie ausgebrochen ist, will man ohnehin nicht dabeihaben. Haben Sie schon einmal gesehen, wie die Spritze in der Hand eines verängstigten Arztes zittert? Er hätte sich selbst oder einen anderen mit einer infizierten Kanüle stechen können.«
Johnson, der Entdecker des Ebola-Virus, wollte über diese Ereignisse am liebsten beim Angeln sprechen. (»Wir müssen klare Prioritäten setzen«, erklärte er mir.) Ich flog also nach Montana und sah ihm ein paar Tage lang zu, wie er Forellen

aus dem Bighorn River holte. Es war Oktober, die Luft war klar und warm, und die herbstlich verfärbten Pappeln am Ufer rauschten im Südwind.
Johnson hatte eine Sonnenbrille auf und stand bis zur Hüfte im weichen Flußschlamm, eine Zigarette hing ihm aus dem Mundwinkel. Er hatte die Angelrute in der Hand, und nachdem er die Leine aus dem Wasser gezogen hatte, warf er sie stromaufwärts wieder aus. Er war ein schlanker, bärtiger Mann mit einer dünnen Stimme, die im Wind schwer zu verstehen war.
In der Geschichte der Virusforschung ist Johnson eine bedeutende Persönlichkeit, denn er hat einige der gefährlichsten Lebensformen unseres Planeten entdeckt und benannt.
»Ich bin froh, daß die Natur nicht gutmütig ist«, bemerkte er. Er sah ins Wasser, machte einen Schritt flußabwärts und warf eine weitere Leine aus. »Aber an einem Tag wie heute kann man sich einbilden, die Natur sei gutartig. Alle Monster und Bestien haben ihre sanften Augenblicke.«
»Was geschah in Zaire?« fragte ich.
»Als wir in Kinshasa ankamen, war die Stadt ein Tollhaus«, erwiderte er. »Aus Bumba gab es keine Nachrichten, keinen Funkkontakt. Wir wußten, daß es dort schlimm stand und daß wir es mit einem neuen Erreger zu tun hatten. Und wir hatten keine Ahnung, ob das Virus sich wie die Grippe über Tröpfchen in der Luft ausbreiten kann. Wenn Ebola wirklich auf diesem Weg weitergetragen würde, sähe die Welt heute ganz anders aus.«
»Warum?« fragte ich.
»Es gäbe dann viel weniger von uns. Es wäre *äußerst* schwierig geworden, das Virus einzudämmen, wenn es in nennenswertem Umfang über die Atmung weitergetragen würde. Wenn Ebola der Andromeda-Stamm war, unglaublich tödlich und durch Tröpfcheninfektion übertragbar, dann gab es auf der Erde keinen sicheren Ort mehr, das war mir klar.

Und dann war es besser, im Zentrum der Infektion zu arbeiten, als sich in der Londoner Oper anzustecken.«
»Haben Sie Angst vor einem menschheitsbedrohenden Ereignis?«
Er starrte mich an. »Was um Gottes willen meinen Sie damit?«
»Ich meine ein Virus, das uns alle ausradiert.«
»Nun ja, ich denke, das könnte geschehen. Bisher gab es das mit Sicherheit noch nicht. Wahrscheinlicher ist ein Erreger, der die Bevölkerung um 90 Prozent vermindert.«
»Neun von zehn Menschen tot? Und da machen Sie sich keine Sorgen?«
Ein Ausdruck von geheimnisvoller Belustigung huschte über sein Gesicht. »Ein Virus kann für eine Art nützlich sein, indem es sie ausdünnt«, sagte er.
Ein Schrei durchschnitt die Luft. Johann hob den Blick aus dem Wasser und sah sich um. »Hören Sie den Fasan? Das mag ich am Bighorn River.«
»Finden Sie Viren schön?«
»O ja«, erwiderte er sanft. »Wenn man der Kobra in die Augen sieht, hat die Angst dann nicht auch eine Kehrseite? Sie wird geringer, wenn man das Wesen der Schönheit erkennt. Ebola unter dem Elektronenmikroskop zu betrachten, ist so, als ob man ein wunderschön gebautes Eisschloß sieht. Es ist so kalt, so absolut rein.«
Die Weltgesundheitsorganisation ernannte Karl Johnson zum Leiter einer Wissenschaftlergruppe, die in Kinshasa zusammenkam.

Joel Breman, der zweite Arzt der CDC, schloß sich einer Freilandexpedition an, die ins Landesinnere flog, um festzustellen, was sich in Bumba abspielte.
Das Flugzeug war eine C-130-Buffalo, die Privatmaschine des Präsidenten Mobutu, mit Sitzen aus Leopardenfell, Klapp-

betten und einer Bar, eine Art fliegender Palast, mit dem der Präsident und seine Familie sonst in den Urlaub in die Schweiz flogen. Jetzt beförderte sie das WHO-Team in nordöstlicher Richtung am Kongo entlang in die Gefahrenzone. Die Ärzte saßen auf den Leopardenfellsitzen und starrten aus dem Fenster auf den endlosen Regenwald und die konturlose Fläche des braunen Flusses, unterbrochen nur gelegentlich durch einen glänzenden Seitenarm oder durch eine Ansammlung runder Hütten, die wie Perlen an einem kaum sichtbaren Fahr- oder Fußweg hingen. Als Breman sich gegen das Fenster lehnte und sah, wie sich die Landschaft vor seinen Augen entfaltete, bekam er Angst vor der Landung. Hier oben, hoch über dem unendlichen Wald, war er sicher, aber unten auf der Erde … Langsam wurde ihm klar, daß er zum Sterben nach Bumba flog. Man hatte ihn zum leitenden Epidemiologen des Staates Michigan ernannt, bevor er nach Afrika gerufen worden war. Seine Frau und die beiden Kinder hatte er zu Hause zurückgelassen, und er würde sie nie wiedersehen. Er hatte eine kleine Reisetasche mit seiner Zahnbürste dabei, und es war ihm gelungen, noch ein paar Chirurgenmasken, einige Kittel und Gummihandschuhe einzupacken. Das war nicht die richtige Ausrüstung für den Umgang mit einem gefährlichen Erreger. Die Buffalo ging in den Sinkflug über, und Bumba tauchte auf, eine baufällige Hafenstadt am Kongo.
Das Flugzeug landete auf einer Piste außerhalb der Stadt. Die Besatzung war so verängstigt, daß sie die Luft nicht einatmen wollte; sie ließ die Propeller laufen, während sie die Ärzte die Gangway hinunterschob und ihnen die Taschen nachreichte. Die Ärzte standen im Sog der Buffalo, die beschleunigte und sich wieder in die Luft erhob.
In der Stadt lernten sie den Gouverneur der Bumba-Zone kennen. Der Kommunalpolitiker war völlig verstört. Die Wogen der Ereignisse waren über ihm zusammengeschlagen.

»Es geht uns schlecht«, erklärte er den Ärzten. »Wir haben kein Salz und keinen Zucker mehr.« Mit zitternder Stimme, als würde er gleich weinen, fügte er hinzu: »Wir konnten nicht einmal mehr Bier bekommen.«

Ein belgischer Arzt aus dem Team wußte, was in dieser Situation zu tun war. Mit einer dramatischen Geste stellte er seine Arzttasche auf den Tisch. Er öffnete sie und drehte sie um, so daß Geldscheinbündel herausfielen und auf dem Tisch einen ansehnlichen Haufen bildeten. »Gouverneur, vielleicht erleichtert das die Sache ein wenig«, sagte er.

»Was soll das?« fragte Breman den Belgier.

Der zuckte nur mit den Achseln. »Sehen Sie, so läuft das hier.«

Der Gouverneur raffte das Geld zusammen und sicherte ihnen volle Unterstützung zu, einschließlich aller staatlichen Mittel, über die er verfügte – und er lieh ihnen zwei Landrover.

Sie brachen nach Norden auf, zum Ebola-Fluß.

Es war Regenzeit, und die »Straße« war eine Reihe von Schlammlöchern, die von Rinnsalen unterbrochen waren. Mit heulenden Motoren und durchdrehenden Rädern kämpften sie sich im Fußgängertempo durch den Urwald, und das bei ständigem Regen und drückender Hitze. Ab und zu kamen sie durch ein Dorf und fanden jedesmal eine Straßensperre aus umgestürzten Bäumen vor. Durch jahrhundertelange Erfahrungen mit dem Pockenvirus hatten die Dorfältesten ihre eigenen Methoden entwickelt, um den Erreger unter Kontrolle zu halten: Nach dieser überkommenen Weisheit mußten sie ihr Dorf von der Außenwelt abschneiden, um ihre Bevölkerung vor der schrecklichen Seuche zu bewahren. Diese Art umgekehrter Quarantäne wird in Afrika schon seit alten Zeiten praktiziert: Ein Dorf verschließt sich während der Zeit der Krankheit allen Fremden; wer von außen kommt, wird weggeschickt. »Wer seid ihr?

Was wollt ihr?« schrien sie den Landrovern von jenseits der umgestürzten Bäume zu.
»Wir sind Ärzte! Wir kommen, um euch zu helfen!«
Schließlich wurden die Bäume beiseite geräumt, und das Team drang immer tiefer in den Regenwald ein. An einem langen, anstrengenden Reisetag entfernten sie sich achtzig Kilometer vom Kongo, bis sie gegen Abend schließlich zu einer Reihe runder, strohgedeckter Häuser kamen. Hinter den Häusern stand mitten im Wald eine Kirche. In der Nähe lagen zwei Fußballplätze, und auf einem davon bemerkten sie einen Stapel verbrannter Matratzen. Zweihundert Meter weiter gelangten sie zum Missionskrankenhaus von Yambuku.
Der ganze Komplex war totenstill und schien verlassen zu sein. Die Betten waren eiserne oder hölzerne Gestelle – die blutgetränkten Matratzen hatte man auf dem Fußballplatz verbrannt –, und die Fußböden waren sauber, ohne Flecke, erst kürzlich vom Blut gereinigt. Das Team entdeckte in Yambuku noch drei überlebende Nonnen und einen Geistlichen sowie ein paar afrikanische Krankenschwestern. Sie hatten aufgeräumt, nachdem das Virus alle anderen dahingerafft hatte. Als die Ärzte eintrafen, waren Nonnen und Krankenschwestern eifrig dabei, die leeren Stationen mit Insektenvernichtungsmitteln einzusprühen, in der Hoffnung, daß auch die Viren irgendwie zerstört würden. Ein Zimmer des Krankenhauses hatte man nicht gereinigt. Niemand, nicht einmal die Nonnen, hatten den Mut, die Geburtshilfestation zu betreten. Als Joel Breman mit dem übrigen Team hineinging, fanden sie Becken mit verfaultem Wasser und dazwischen gebrauchte, blutverschmierte Spritzen. Man hatte den Raum während der Entbindungen aufgegeben, als sterbende Mütter tote Kinder mit roten Augen zur Welt brachten.
Es regnete den ganzen Tag und die ganze Nacht. Um das

Krankenhaus und die Kirche stand eine Gruppe schöner Lorbeergewächse und Teakholzbäume. In ihren Kronen flüsterte der Regen, und sie schwankten, wenn Affenherden hindurchkletterten und kreischend von Baumkrone zu Baumkrone sprangen. Am nächsten Tag drangen die Ärzte mit den Geländewagen weiter in den Urwald vor, und jetzt kamen sie in betroffene Dörfer, wo die Leute in ihren Hütten im Sterben lagen. Manche Opfer hatte man in isolierte Häuser am Rand des Dorfes gebracht – eine alte afrikanische Methode bei Pocken. In einigen Fällen hatte man Hütten, in denen jemand gestorben war, niedergebrannt.

Offenbar war das Virus bereits auf dem Rückzug, und die meisten Erkrankten waren schon tot – so schnell hatte der Erreger sich in der Gegend verbreitet. Joel Breman mußte sich zusammennehmen, um seine Gefühle zurückzuhalten, als ihm bewußt wurde, daß die Opfer sich ihre Infektion ausgerechnet im Krankenhaus geholt hatten. Die Nonnen waren der Ausgangspunkt des Virus, und es hatte sein Werk bei denen vollendet, die Hilfe bei den Jüngerinnen Jesu gesucht hatten. In einem Dorf untersuchte er einen Mann, der im Sterben lag. Er saß auf einem Stuhl, hielt sich den Bauch und beugte sich vor Schmerzen nach vorn. Aus seinem Mund floß Blut.

Sie versuchten Kinshasa per Funk zu erreichen, um Karl Johnson und den anderen mitzuteilen, daß die Epidemie ihren Höhepunkt bereits überschritten hatte. Eine Woche später bemühten sie sich immer noch um die Funkverbindung, aber sie kamen nicht durch. Jetzt fuhren sie zurück nach Bumba und warteten am Fluß. Eines Tages dröhnte ein Flugzeug über sie hinweg. Es kreiste über der Stadt und setzte dann auf. Sie liefen darauf zu.

Man hatte Schwester Mayinga in ein Einzelzimmer gelegt, das nur durch einen Vorraum zugänglich war. In dieser

Grauzone sollten Schwestern und Ärzte Schutzvorrichtungen anlegen. Mayingas behandelnde Ärztin, die Südafrikanerin Margaretha Isaäcson, trug eine Militärgasmaske, aber das wurde in der tropischen Hitze immer unangenehmer. Schließlich ertrug sie es nicht mehr und dachte: Es ist ohnehin ein Wunder, wenn ich das hier überlebe. Dann fielen ihr ihre Kinder ein. Sie sind erwachsen, sagte sie sich, ich habe keine große Verantwortung mehr. Sie legte die Maske ab.

Dr. Isaäcson tat alles, was in ihrer Macht stand, um Mayinga zu retten, aber sie stand dem Erreger ebenso hilflos gegenüber wie die Ärzte im Mittelalter der Pest. (»Es war nicht wie bei AIDS«, erinnerte sie sich später. »Im Vergleich dazu ist AIDS ein Kinderspiel.«) Sie ließ Schwester Mayinga an Eiswürfeln lutschen, um die Schmerzen im Rachen zu lindern, und gab ihr Valium, damit sie nicht mehr genau erkennen konnte, was ihr bevorstand. »Ich weiß, daß ich sterben werde«, sagte Mayinga zu ihr.

»Unsinn, Sie werden nicht sterben«, erwiderte Dr. Isaäcson. Doch die Ärztin sollte leider nicht recht behalten.

Die ersten Blutungen kamen aus Mund und Nase. Das Blut kam nie als Schwall, sondern tropfte und sickerte, aber es hörte nicht auf und gerann nicht. Es war hämorrhagisches Nasenbluten, das erst zu Ende geht, wenn das Herz nicht mehr schlägt. Schließlich gab Dr. Isaäcson ihr Vollbluttransfusionen, um die verlorenen Mengen zu ersetzen. Mayinga blieb bis zum Ende bei Bewußtsein. Im Endstadium begann das Herz, in das der Erreger eingedrungen war, zu rasen. Sie konnte fühlen, wie es in ihrer Brust Blasen bildete, und das machte ihr unsägliche Angst. In der folgenden Nacht starb sie an Herzversagen.

Ihr Zimmer war mit Blut verseucht – wie das Zimmer der Nonne, das verschlossen worden war. Dr. Isaäcson sagte zum Personal: »Ich bin für euch jetzt nicht von großem

Nutzen.« Dann nahm sie Eimer und Schrubber und säuberte die Zimmer.

In der Stadt schwärmten Ärzteteams aus, und es gelang ihnen, siebenunddreißig Personen ausfindig zu machen, die mit Mayinga unmittelbaren Kontakt gehabt hatten, als sie in der Stadt herumlief. In dem Krankenhaus wurden zwei Isolierstationen eingerichtet, und dort sperrte man die Leute ein paar Wochen lang ein. Die Leichen der Nonne und Mayingas wickelte man in Tücher, die mit Chemikalien getränkt waren; die Mumien steckte man in doppelte Plastiktüten und dann in luftdichte Särge. Die Totenmesse fand im Krankenhaus unter Aufsicht der Ärzte statt.

Als Karl Johnson keine Nachricht von dem Team in der Gegend von Bumba erhielt, fragte er sich, ob die Leute wohl tot waren. Er nahm an, das Virus werde weiterhin eine Schneise durch die Stadt schlagen. Er organisierte ein Lazarettschiff und ließ es auf dem Kongo vertäuen. Es war ein Isolierschiff für Ärzte. Die Stadt war der Gefahrenbereich, und das Schiff sollte zur Grauzone werden, zum Zufluchtsort für die Mediziner. In Zaire lebten zu jener Zeit etwa tausend US-Bürger. In den Vereinigten Staaten wurde die 82. Luftlandedivision in Alarmbereitschaft versetzt und darauf vorbereitet, die Amerikaner zu evakuieren, sobald in der Stadt die ersten Ebola-Fälle auftraten. Aber dann geschah etwas Seltsames: Das Virus schlug in Kinshasa nicht zu. Es verschwand am Oberlauf des Ebola und zog sich wieder in sein Versteck im Urwald zurück. Bei gewöhnlichen Kontakten wurde das Ebola-Virus anscheinend nicht übertragen, das heißt, es wanderte nicht durch die Luft. Niemand zog sich von Schwester Mayinga das Virus zu, obwohl sie mit mindestens siebenunddreißig Menschen in enge Berührung gekommen war. Sie hatte mit einem anderen aus derselben Limonadenflasche getrunken, und auch diese Person erkrankte nicht. Die Krise ging vorüber.

Peter Cardinal

September 1987

Den geheimen Schlupfwinkel des Marburg-Virus kannte man ebensowenig wie den des Ebola-Erregers. Nachdem das Marburg-Virus bei Charles Monet und Dr. Shem Musoke ausgebrochen war, verschwand es von der Bildfläche – wohin, konnte niemand sagen. Es schien wie vom Erdboden verschluckt, aber Viren verschwinden nie: Sie verstecken sich nur, und in irgendeinem Reservoir von Insekten oder anderen Tieren in Afrika vermehrte sich der Marburg-Erreger weiter.

Am Abend des 2. September 1987 stand Eugene Johnson, der zivile Fachmann für biologische Gefahrstoffe bei USAMRIID, in der Ankunftshalle des Dulles International Airport bei Washington. Er wartete auf den KLM-Flug aus Amsterdam und auf einen Passagier aus Kenia. Ein Mann mit einer Stofftasche kam durch den Zoll und nickte Johnson zu. (»Ich möchte seinen Namen nicht nennen. Sagen wir einfach, es war jemand, den ich kannte und dem ich vertraute«, erklärte mir Johnson.) Der Mann setzte die Tasche vor Johnson auf den Boden, öffnete den Reißverschluß und nahm einen Gegenstand heraus, der in Handtücher eingewickelt war. Beim Auswickeln kam eine unscheinbare Pappschachtel zum Vorschein, die mit Klebeband dicht verschlossen war. Er übergab die Schachtel Johnson, der sie aus dem Flughafengebäude trug, in den Kofferraum seines Autos legte und zum Institut fuhr. In der Schachtel war das Blutserum eines zehnjährigen Jungen, den wir Peter Cardinal nennen wollen.

Er war etwa einen Tag zuvor im Nairobi Hospital gestorben; die Symptome hatten auf einen nicht näher identifizierten Erreger der Gefahrenklasse 4 hingedeutet.

Auf der Fahrt zum Institut überlegte Johnson, was er mit der Schachtel anfangen sollte. Er neigte dazu, den Inhalt in einem Ofen zu sterilisieren und dann das Ganze zu verbrennen. In dem Institut kamen ständig Blutproben aus der ganzen Welt an, und die meisten davon enthielten nichts Ungewöhnliches, keine interessanten Viren. Mit anderen Worten: In den meisten Fällen war es falscher Alarm. Johnson war sich nicht sicher, ob er sich die Zeit nehmen und das Serum dieses Jungen analysieren sollte, denn aller Wahrscheinlichkeit nach würde er dabei nichts finden. Aber als er die Einfahrt von Fort Detrick erreicht hatte, war er entschlossen, die Sache weiterzuverfolgen. Er wußte, daß die Arbeit ihn fast die ganze Nacht beschäftigen würde, aber es mußte sofort erledigt werden, bevor das Serum verdorben war.

Nachdem Johnson einen keimfreien Chirurgenanzug und Gummihandschuhe angezogen hatte, trug er die Schachtel in den Sicherheitsbereich der Stufe 3, den Kostümierungsraum des Ebola-Traktes. Als er dort den Deckel öffnete, kam eine Menge Styroporflocken zum Vorschein. Dazwischen lag ein Metallröhrchen, das mit Klebeband verschlossen und mit dem Symbol für biologische Gefahrstoffe versehen war. An der Wand des Kostümierungsraums stand eine Reihe von abgeschlossenen Arbeitsbänken aus Edelstahl, in die Gummihandschuhe hineinragten. Es waren Arbeitsplätze der Sicherheitsstufe 4. Man konnte sie luftdicht von der Umgebung abschließen und im Inneren mit den Handschuhen an einem gefährlichen Erreger arbeiten. Sie waren ähnlich aufgebaut wie die Arbeitsplätze zum Umgang mit radioaktivem Material. Johnson löste ein paar Flügelmuttern, öffnete eine Tür der Sicherheitskammer und legte den Me-

tallzylinder hinein. Dann schloß er die Tür und dichtete sie ab.
Er steckte die Hände in die Handschuhe, nahm den Zylinder und zog das Klebeband ab. Es blieb an den Gummihandschuhen haften. Mist! sagte er sich. Es war jetzt acht Uhr abends – es würde spät werden. Endlich gelang es ihm, den Zylinder zu öffnen. Er war mit Papiertüchern ausgepolstert, die mit Chlorbleiche getränkt waren. Als er die Polsterung herauszog, fand er eine Plastiktüte und darin mehrere Plastikröhrchen mit Schraubverschlüssen. Er öffnete sie, und zum Vorschein kamen zwei sehr kleine Kunststoffgefäße mit einer goldgelben Flüssigkeit: das Blutserum von Peter Cardinal.
Die Eltern des Jungen, Mitarbeiter einer dänischen Hilfsorganisation, lebten in Kenia in der Kleinstadt Kisumu am Victoriasee. Peter war in Dänemark im Internat gewesen und im August, ein paar Wochen vor seinem Tod, nach Afrika geflogen, um seine Eltern und die ältere Schwester zu besuchen. Die Schwester ging in Nairobi auf eine Privatschule. Sie verstand sich sehr gut mit Peter, und als er in Kenia war, verbrachten die beiden fast ihre gesamte Zeit zusammen.
Nachdem Peter eingetroffen war, fuhr die ganze Familie in Urlaub: Sie machten mit dem Auto eine Rundfahrt durch Kenia, denn die Eltern wollten ihrem Sohn die Schönheiten Afrikas zeigen. In einem Strandhotel in Mombasa bekam Peter rote Augen. Die Eltern brachten ihn ins Krankenhaus, wo die Ärzte zu dem Schluß kamen, er habe Malaria. Seine Mutter hielt die Diagnose für falsch. Sie ahnte, daß ihr Sohn sterben würde, und wurde wütend: Sie bestand darauf, ihn in Nairobi behandeln zu lassen. Die Luftambulanz der Fliegenden Ärzte brachte ihn ins Nairobi Hospital, und dort kam er in die Obhut von Dr. David Silverstein, der auch Dr. Musoke behandelt hatte, nachdem diesem das schwarze Erbrochene von Charles Monet ins Auge gespritzt war.

»Peter Cardinal war ein blonder, blauäugiger Junge, groß und schlank, ein gutaussehender Zehnjähriger«, erinnerte sich Dr. Silverstein, als wir in der Nähe seines Hauses in Washington in einer Ladenpassage beim Kaffee zusammensaßen. Die Leute gingen scharenweise an unserem Tisch vorbei. Ich sah Dr. Silverstein an, während er nüchtern berichtete, was für einen ungewöhnlichen Todesfall er miterlebt hatte. »Als Peter zu mir kam, hatte er Fieber, aber er war sehr wach, aufmerksam und redselig. Wir röntgten ihn. Die Lunge war schwammig.« In den Atemwegen des Jungen sammelte sich eine Art wäßriger Schleim an, so daß er nur noch schlecht Luft bekam. »Es war das typische Atemnotsyndrom, wie zu Beginn einer Lungenentzündung«, sagte Dr. Silverstein. »Kurz danach schien mir, daß er sich blau verfärbte. Die Fingerspitzen wurden blau, und er bekam kleine rote Flecken. Ich sorgte dafür, daß er nur noch mit Gummihandschuhen angefaßt wurde. Wir waren nicht so ängstlich wie bei Dr. Musoke, aber wir trafen Vorsichtsmaßnahmen. Am nächsten Tag mußten wir ihn künstlich beatmen. Wir bemerkten, daß er an Einstichstellen stark blutete, und die Leberfunktion war gestört. Die kleinen roten Flecken wurden zu großen Blutergüssen. Er wurde schwarzblau, dann erweiterten sich die Pupillen – das Zeichen für den Hirntod. Er hatte Blutungen überall im Gehirn.« Er schwoll an, in der Haut entstanden große blutgefüllte Blasen, und an manchen Stellen schien die Haut sich von der Unterlage zu lösen. Das alles spielte sich im letzten Stadium ab, als er am Beatmungsgerät hing. Peter Cardinal war unter der Haut ausgeblutet.

Wenn man sich eingehend mit gefährlichen Viren beschäftigt, erscheinen sie einem immer weniger als Parasiten und immer mehr als Raubtiere. Natürliche Räuber haben eine charakteristische Eigenschaft: In der langen Ruhephase vor dem Angriff bleiben sie für das Opfer unsichtbar. Das Gras der Savanne wiegt sich, und man hört nur das Rufen der Tauben in den Akazien, ein Pulsschlag, der sich den ganzen heißen Tag über fortsetzt, der nie langsamer wird und nie endet. Weit entfernt grast in der flirrenden Hitze eine Zebraherde. Plötzlich eine blitzschnelle Bewegung, und der Löwe ist unter ihnen, hängt am Hals eines Zebras. Das Opfer stößt einen bellenden, würgenden Schrei aus, und die beiden ineinander verhakten Tiere, Räuber und Beute, drehen sich in einem mörderischen Tanz, bis sich das Geschehen in einer Staubwolke verliert, und am nächsten Tag sind die Knochen mit Fliegen bedeckt.

Als die Eltern und die Schwester von Peter Cardinal sahen, wie ein unsichtbarer Räuber ihn langsam dahinraffte, waren sie entsetzt. Sie konnten sein Leiden nicht begreifen, und sie konnten ihn nicht erreichen, um ihn zu trösten. Als das Blut sich zwischen Haut und Fleisch ergoß, standen die Augen weit offen, starr, blutig und bodenlos. Sie wußten nicht, ob er sie erkannte, und sie hatten keine Ahnung, was er fühlte.

Schließlich mußten sie entscheiden, ob das Beatmungsgerät abgeschaltet werden sollte. Dr. Silverstein sagte zu ihnen: »Es ist besser für ihn, wenn er nicht überlebt, denn das Gehirn ist tot.«

»Hätten sie ihn bloß früher von Mombasa hierhergebracht«, sagte die Mutter. »Das wäre zwar schön gewesen, aber es hätte nichts genützt«, erwiderte Silverstein.

Gene Johnson arbeitete mit den Handschuhen, die in die abgeschlossene Arbeitsbank ragten. Er ließ eine kleine Menge des Blutserums in Flaschen tropfen, die lebende Affenzellen enthielten. Wenn in Peter Cardinals Blut irgend etwas am Leben war, würde es sich in diesen Zellen vermehren. An den folgenden Tagen beobachtete Johnson die Flaschen:

Er bemerkte, wie die Zellen aufplatzten und abstarben. Sie waren mit irgend etwas infiziert.
Nun stand der nächste Schritt der Virusisolierung an. Johnson entnahm den Flaschen etwas Flüssigkeit und injizierte sie drei Rhesusaffen. Zwei Affen brachen zusammen und bluteten aus, der dritte entging diesem Schicksal nur knapp: Er erlitt einen Schock und verlor etwas Blut, aber irgendwie überlebte er. Der Cardinal-Erreger war also äußerst gefährlich, er vermehrte sich schnell, und er konnte Affen töten.
»Ich wußte verdammt gut, daß wir es mit dem Marburg-Virus zu tun hatten«, erklärte Johnson mir später.
Er injizierte den Cardinal-Stamm auch Meerschweinchen – sie starben wie die Fliegen. Vorher schwollen die Hoden der Männchen zur Größe von Golfbällen an und verfärbten sich blaurot. Der Erreger konnte sich in den verschiedensten Geweben vermehren – eine vielseitige Lebensform, verheerend und bösartig. Er lebte irgendwo in Afrika, und er war besonders interessant, weil er sich in den verschiedensten Tierarten leicht vervielfältigen konnte. Bei Affen, Meerschweinchen und beim Menschen wirkt er sehr schnell tödlich, und das bedeutet, daß diese Arten wahrscheinlich nicht seine ursprünglichen Wirte waren, denn in der Regel tötet ein Virus seinen Wirt nicht. Das Marburg-Virus war ein Wanderer, der Artgrenzen überwinden und eine neue Art vernichten konnte, wenn er auf sie übergesprungen war.
Sobald Johnson genau wußte, daß es sich um das Marburg-Virus handelte, wandte er sich der Frage zu, wo und wie Peter Cardinal sich infiziert hatte. Wo war der Junge gewesen? Was war seine genaue Reiseroute?
Er rief seinen Freund und Kollegen Dr. Peter Tukei an, der in Nairobi am Kenia Medical Research Institute arbeitete.
»Wir wissen, daß es das Marburg-Virus ist«, erklärte Gene. »Können Sie die Krankengeschichte des Jungen ausfindig machen und herausfinden, was er wann wo getan hat?«

Dr. Tukei versprach, er werde die Eltern suchen und genau befragen.
Eine Woche später rief Tukei wieder bei Gene an. »Wissen Sie, wo das Kind war?« fragte er. »In der Höhle Kitum Cave am Elgon!«
Gene spürte ein Prickeln in der Kopfhaut. Die Wege von Charles Monet und Peter Cardinal hatten sich nur an einer einzigen Stelle gekreuzt, und diese Stelle war Kitum Cave.

In die Tiefe

Eugene Johnson saß mir an einem Tisch im Freien gegenüber, auf dem Gelände von Fort Detrick in der Nähe eines Ententeichs. Es war ein heißer Hochsommertag. Johnson legte seine großen Ellenbogen auf den Tisch, nahm die Sonnenbrille ab und rieb sich die Augen. Sie lagen tief in dem bärtigen Gesicht, und unter den Unterlidern hatte er graue Ringe. Er sah müde aus.

»Peter Tukei sagte mir am Telefon, der Junge sei in Kitum Cave gewesen«, sagte Johnson. »Mir läuft es heute noch kalt über den Rücken, wenn ich daran denke. Ein paar Wochen später flog ich nach Nairobi, und dort sprach ich mit David Silverstein, der das Kind behandelt hatte. Peter Tukei war auch dabei. Dann suchten wir jede Stelle in Kenia auf, wo der Junge gewesen war, sogar sein Zuhause. Die Eltern hatten ein schönes Haus in Kisumu, in der Nähe des Victoriasees. Es war mit Stuck verziert und hatte eine Mauer drumherum, und es gab einen Koch, mehrere Gärtner und einen Fahrer. Das Haus war sauber und ordentlich, offen und weiß getüncht. In der Dachrinne lebte ein Felsen-Klippschliefer als Haustier. Außerdem gab es mehrere Störche, Kaninchen und Ziegen, und jede Menge Vögel. Fledermäuse habe ich nicht gesehen.«

Er hielt inne und dachte nach. Es war sonst niemand in der Nähe. In dem Teich schwammen ein paar Enten. »Ich war nervös bei dem Gedanken, mit den Eltern zu sprechen«, sagte er. »Sehen Sie, ich bin Freilandforscher. Meine Frau und ich haben keine Kinder. Ich bin nicht der Typ, der eine Mutter trösten kann, außerdem arbeite ich für die amerikanische Armee. Ich hatte keine Ahnung, wie ich mit ihnen reden sollte. Ich versuchte, mich in ihre Lage zu versetzen, und erinnerte mich daran, wie mein Vater gestorben war. Ich ließ sie von ihrem Sohn sprechen. Peter Cardinal und seine Schwester waren unzertrennlich gewesen, seit er in Kenia angekommen war. Wo lag der Unterschied? Warum hatte Peter Cardinal sich das Virus geholt und seine Schwester nicht? Es gab keinen Unterschied im Verhalten. Die Eltern erzählten mir etwas über die Felsen in der Höhle. Sie sagten, der Junge sei Amateurgeologe gewesen. Peter hatte ihnen gesagt, er wolle in Kitum Cave ein paar Kristalle sammeln. Die Frage war: Hatte er sich an den Kristallen in der Höhle die Hand verletzt? Er hatte mit dem Hammer auf die Höhlenwände eingeschlagen und einige Steine mit eingeschlossenen Kristallen aufgehoben. Die Steine waren vom Fahrer zerkleinert und vom Koch gewaschen worden. Wir untersuchten ihr Blut, fanden aber keine Spur von Marburg.«

Möglicherweise waren die Hände des Jungen die Kontaktstelle, und das Virus war durch eine winzige Verletzung in sein Blut gelangt. Vielleicht hatte er sich den Finger an einem Kristall gestochen, der mit dem Urin eines Tieres oder den Überresten eines zertretenen Insekts verunreinigt war. Vielleicht war es die Geschichte von Schneewittchen, nur mit dem Unterschied, daß der Junge hinterher an dem Marburg-Fluch gestorben war. Aber selbst wenn es so war, sagte das nichts darüber aus, was der natürliche Wirtsorganismus des Erregers war. »Wir sahen uns die Höhle an«, erzählte Johnson weiter. »Als wir hineingingen, mußten wir uns schützen. Wir wußten, daß Marburg durch Tröpfcheninfektion übertragen wird.«

1986, ein Jahr vor Peter Cardinals Tod, hatten Johnson und

Nancy Jaax mit einem Experiment gezeigt, daß das Marburg- und Ebola-Virus tatsächlich durch die Luft weitergetragen werden. Sie ließen Affen die beiden Viren einatmen und entdeckten, daß schon eine kleine Dosis der Erreger, die mit der Luft in die Lunge gelangt, zu einer explosionsartigen Infektion führen kann. Deshalb verlangte Johnson, daß die Expeditionsteilnehmer mit Schutzanzügen in die Höhle gingen.

»Ich hatte Militärgasmasken mit Filtern dabei. Wir brauchten auch Kopfbedeckungen, sonst hätten wir Fledermauskot in den Haaren gehabt. In einem Laden am Ort kauften wir Kissenbezüge. Sie waren weiß und großgeblümt. Das erstemal ging ich mit ein paar Kenianern in die Höhle, mit den Gasmasken vor dem Gesicht und den Kissenbezügen auf dem Kopf. Die Kenianer lachten sich halbtot.« Sie untersuchten die Höhle und zeichneten eine Karte davon. Nach dieser Erkundungsreise setzte Gene Johnson bei der Armee durch, daß eine größere Expedition nach Kitum Cave finanziert wurde. Im Frühjahr 1988, ein halbes Jahr nach Peter Cardinals Tod, tauchte Gene mit zwanzig Kisten voll wissenschaftlicher Instrumente und der Ausrüstung zum Umgang mit Gefahrstoffen wieder in Nairobi auf. Diesmal, das spürte er, hatten sie das Virus eingekreist. Er wußte, daß es schwer aufzuspüren sein würde, selbst wenn es in der Höhle lebte, aber nach seiner Überzeugung waren sie so dicht dran, daß es kein Fehlschlag mehr werden konnte. Das Ungeheuer war in einer Höhle zu Hause, und sie würden es aufstöbern.

Die Regierung Kenias erklärte sich bereit, die Höhle für Touristen zu sperren, während die amerikanisch-kenianische Gemeinschaftsexpedition dort nach Viren suchte. Leiter des Unternehmens war Dr. Peter Tukei vom medizinischen Forschungsinstitut Kenias. Gene Johnson steuerte die Idee bei und sorgte für die Ausrüstung sowie für das nötige Geld. Das Team bestand aus fünfunddreißig Personen – vorwiegend Kenianer, darunter Naturforscher, Wissenschaftler, Ärzte und Arbeiter. Sie brachten zahlreiche Meerschweinchen in Kisten mit, außerdem siebzehn Affen, unter anderem Paviane und afrikanische Grüne Meerkatzen. Die Meerschweinchen und Affen dienten als biologische Indikatoren, wie die Kanarienvögel in einem Kohlebergwerk: Man würde die Käfige in der Höhle und in ihrer Umgebung aufstellen, in der Hoffnung, daß einige der Tiere sich mit dem Marburg-Virus infizierten. Wenn ein Affe oder ein Meerschweinchen erkrankte, so Johnsons Plan, würde er das Virus aus dem Tier isolieren, und dann konnte er vielleicht auch feststellen, wie es sich den Erreger zugezogen hatte.

Frühjahr 1988

Die Expedition richtete ihren Stützpunkt in der Mount Elgon Lodge ein, einem heruntergekommenen Gasthof aus den zwanziger Jahren, aus der Zeit, als die Engländer Ostafrika beherrscht hatten. Er war für Naturliebhaber und Forellenangler gebaut worden. Das Haus lag auf einer Anhöhe und bot einen guten Überblick über die Straße, die sich den Berg hinauf nach Kitum Cave schlängelte. Früher war es von englischen Gärten umgeben, die heute zerfallen und von afrikanischer Vegetation überwuchert waren. Im Inneren gab es Parkettfußböden, die täglich auf Hochglanz poliert wurden. Das Haus hatte Türmchen mit runden Zimmern, handgeschnitzte Türen aus afrikanischem Olivenholz und im Aufenthaltsraum einen riesigen Kamin mit geschnitztem Sims. Das Personal sprach nur wenig Englisch, aber es gab sich Mühe, weiterhin englische Gastfreundschaft zu pflegen, wenn sich gelegentlich einmal Gäste zeigten. Die Mount Elgon Lodge war ein Denkmal des unvollständigen

Untergangs des britischen Empire, das im afrikanischen Hinterland noch ein unkontrollierbares Eigenleben führt. Abends, wenn die frostigen Nächte bevorstanden, zündete das Personal in den Kaminen große Feuer aus afrikanischem Olivenholz an, und das Essen war in bester englischer Tradition einfach fürchterlich. Aber dafür gab es eine ausgezeichnete Bar, einen malerischen Zufluchtsort in einem runden Raum, bestückt mit glänzenden Reihen von Tusker-Bierflaschen, französischen Aperitifs und wenig vertrauenerweckenden afrikanischen Schnäpsen. Nach einem anstrengenden Tag mit Schutzanzügen in der Höhle konnten die Leute an der Bar sitzen und Tuskers trinken oder an der großartigen Kamineinfassung stehen und sich unterhalten. Ein Schild an der Wand über der Rezeptionstheke erinnerte an das heikle Thema Geld. Es verkündete, die Lieferanten hätten der Mount Elgon Lodge sämtlichen Kredit aufgekündigt, und deshalb sehe man sich *leider* auch nicht in der Lage, den Gästen Kredit zu gewähren.

Das Expeditionsteam brachte die Tiere stufenweise nach oben, damit sie sich an das Klima gewöhnen konnten. Als die Forscher in das Tal kamen, das zu der Höhle führt, schlugen sie ein wenig Unterholz ab und stellten blaue Zelte auf. Die Höhle selbst war als Gefahrenbereich der Stufe 4 eingestuft. Das Zelt, das der Höhle am nächsten stand, galt als Grauzone, als die Stelle, wo die Welten aufeinandertrafen. Hier stellten sich die Männer unter die Desinfektionsdusche, wenn sie im Schutzanzug aus der Höhle kamen. Ein weiteres Zelt beherbergte den Kostümierungsbereich der Stufe 3, wo die Schutzanzüge an- und ausgezogen wurden. Ein drittes Zelt diente als Sezierraum der Stufe 4: Hier obduzierten die Forscher im Schutzanzug alle Kleintiere, die sie gefangen hatten, um nach Anzeichen für das Marburg-Virus zu suchen.

»Wir taten etwas, das noch nie jemand versucht hatte«, erklärte Johnson. »Wir brachten das Konzept der Gefahrenklasse 4 in den Urwald.«

In die Höhle gingen sie mit orangefarbenen Racal-Schutzanzügen, in deren Innerem ein batteriegetriebenes Gebläse Überdruck herstellte. Die Anzüge waren für die Freilandarbeit mit besonders gefährlichen, durch die Luft übertragbaren Erregern entwickelt worden. Ein Racal-Anzug ist leichter als das Chemturion-Modell und unabhängig von äußerer Luftzufuhr. Der Hauptteil des Anzugs mit Ausnahme von Helm und Gebläse ist als Einmalanzug konzipiert, so daß man ihn nach ein- oder zweimaligem Gebrauch verbrennen kann. Derart geschützt, legten die Arbeiter einen Weg in die Höhle an, den sie zur Orientierung mit Lawinenmasten markierten. Entlang dieses Weges stellten sie die Käfige mit Affen und Meerschweinchen auf. Um die Käfige herum wurden batteriebetriebene Elektrozäune angebracht, die Leoparden davon abhalten sollten, die Affen zu fressen. Ein paar Affen brachten sie unmittelbar unter die Fledermauskolonien am Höhlendach, denn sie hofften, es werde irgend etwas heruntertropfen. Sie sammelten etwa 70 000 Insekten – die Höhle ist voll davon.

»Wir legten Klebefolie über Risse in der Felswand, um Kriechinsekten zu fangen«, erklärte mir Johnson. »Und für die Fluginsekten hängten wir batteriegetriebene Leuchtfallen auf. Wissen Sie, wie man Zecken fängt? Sie riechen das Kohlendioxid, wenn man ausatmet, und dann kommen sie aus dem Boden und beißen einen in den Arsch. Also brachten wir große Gasflaschen mit Kohlendioxid in die Höhle und lockten damit die Zecken an. Außerdem fingen wir mit Fallen alle Nagetiere, die in die Höhle kamen. Weiter hinten in der Höhle, an einem Wassertümpel, fanden wir Sandmücken, das sind Stechinsekten. Überall waren Spuren von Leoparden und Kaffernbüffeln. Wir nahmen keine Blutproben von Großtieren, nichts von Leoparden, Büffeln oder Antilopen.«

»Könnte der Marburg-Erreger in großen afrikanischen Raubkatzen leben?« fragte ich. »Könnte es ein Leopardenvirus sein?«

»Vielleicht. Wir hatten nur keine Genehmigung, Leoparden zu fangen. Allerdings untersuchten wir Ginsterkatzen, und die hatten es nicht.«

»Könnte es in Elefanten leben?«

»Haben Sie schon mal versucht, einem Elefanten Blut zu entnehmen? Wir nicht.«

Die kenianischen Naturforscher fingen mit Fallen und Netzen mehrere hundert Vögel, Nagetiere, Klippschliefer und Fledermäuse. In dem Sicherheits-Sezierzelt und mit Schutzanzügen töteten und öffneten sie die Tiere, um Blut- und Gewebeproben in flüssigem Stickstoff einzufrieren. Manche Einheimischen aus dem Stamm der Elgon-Massai hatten in einigen Höhlen um den Elgon gewohnt und hielten dort ihre Rinder. Die kenianischen Ärzte entnahmen diesen Leuten Blut und befragten sie nach früheren Krankheiten, und auch von den Rindern wurden Blutproben entnommen. Nirgendwo, weder bei den Einheimischen noch bei den Rindern, fanden sich Antikörper gegen das Marburg-Virus – ein positives Testergebnis wäre der Beweis gewesen, daß das Virus in der Bevölkerung oder unter den Rindern dieser Gegend umging. Keiner der Untersuchten zeigte Anzeichen für eine Marburg-Infektion, aber die Elgon-Massai berichteten immer wieder, wie ein Angehöriger, ein Kind oder eine junge Frau, in den Armen eines anderen blutend gestorben war. Aber wer konnte wissen, ob das Marburg-Virus oder ein anderer Erreger diese Krankheit erzeugt hatte? Vielleicht kannten die Massai hier in der Gegend den Marburg-Erreger, aber wenn es so war, hatten sie ihm nie einen Namen gegeben.

Keiner der Affen, die sie in die Höhle gebracht hatten, wurde krank. Die Tiere langweilten sich während der Wochen, die sie in den Käfigen verbringen mußten. Das Experiment erforderte, daß sie am Ende der Zeit getötet wurden, damit die Ärzte Gewebeproben entnehmen und auf Zeichen für eine Infektion untersuchen konnten. Gene Johnson brachte es nicht übers Herz, die Affen zu töten. Schon die Vorstellung konnte er nicht ertragen, und deshalb wartete er außerhalb der Höhle, während ein anderer Wissenschaftler den Schutzanzug anzog und hineinging, um die Tiere mit einer Betäubungsspritze in den ewigen Schlaf zu versetzen. »Ich töte nicht gern Tiere«, sagte er zu mir. »Es war immer ein Problem für mich. Wenn man Affen dreißig Tage lang Wasser und Futter gegeben hat, werden sie zu Freunden. Ich hatte sie mit Bananen gefüttert. Es war schrecklich. Es hat mich mitgenommen.«

Er legte den orangefarbenen Schutzanzug an und öffnete die Affen im Sezierzelt; dabei beschlich ihn ein Gefühl von Frustration und Traurigkeit, vor allem als sich herausstellte, daß alle Affen gesund waren. Die Expedition war ein Schlag ins Wasser, in keiner Blutprobe waren Anzeichen für das Marburg-Virus gefunden worden. Es muß für Gene Johnson eine bittere Enttäuschung gewesen sein, die ihn so tief traf, daß er sich nie dazu durchringen konnte, einen Bericht über das Unternehmen zu veröffentlichen. In einer Fachzeitschrift zu schreiben, man habe in Kitum Cave absolut nichts gefunden, ist witzlos. Nur eines war sicher: Das Marburg-Virus lebt im Schatten des Elgon.

Etwas anderes wußte Johnson zu jener Zeit noch nicht, aber er spürte es instinktiv: Die Kenntnisse und Erfahrungen, die er in dieser afrikanischen Höhle gesammelt hatte, aber auch die Schutzanzüge und die übrige Ausrüstung, die er mit zurück ins Institut brachte, sollten ihm zu einer anderen Zeit an einem anderen Ort noch nützlich werden. Er bewahrte die biologische Sicherheitsausrüstung im Institut auf, verpackt in olivgrüne Militärkisten, die in Lagerräumen standen, und auf Anhängern, die mit Vorhängeschlössern versehen hinter dem Gebäude parkten. Er wollte nicht, daß ein anderer seine Gerätschaften anrührte oder gar wegnahm. Manchmal dachte er an einen berühmten Ausspruch von Louis Pasteur: »Das Glück begünstigt den vorbereiteten Geist.« Pasteur entwickelte die Impfstoffe gegen Milzbrand und Tollwut.

Sommer 1989

Die Armee hatte es mit Nancy und Jerry Jaax immer schwer gehabt. Zwei Offiziere im gleichen Dienstrang, verheiratet und in einer kleinen Einheit, dem Veterinärkorps. Was macht man mit einem Ehepaar von Hundedoktoren, die befördert werden müssen? Und wenn die Frau dann noch Expertin für die Arbeit im Schutzanzug ist? Wohin schickt man sie? Schließlich wurden die beiden an das Institut für chemische Verteidigung in der Nähe von Aberdeen in Maryland versetzt. Sie verkauften also das viktorianische Haus und zogen mit ihren Vögeln und den übrigen Haustieren um.

Nancy tat es um den alten Kasten in Thurmont nicht leid. Sie zogen in ein Reihenhaus, das ihr wesentlich besser gefiel, und Nancy arbeitete jetzt in einem Forschungsprogramm der Armee, in dem man die Wirkung von Nervengas auf das Gehirn von Ratten untersuchte. Sie hatte die Aufgabe, den Tieren den Schädel zu öffnen und herauszufinden, was das Gas im Gehirn angerichtet hatte. Es war ungefährlicher und angenehmer als die Arbeit mit dem Ebola-Virus, aber es war auch ein wenig langweilig. Schließlich wurde sie ebenso wie Jerry zum Oberstleutnant befördert; sie trugen jetzt silbernes Eichenlaub auf den Schultern, und Jaime und Jason wurden langsam erwachsen.

Oberst Tony Johnson, Nancys früherer Vorgesetzter aus dem Institut, wollte, daß sie zurückkam. Er war überzeugt, daß sie an das Institut gehörte. Als man ihn zum Leiter der pathologischen Abteilung am Walter Reed Army Medical Center machte, wurde seine Stelle als Chef der Pathologie im Institut frei. Er drängte die Armeeführung, Nancy Jaax auf diese Stelle zu berufen, und man folgte seinem Vorschlag. Im Sommer 1989 bekam sie die Stelle. Gleichzeitig wurde Jerry Jaax zum Leiter der tiermedizinischen Abteilung des Instituts ernannt. Jetzt hatten beide eine wichtige, einflußreiche Position. Nancy arbeitete wieder im Schutzanzug. Jerry war davon immer noch nicht begeistert, aber er hatte gelernt, damit zu leben.

Nach dieser Beförderung verkauften Jerry und Nancy ihr Haus in Aberdeen und zogen im August 1989 wieder nach Thurmont. Diesmal bestand Nancy darauf, beim Hauskauf mitzureden, und sie erklärte Jerry, es werde keines im viktorianischen Stil sein. Sie entschieden sich für ein modernes Haus mit Giebelfenstern und einem großen Grundstück. Es befand sich am Fuß des Catoctin Mountain mit Blick auf die Stadt und auf ein Meer von Apfelbäumen. Vom Küchenfenster sah man in der Ferne das hügelige Weideland, auf dem im Bürgerkrieg die Armeen aufmarschiert waren. Die Landschaft von Maryland erstreckte sich bis zum Horizont – mit Hügeln und Senken, Baumgruppen und weiten Feldern, übersät von den Getreidesilos der bäuerlichen Familienbetriebe. Den blauen Himmel überzogen Flugzeuge kreuz und quer mit weißen Kondensstreifen.

Zweiter Teil

Das Affenhaus

Reston

Mittwoch, 4. Oktober 1989

Reston in Virginia ist eine wohlhabende Stadt; es liegt etwa sechzehn Kilometer westlich von Washington, D. C., unmittelbar jenseits des Autobahnrings. An Herbsttagen, wenn der Westwind die Luft reinigt, sieht man von den oberen Etagen der Bürogebäude in Reston die weiß schimmernde Spitze des Washington Monument in der Mitte der Mall, der großen Straßenachse der amerikanischen Hauptstadt. Die Bevölkerung von Reston ist in den letzten Jahren gewachsen, und in den Gewerbegebieten haben sich High-Tech-Firmen und Softwarehäuser angesiedelt, deren Glaspaläste wie Kristalle in die Höhe wuchsen. Vorher war hier Acker- und Weideland gewesen, und auch heute noch gibt es viele Wiesen in Reston. Im Frühjahr erblühen dort unzählige gelbe Blumen; Rotkehlchen und Spottdrosseln singen in den Tulpenbaum- und Eschengehölzen. Der Ort bietet schöne Wohnsiedlungen, gute Schulen, Parks, Golfplätze und hervorragende Kindertagesstätten. Die Seen rund um die Stadt sind nach amerikanischen Naturforschern benannt (Lake Thoreau, Lake Audubon), und an ihren Ufern stehen teure Villen. Reston liegt in bequemer Pendlerentfernung zur Innenstadt von Washington. Entlang des Leesburg Pike, der den Verkehr in die Stadt leitet, stehen große neue Villen mit halbkreisförmigen Auffahrten. Früher war Reston ein Landstädtchen, und diese Vergangenheit widersetzt sich dem Vergessenwerden: Zwischen den teuren Eigenheimen steht hier und da ein Flachbau mit Pappe hinter zerbrochenen

Fensterscheiben und einem Lieferwagen in der Seiteneinfahrt. Im Herbst werden an den Gemüseständen entlang des Leesburg Pike Kürbisse und Melonen angeboten.

In der Nähe der Straße liegt ein kleines Gewerbegebiet. Es wurde in den sechziger Jahren errichtet und sieht nicht so gläsern und modern aus wie die neueren Gebiete, aber es ist sauber und ordentlich und existiert schon so lange, daß Platanen und Amberbäume groß werden konnten und ihre Schatten über die Rasenflächen werfen. Auf der anderen Straßenseite befindet sich eine McDonald's-Filiale, die zur Mittagszeit mit Büroangestellten überfüllt ist. Bis vor kurzem nutzte eine Firma namens Hazleton Research Products ein einstöckiges Gebäude in dem Gewerbegebiet als Affenhaus. Hazleton Research Products ist eine Tochterfirma von Corning, Inc., die feuerfestes Glasgeschirr der Marke Pyrex herstellt. Hazleton beschäftigt sich mit dem Import und Verkauf von Labortieren. Das Affenhaus in Reston war unter dem Namen Primaten-Quarantänestation bekannt.

Die Vereinigten Staaten importieren jedes Jahr etwa 16 000 wilde Affen aus den tropischen Gebieten der Erde. Wenn die Tiere ins Land kommen, müssen sie einen Monat lang in Quarantäne gehalten werden, bevor sie an andere Orte in den USA weitertransportiert werden dürfen. Auf diese Weise will man Krankheiten verhüten, die für andere Primaten – einschließlich des Menschen – tödlich sein könnten. Im Herbst 1989 arbeitete Dan Dalgard, Doktor der Veterinärmedizin, als beratender Tierarzt an der Primaten-Quarantänestation in Reston. Er hatte Bereitschaftsdienst und sollte sich um die Affen kümmern, falls sie krank wurden und tierärztliche Hilfe brauchten. Eigentlich war er leitender Wissenschaftler bei Hazleton Washington, einer anderen Tochterfirma von Corning. Ihre Zentrale befand sich am Leesburg Pike, nicht weit von dem Affenhaus entfernt, und deshalb konnte Dalgard bequem nach Reston hinüberfah-

ren und nachsehen, ob die Affen ihn brauchten. Er ist ein großer Mittfünfziger, mit Goldrandbrille, blaßblauen Augen und einer weichen, gedehnten Sprechweise, die er sich während des Studiums in Texas angewöhnt hat. In seinem Büro trägt er meist einen grauen Anzug, den er im Labor, wenn er mit Tieren arbeitet, gegen einen weißen Kittel tauscht. Er genießt internationales Ansehen als kenntnisreicher, hochqualifizierter Tiermediziner, der sich auf die Haltung von Primaten spezialisiert hat. Abends und am Wochenende widmet er sich seinem Hobby, dem Reparieren alter Uhren. Das handwerkliche Arbeiten gibt ihm ein Gefühl von Frieden und Ausgeglichenheit; mit einer defekten Uhr kann er viel Geduld haben. Manchmal packt ihn der Wunsch, die Tiermedizin aufzugeben und sich ganz der Uhrmacherei zu widmen.
Am Mittwoch, dem 4. Oktober 1989, traf bei Hazleton Research Products eine Ladung mit hundert wilden Affen von den Philippinen ein. Sie kam von Ferlite Farms, einer Affengroßhandlung in der Nähe von Manila. Die Tiere selbst stammten aus den Regenwäldern der Insel Mindanao. Von dort hatte man sie nach Ferlite Farms gebracht, wo sie zu mehreren in einem Käfig gehalten wurden. In Holzkisten waren sie dann in einer speziell ausgerüsteten Frachtmaschine der KLM über Amsterdam nach New York geflogen worden, von wo aus sie ein Lastwagen die Ostküste entlang in das Affenhaus von Reston gebracht hatte.
Es handelte sich um Javaneraffen, mit dem wissenschaftlichen Namen *Macaca fascicularis,* eine Spezies aus der Familie der Makaken, die in ganz Südostasien an den Flüssen und in Mangrovensümpfen zu Hause sind. Als Labortiere werden die Javaneraffen verwendet, weil sie weit verbreitet, billig und leicht zu beschaffen sind. Sie haben einen langen, gebogenen, peitschenartigen Schwanz, ein Fell, das auf der Brust weißlich und auf dem Rücken beige gefärbt ist, eine vorste-

hende Nase mit auffallenden Öffnungen und scharfe Reißzähne. Die Haut ist leicht rosig, ganz ähnlich wie bei einem hellhäutigen Europäer. Die Hände sehen mit dem Daumen und den zartgliedrigen, mit Nägeln versehenen Fingern fast aus wie bei Menschen. Und die Weibchen haben Brüste mit hellen Warzen, die ebenfalls sehr menschenähnlich wirken.
Javaneraffen mögen keine Menschen. Die Menschen, die im Regenwald leben, sind ihre Konkurrenten, denn die Affen fressen gern Gemüse, vor allem Auberginen, und machen sich immer wieder über die Felder der Bauern her. Die Tiere sind im Rudel unterwegs und hüpfen mit lautem »Krah, krah« und taumelnden Bewegungen durch die Baumkronen. Wenn sie ein Auberginenfeld überfallen haben, wissen sie ganz genau, daß sie Besuch von einem Bauern bekommen werden: Mit der Schrotflinte bewaffnet, sucht er nach ihnen, weshalb sie immer auf der Hut sein und sich im Notfall schnell in den Urwald zurückziehen müssen. Der Anblick eines Gewehrs löst sofort ihren Alarmschrei aus. In manchen Teilen der Erde heißen diese Affen deshalb *Kra,* und die Bewohner der Regenwälder in Asien betrachten sie vielfach als lästige Plagegeister. Abends legen sie sich in einem toten, blattlosen Baum schlafen. Von dort aus können sie in alle Richtungen Ausschau halten, so daß sie schnell bemerken, wenn sich ein Mensch oder ein Raubtier nähert. Meist hängen solche Affenbäume über einem Fluß, so daß die Affen auf den Ästen ihre Notdurft verrichten können, ohne daß sich unter dem Baum Kothaufen ansammeln.
Bei Sonnenaufgang begrüßen die Affen mit ihren Schreien den neuen Tag. Die Mütter sammeln ihre Jungen um sich und dirigieren sie an den Ästen entlang, und das ganze Rudel springt durch die Baumkronen auf die Suche nach Früchten. Sie sind Allesfresser: Neben Obst und Gemüse verzehren sie auch Insekten, Gras, Wurzeln und kleine Lehmstücke. Ihr Lieblingsgericht aber sind Krebse: Manchmal begibt sich

das ganze Rudel in einen Mangrovensumpf; dort steigen sie von den Bäumen und beziehen neben den Wohnhöhlen der Krebse Position. Sobald eines der Schalentiere herauskommt, packt ein Affe die Beute von hinten, reißt die Scheren ab und wirft sie weg, bevor er den Krebs verspeist. Manchmal ist ein Affe dabei nicht schnell genug, und der Krebs kneift ihn in die Finger. An den spitzen Schreien aus den Sümpfen merkt man sofort, daß die Javaneraffen wieder einmal auf Krebsjagd sind.

Innerhalb des Rudels herrscht eine strenge Rangordnung. An der Spitze steht das Leittier, ein besonders großes, aggressives Männchen, das die übrige Gruppe mit seinem Blick unter Kontrolle hält. Es starrt seine Untergebenen an, wenn sie es herausfordern. Richtet ein Mensch seinen Blick starr auf einen solchen dominierenden Affenmann, der in einem Käfig sitzt, kommt er nach vorn, starrt zurück und wird außerordentlich ärgerlich: Er rüttelt an den Gitterstäben und versucht, den Menschen anzugreifen. Der Affe wird sogar versuchen, den Menschen, der ihn angestarrt hat, zu töten: Angst zu zeigen, wenn ein anderer Primat seine Autorität in Frage stellt, kann er sich nicht leisten. Setzt man zwei solche dominanten Männchen zusammen in einen Käfig, bleibt nur eines am Leben. Im Affenhaus von Reston saßen die Javaneraffen bei künstlicher Beleuchtung in Einzelkäfigen, und man fütterte sie mit Gebäck und Obst. Es gab in dem Gebäude zwölf Affenräume, die mit den Buchstaben A bis L gekennzeichnet waren. Als die Ladung eintraf, lagen zwei Affen tot in den Holzkisten. Das war nichts Ungewöhnliches, denn auf dem Transport gehen immer wieder einige Tiere zugrunde. In den folgenden drei Wochen jedoch starben in Reston ungewöhnlich viele Affen.

Am 4. Oktober, dem Tag, als in Reston die Ladung Affen eintraf, geschah noch etwas anderes, und dieses Ereignis sollte das Leben von Oberst Jerry Jaax für immer verändern. Jerry hatte einen jüngeren Bruder namens John, der mit seiner Frau und zwei kleinen Kindern in Kansas City wohnte. John Jaax, ein bekannter Geschäftsmann und Banker, war Teilhaber der Firma Kansas City Plastics, die Kunststoff für Kreditkarten herstellt. Er war ein paar Jahre jünger als Jerry, und die beiden hatten ein enges brüderliches Verhältnis. Sie waren zusammen auf einem Bauernhof in Kansas aufgewachsen und in diesem Bundesstaat auch zum College gegangen. Sie sahen sich sehr ähnlich, und sogar ihre Stimmen klangen ähnlich. Als einziges Unterscheidungsmerkmal trug John einen Schnurrbart, während Jerry glatt rasiert war.

Am Abend des 4. Oktober wollten John Jaax und seine Frau in die Schule ihrer Kinder zum Elternabend gehen. Am Spätnachmittag rief John seine Frau vom Büro in der Fabrik aus an und erklärte, er werde Überstunden machen. Als er anrief, war sie gerade nicht zu Hause, und er teilte ihr auf dem Anrufbeantworter mit, daß er vom Büro direkt zur Schule fahren und sich dort mit ihr treffen werde. Als er nicht kam, machte sie sich Sorgen und fuhr zur Firma.

Dort rührte sich nichts, die Maschinen waren abgeschaltet. Sie ging durch die Fabrikhalle zu einem Treppenhaus. Johns Büro befand sich auf einer Galerie, so daß er von dort aus die Halle überblicken konnte. Sie stieg die Treppe hoch. Die Bürotür stand einen Spalt breit offen.

John hatte zahlreiche Schüsse abbekommen, der ganze Raum war voller Blut.

Der Polizist Reed Buente von der Mordkommission nahm den Fall auf. Er hatte als Sicherheitsbeauftragter in der Bank of Kansas City gearbeitet, während John dort Präsident war, und hatte ihn bewundert. Buente war entschlossen, die Sache aufzuklären. Aber die Zeit verging, ohne daß sich eine heiße Spur zeigte, und den Polizisten verließ die Zuversicht.

John Jaax hatte Schwierigkeiten mit seinem Partner John

Weaver gehabt, weshalb sich der Verdacht der Mordkommission gegen ihn richtete. Weaver hatte jedoch ein Alibi, und die Angelegenheit wurde für die Polizei immer rätselhafter. Irgendwann sagte Buente zu Jerry: »Man kann relativ leicht jemanden umbringen lassen, und teuer ist es auch nicht. Einen Killer bekommt man für den Preis eines Schreibtisches.«

Nach dem Mord an John war Jerry vor Trauer wie gelähmt. Man sagt, die Zeit heile alle Wunden, aber bei Nancys Mann wurde die Wunde mit der Zeit immer größer. Irgendwann kam Nancy zu der Überzeugung, daß er im Begriff war, in eine krankhafte Depression zu verfallen.

»Ich habe das Gefühl, mein Leben ist vorbei«, sagte er zu ihr. »Es ist einfach nicht mehr wie früher, und es wird auch nie mehr so werden. Es ist einfach unbegreiflich, daß Johnny einen Feind gehabt haben soll.«

Den Oktober und November über rief Jerry fast jeden Tag bei der Mordkommission an. Der Detective konnte den Fall einfach nicht klären. Jerry kam auf die Idee, sich ein Gewehr zu beschaffen, nach Kansas City zu fahren und Johns Geschäftspartner umzubringen. Aber wenn ich das tue, dachte er, komme ich in den Knast, und was wird dann aus meinen Kindern? Und wenn Johns Partner gar nicht der Mörder war?

Mittwoch, 1. November 1989

Der leitende Tierpfleger des Affenhauses von Reston war ein kräftiger, schwergewichtiger Mann, den wir hier Bill Volt nennen wollen. Am 1. November, knapp einen Monat nachdem die Tiere angekommen waren, rief er Dan Dalgard an und teilte ihm mit, daß die Affen, die zuletzt von den Philippinen gekommen waren, in ungewöhnlich großer Zahl starben. Er hatte neunundzwanzig Todesfälle gezählt, und das bei einer Ladung von hundert Tieren. Zur gleichen Zeit gab es Probleme mit der Heizungs- und Lüftungsanlage: Die Heizung blies mit voller Leistung warme Luft in das Gebäude, und die Klimaanlage sprang nicht an. Es wurde unerträglich heiß im Affenhaus. Volt fragte sich, ob die Hitze für die Affen eine Belastung war. Die meisten Todesfälle hatten sich im Raum F ereignet, der auf der Rückseite des Gebäudes an einem langen Korridor lag.

Dalgard erklärte sich bereit, ins Affenhaus zu kommen und nach dem Rechten zu sehen, wurde aber durch andere Arbeiten aufgehalten, so daß er erst in der darauffolgenden Woche die Zeit dazu fand. Als er eintraf, führte Bill Volt ihn in den Raum F zur Untersuchung der Affen. Die beiden legten weiße Kittel und Chirurgenmasken an und gingen den weitläufigen, geklinkerten Flur entlang, der auf beiden Seiten von den Stahltüren der Affenräume gesäumt war. Sie fingen an zu schwitzen. Durch die Glasscheiben in den Türen wurden sie von Hunderten von Affenaugen beobachtet. Die Tiere reagierten äußerst empfindlich auf die Anwesenheit von Menschen.

Der Raum F beherbergte nur einen Javaneraffen aus der Ladung von den Philippinen. Die Affen waren recht ruhig. Vor ein paar Wochen waren sie noch durch die Bäume geturnt, und was man hier mit ihnen machte, gefiel ihnen überhaupt nicht. Dalgard ging von einem Käfig zum nächsten und sah sich die Tiere genau an. Er konnte eine Menge über einen Affen sagen, wenn er ihm in die Augen gesehen hatte. Auch ihre Körpersprache verstand er. Er suchte nach Tieren, die teilnahmslos erschienen oder Anzeichen von Schmerzen zeigten.

Dalgards studierender Blick machte die Tiere wütend. Als er an einem dominierenden Männchen vorbeikam und es intensiv musterte, stürzte es auf ihn zu und wollte ihn

angreifen. Schließlich stieß er auf einen Affen, dessen Augen nicht hell und glänzend aussahen, sondern matt und irgendwie teilnahmslos. Die Lider hingen herunter und waren halb geschlossen. Bei einem gesunden Affen sind die Augen so weit geöffnet, daß man die ganze Iris erkennen kann, und sie erscheinen wie leuchtende Ringe im Gesicht des Tieres. Bei diesem Affen aber war die Iris zu einem blinzelnden Oval geworden.
Dalgard zog lederne Schutzhandschuhe an, öffnete die Käfigtür und hielt den Affen fest. Dann zog er einen Handschuh aus und tastete den Bauch des Tieres ab. Er fühlte sich warm an: Der Affe hatte Fieber; außerdem lief ihm die Nase. Dalgard ließ das Tier los und schloß den Käfig. Nach seiner Überzeugung handelte es sich nicht um eine Lungenentzündung oder Erkältung. Vielleicht litt das Tier unter der Hitze. Er riet Bill, den Hausmeister ein wenig anzutreiben, damit er die Heizung in Ordnung brachte. Dann fand Dalgard ein zweites Tier mit hängenden Lidern und blinzelnden Augen. Es fühlte sich ebenfalls fiebrig an.

Beide Tiere starben in der folgenden Nacht. Bill Volt fand sie am nächsten Morgen zusammengekrümmt in ihren Käfigen, mit starren, halbgeöffneten Augen. Jetzt machte Volt sich große Sorgen, und er beschloß, die Tiere zu sezieren. Er trug die Kadaver in einen Untersuchungsraum am Ende des Flurs und schloß die Tür hinter sich, damit die anderen Tiere ihm nicht zusehen konnten. Er öffnete die Körper mit einem Skalpell. Was er sah, gefiel ihm nicht, und er verstand es auch nicht; deshalb rief er Dalgard an und sagte zu ihm: »Es wäre gut, wenn Sie herüberkommen und sich die Affen selbst ansehen könnten.« Dalgard fuhr sofort zum Affenhaus. Was er im Körperinneren der Tiere sah, stellte ihn vor ein Rätsel. Sie waren offensichtlich an Hitzschlag gestorben, nach seiner Vermutung durch die defekte Heizung in dem

Gebäude verursacht – aber die Milz war stark vergrößert. Hitze ließ die Milz nicht anschwellen. Und er bemerkte noch etwas anderes, das ihn stutzig machte. Beide Tiere hatten Blut im Darm. Eine Lungenentzündung war das nicht, was aber dann? Noch am gleichen Tag kam eine weitere große Ladung mit Javaneraffen von Ferlite Farms an. Bill Volt brachte die neuen Affen im Raum H unter, zwei Türen vom Raum F entfernt.

Dan Dalgard war über die Affen im Raum F höchst beunruhigt. Er fragte sich, ob in dem Raum ein ansteckender Erreger umging. Eine Affenkrankheit. Das Blut im Darm wies auf den Erreger des hämorrhagischen Affenfiebers hin, ein Virus mit der Kurzbezeichnung SHF (für das englische *simian hemorrhagic fever*). Für Affen ist dieses Virus tödlich, aber im Menschen überlebt es nicht. Das Affenfieber kann sich in einer Kolonie der Tiere schnell ausbreiten und den ganzen Bestand vernichten.

Es war jetzt Freitag, der 10. November, und Dalgard fuhr über das Wochenende nach Hause. Er hatte vor, am Samstag und Sonntag Uhren zu reparieren. Aber nachdem er das Werkzeug bereitgelegt hatte, mußte er immer wieder an die Affen denken. Schließlich sagte er seiner Frau, er müsse noch einmal in die Firma. Er zog seinen Mantel an und fuhr zum Affenhaus. Als er die Glastür öffnete, spürte er, wie die unnatürliche Wärme in dem Gebäude sich um ihn schloß, und er hörte das vertraute Schreien und Quieken der Affen. Im Raum F tönte ihm das Alarmgeschrei entgegen: »Krah, Krah!« Drei weitere Tiere waren gestorben. Zusammengerollt und mit geöffneten, ausdruckslosen Augen lagen sie in ihren Käfigen. Er trug die toten Affen in den Untersuchungsraum und schnitt sie auf.

Kurz darauf fing Dalgard an, ein Tagebuch zu führen. Er benutzte dazu seinen Personalcomputer und tippte jeden

Tag ein paar Sätze ein. Schnell und ohne viel darüber nachzudenken gab er diesen Aufzeichnungen den Titel »Chronologie der Ereignisse«.
Es war jetzt fast Mitte November, und während die Sonne am Nachmittag unterging und der Berufsverkehr sich in der Nähe seines Büros auf dem Leesburg Pike staute, arbeitete Dalgard an diesem Tagebuch. Während er die Tasten anschlug, sah er vor sich, was er im Körperinneren der Affen entdeckt hatte.

Als Schäden zeigten sich diesmal regelmäßig eine deutliche Splenomegalie [vergrößerte Milz], die an den Schnittflächen auffällig trocken war, vergrößerte Nieren und vereinzelte Blutungen in verschiedenen Organen ... klinisch zeigten die Tiere eine plötzliche Anorexie [Appetitlosigkeit] und Teilnahmslosigkeit. Wenn ein Tier erste Anzeichen von Anorexie zeigte, verschlechterte sich sein Zustand rapide. Die Rektaltemperatur war bei den sezierten Affen nicht nennenswert erhöht. Nasenausfluß, Epistaxis [Nasenbluten] oder blutiger Stuhl waren nicht zu erkennen ... Viele Tiere waren in hervorragendem Zustand und hatten mehr Körperfett, als man gewöhnlich bei Tieren aus freier Wildbahn findet.

In Gedanken verglich Dalgard die Affen mit Mastgeflügel – dick, gesund, wohlgenährt, mit einer Menge Fett unter der Haut.
Den toten Tieren fehlte eigentlich nichts, das man eindeutig hätte benennen können. Sie fraßen einfach nicht mehr und starben mit offenen Augen, als ob sie einen Gehirnschlag erlitten hätten. Was das auch für eine Krankheit sein mochte, die Todesursache war nicht ohne weiteres zu erkennen. Die Vergrößerung der Milz war ein Rätsel. Das Organ dient dazu, das Blut zu filtern und ist für das Immunsystem von Bedeutung. Eine normale Milz ist ein weicher Sack mit fast flüssigem Inhalt – Dalgard fühlte sich immer an einen Berliner mit Geleefüllung erinnert. Wenn man eine gesunde Milz

mit dem Skalpell einschneidet, setzt sie dem Messer ungefähr soviel Widerstand entgegen wie ein weicher Kuchen, und dann kommt eine Menge Blut heraus. Aber hier war die Milz angeschwollen und steinhart. Eine normale Affenmilz hat etwa die Größe einer Walnuß, aber diese Organe hier waren so groß wie eine Mandarine und hatten eine ledrige Oberfläche. Sie erinnerten ihn an ein Stück Salami – fleischig, fest und trocken. Das Skalpell glitt fast daran ab. Warum das so war, konnte er sich nicht erklären, weil es fast unvorstellbar schien: Die ganze Milz war zu einem einzigen Blutgerinnsel geworden.

Am Sonntag, dem 12. November, machte Dalgard sich den Vormittag über im Haus mit kleineren Reparaturen zu schaffen. Nach dem Mittagessen ging er wieder ins Affenhaus. In der Primaten-Quarantänestation von Reston entwickelte sich etwas Rätselhaftes. Im Raum F lagen wieder drei tote Affen. Weitere Todesfälle folgten – jede Nacht ein paar.

Einem der toten Tiere hatten sie die Bezeichnung 053 gegeben. Dalgard trug den Kadaver 053 in den Untersuchungsraum, öffnete ihn und blickte in die Körperhöhle. Mit einem Skalpell entfernte er ein Stück der Milz. Sie war groß, hart und trocken. Mit einem Wattestäbchen entnahm er ein wenig Schleim aus dem Rachen. Er spülte die Watte in einem Reagenzglas mit destilliertem Wasser und verschloß das Röhrchen. Wenn irgend etwas Lebendiges in dem Schleim gewesen war, befand es sich jetzt in dem Glasgefäß.

Sicherheitsstufe 3

Montag, 13. November 1989

Am Montagmorgen entschloß sich Dan Dalgard das Problem mit den Affen der USAMRIID in Fort Detrick zu melden. Er wollte endlich genau wissen, an welcher Krankheit seine Schützlinge starben.

Man verband ihn telefonisch mit Peter Jahrling, der als Spezialist für Viren gilt. Sie hatten noch nie miteinander gesprochen. Dalgard sagte: »Ich glaube, unsere Tiere haben das hämorrhagische Affenfieber. Wenn man die Milz aufschneidet, sieht sie aus wie ein Stück Salami.« Er fragte Jahrling, ob er sich einige Proben ansehen wolle, und Jahrling erklärte sich bereit, ihm zu helfen. Seine Neugier war geweckt.

Jahrling hatte, bevor er ans Institut kam, in den Regenwäldern Mittelamerikas nach Viren gesucht und dabei einige bis dahin unbekannte Erregerstämme entdeckt. Er ist von Natur aus ein wißbegieriger, vorsichtiger Mensch und verbringt viel Zeit mit der Arbeit im Schutzanzug. Er erforscht Impfstoffe und Medikamente zur Abwehr gefährlicher Viren und betreibt Grundlagenforschung an Erregern aus dem Regenwald. Das Tödliche und Unbekannte ist seine Spezialität.

Den Gedanken an die Wirkungen solcher Erreger schlug er sich absichtlich aus dem Kopf. Wenn du darüber nachdenkst, entscheidest du dich vielleicht für ein anderes Leben, sagte er sich.

Jahrling lebte mit seiner Frau und drei Kindern in Thurmont, nicht weit von Nancy und Jerry Jaax entfernt. Sie bewohnten ein Bauernhaus aus Backsteinen mit einem weißen Holzzaun, der einen baumlosen Vorgarten und eine Garage umschloß. Mit der Familie Jaax pflegten die Jahrlings keinen gesellschaftlichen Umgang, denn ihre Kinder waren unterschiedlich alt, und die Familien hatten nicht den gleichen Lebensstil. Bei der Arbeit kam Peter aber mit Nancy und Jerry recht gut zurecht. Regelmäßig mähte er seinen Rasen, damit die Nachbarn ihn nicht für schlampig hielten. Er führte ein unauffälliges Leben, und wenn er in seinen Wagen kletterte, wußten nur wenige seiner Nachbarn, daß er zur Arbeit im Gefahrenbereich fuhr, obwohl er sich für sein Nummernschild die Buchstabenkombination LASSA besorgt hatte. Lassa ist ein Virus der Gefahrenklasse 4 aus Westafrika und einer von Peter Jahrlings Lieblingserregern – er hält ihn für faszinierend und schön, wenn man einmal davon absieht, was er bei Menschen anrichtet. Jahrling hat praktisch alle bekannten gefährlichen Erreger schon einmal in der Hand gehabt – mit Ausnahme des Ebola- und des Marburg-Virus. Wenn man ihn fragte, warum er mit diesen beiden Viren nicht arbeitete, erwiderte er: »Mir ist nicht nach Sterben zumute.«

Peter Jahrling war ziemlich überrascht und verärgert, als ein Kurier am nächsten Tag einige eingefrorene Gewebeproben des Affen 053 brachte, die wie übriggebliebene Stücke einer heißen Wurst in Aluminiumfolie eingewickelt waren. Das Eis in der Verpackung war rot gesprenkelt und zum Teil bereits geschmolzen. Unter den Proben war auch das Röhrchen mit dem Rachenabstrich und etwas Blutserum von dem Affen. Jahrling brachte das Material in ein Labor der Sicherheitsstufe 3. Er trug eine Gesichtsmaske aus Papier, einen keimfreien Anzug und Gummihandschuhe. Neben ihm stand ein Pathologe, der ihm half. Nachdem sie das

Stück Milz ausgepackt hatten, rollte es auf der Folie hin und her, ein hartes, rosafarbenes Stück Fleisch, genau wie Dalgard es beschrieben hatte. Wie das merkwürdige Fleisch, das man in der Schulkantine bekommt, dachte Jahrling. Er wandte sich an seinen Kollegen und bemerkte: »Gott sei Dank, Marburg ist es nicht«, und beide lachten in sich hinein.

Noch am gleichen Tag rief er Dalgard an und sagte: »Ich möchte Ihnen mal erklären, wie man uns Material schickt. Die Leute hier sind vielleicht ein wenig übervorsichtig, aber sie werden böse, wenn sie eine Probe erhalten, die uns auf den Teppich tropft.«

Joan Roderick, eine technische Assistentin, züchtete den unbekannten Erreger aus dem Affen 053 heran. Sie zerkleinerte ein Stückchen der Milz zu einem blutigen Brei und brachte ihn tropfenweise in Flaschen mit lebenden Zellen aus der Niere eines Affen. In weitere Flaschen pipettierte sie ein wenig von dem Schleim aus dem Rachen des erkrankten Tiers und eine Probe seines Blutserums. Schließlich hatte sie ein ganzes Regal voller Zellkulturflaschen. Sie stellte die Kulturen in einen Brutschrank, in dem Körpertemperatur herrschte, und hoffte, daß sich irgend etwas vermehrte.

Am folgenden Tag ging Dan Dalgard nicht zum Affenhaus, rief aber Bill Volt an und fragte ihn, wie die Dinge stünden. Volt berichtete, alle Tiere sähen gut aus. In dieser Nacht war kein Affe gestorben. Offenbar ging die Krankheit auf natürlichem Wege zurück. Es schien, als ob sich die Dinge in Reston beruhigten.

Aber was machten die Armeeleute mit den Proben von dem Affen? Dalgard rief Jahrling an und erfuhr, man könne noch nichts sagen. Bis ein Virus herangewachsen sei, vergehen mehrere Tage.

Einen Tag später hatte Bill Volt schlechte Nachrichten für Dalgard. Acht Affen im Raum F fraßen nichts mehr.
Dalgard eilte sofort ins Affenhaus. Dort hatte sich die Lage plötzlich verschlechtert. Viele Tiere hatten jetzt blinzelnde, starre, oval geformte Augen. Was *es* auch war, *es* fraß sich unaufhaltsam durch den Raum F. Inzwischen war die Hälfte der Tiere gestorben. Wenn man *es* nicht stoppen konnte, würde *es* alle umbringen. Ungeduldig wartete Dalgard auf Neuigkeiten von Peter Jahrling.
Am folgenden Tag – es war Donnerstag, der 16. November – kam die Nachricht, daß in den Räumen, die auf dem Flur hinter dem Raum F lagen, ebenfalls die ersten Affen starben.
Am späten Vormittag rief Peter Jahrling bei Dalgard an: Ein Pathologe des Instituts hatte sich die Proben sehr sorgfältig angesehen und dann eine vorläufige Diagnose gestellt: hämorrhagisches Fieber – harmlos für Menschen, tödlich für die Affen.
Dalgard mußte jetzt schnell handeln, um zu verhindern, daß die Epidemie das ganze Affenhaus erfaßte. Noch am gleichen Nachmittag fuhr er über den Leesburg Pike in das Gewerbegebiet in Reston. Um fünf Uhr an diesem grauen, regnerischen Spätherbstnachmittag, während die Pendler von Washington nach Hause fuhren, spritzten er und ein anderer Tierarzt der Firma Hazleton allen Affen im Raum F eine tödliche Dosis eines Betäubungsmittels. Nach wenigen Minuten waren die Tiere tot.
Dalgard öffnete sechs gesund aussehende Leichname und suchte nach Anzeichen für das Affenfieber. Zu seiner Überraschung konnte er aber nichts Ungewöhnliches finden.

Bevor er das Affenhaus verließ, packten er und der andere Tierarzt die Kadaver in durchsichtige Plastiktüten und legten sie in eine Gefriertruhe.
Die Körper der Tiere begannen sich dort zu bizarren Formen

zu verfestigen. An den Därmen, die aus den geöffneten Bäuchen heraushingen, bildeten sich rote Eiszapfen. Die Hände waren zur Faust geballt oder wie Klauen geöffnet, und aus den maskenhaften Gesichtern starrten frostige Augen ins Nichts.

Kontakt

Freitag, 17. November

Thomas Geisbert verdiente sich seinen Lebensunterhalt als technischer Assistent am Institut. Sein Vater war dort der leitende Bauingenieur, der die Sicherheitsbereiche wartete und instand hielt. Als Tom noch ein Kind war, hatte sein Vater ihn ins Institut mitgenommen, und als der Junge durch die dicken Glasscheiben die Menschen in ihren Schutzanzügen sah, hatte er sich gewünscht, eines Tages dort arbeiten zu dürfen. Jetzt tat er es, und er war glücklich dabei.
Er arbeitete am Elektronenmikroskop, in dem winzig kleine Gegenstände mit einem Elektronenstrahl abgebildet werden, ein unentbehrliches Hilfsmittel für Viruslabors. Nachweis und Einteilung der verschiedenen gefährlichen Erregerstämme waren für den hochgewachsenen, siebenundzwanzigjährigen Tom so etwas ähnliches wie das Sammeln von Schmetterlingen oder Blumen – es machte Spaß, solange der Schutzanzug unbeschädigt blieb. Er liebte die Einsamkeit der Sicherheitsbereiche, das Gefühl, von der Welt vergessen worden zu sein. Wenn er mit einem Ständer voller Reagenzgläser, in denen sich ein unbekannter gefährlicher Erreger befand, in der Gefahrenzone herumlief, fühlte er sich ruhig und im Einklang mit sich selbst. Er hielt sich gern allein im Bereich der Stufe 4 auf, am liebsten mitten in der Nacht. Über Toms Arbeitseifer war seine Ehe in die Brüche gegangen: Im September hatten seine Frau und er sich getrennt, und immer häufiger zog Tom sich von nun an in die Schutzzone 4 zurück.

Das Schönste im Leben war für ihn neben seiner Arbeit der Aufenthalt im Freien, wenn er Schwarzbarsche angelte oder Elche jagte. Um den Thanksgiving Day herum fuhr er jedes Jahr nach West Virginia, wo er mit einigen Freunden zur Eröffnung der Jagdsaison ein Haus gemietet hatte. Seine Jagdkameraden wußten nicht viel darüber, womit er seinen Lebensunterhalt verdiente.

Tom versuchte, sich möglichst viele Virusproben anzusehen, um seine Fähigkeiten am Elektronenmikroskop zu schulen. Er lernte, gefährliche Erreger auf den ersten Blick zu erkennen. Als die Proben von Peter Cardinal aus Afrika eingetroffen waren, hatte Tom sie ganze Tage lang fasziniert angestarrt. Der Cardinal-Stamm war eine verworrene Masse aus Viren, die wie eine 6, ein U, ein g, ein Y, eine Schlange oder eine Brezel aussahen, und das Ganze war vermischt mit teilweise verflüssigtem menschlichem Gewebe. Diese Viren betrachtete Tom so lange, daß ihre Form unauslöschlich in seinem Gedächtnis eingebrannt blieb.

Tom hatte von den kranken Affen in Virginia gehört und entschloß sich, einen Blick auf die Flaschen mit den heranwachsenden Zellen zu werfen. Bevor er zum Thanksgiving Day auf die Jagd ging, wollte er sie noch im Lichtmikroskop untersuchen und feststellen, ob Veränderungen zu beobachten waren.

Am Freitag, dem 17. November, gegen neun Uhr morgens legte er Chirurgenkleidung und eine Gesichtsmaske an und ging in das Sicherheitslabor der Stufe 3, wo die Flaschen im Brutschrank lagen. Dort traf er die Assistentin Joan Roderick, die gerade durch ein Binokular-Mikroskop auf eine der kleinen Kulturflaschen starrte.

Sie wandte sich zu Geisbert um. »Da drin geht etwas Seltsames vor«, sagte sie.

Es war eine gewöhnliche Zellkulturflasche – etwa daumengroß und aus durchsichtigem Kunststoff. Geisbert blickte durch das Mikroskop in die Flasche. Was er sah, war schwer zu deuten. Wie immer in der Biologie stellte sich die Frage: Was ist das eigentlich? Die Baupläne der Natur sind kompliziert und wandeln sich ständig. Er erkannte überall Zellen, winzige Säckchen, jeweils mit einem Zellkern im Inneren. Der Zellkern war als dunkler Fleck in der Mitte zu erkennen, fast wie das Eigelb in der Mitte eines Spiegeleies.

Lebende Zellen haften normalerweise am Boden der Kulturflasche und bilden dort einen »Rasen« – nur wenn sie sich festgesetzt haben, können sie sich vermehren. Hier sah der Rasen wie von Motten zerfressen aus. Die Zellen waren abgestorben und weggeschwommen, so daß die Schicht am Flaschenboden Löcher hatte.

Geisbert sah sich sämtliche Flaschen an: Bei fast allen zeigte sich der gleiche durchlöcherte Zellrasen. Irgend etwas tötete diese Zellen. Sie waren angeschwollen und wirkten aufgetrieben. In ihrem Inneren konnte Tom kleine Körnchen oder Flecken erkennen – als ob jemand Pfeffer über die Spiegeleier gestreut hätte. Diese Zellen waren eindeutig krank, und zwar sehr krank, denn die Kulturflüssigkeit war milchig trüb von abgestorbenen, geplatzten Zellen. Das, so meinten sie, sollte sich Peter Jahrling, ihr Chef, ansehen. Geisbert holte ihn.

»In der Flasche geht etwas sehr Seltsames vor sich, ich weiß nicht genau, was. Aber hämorrhagisches Affenfieber ist es nicht«, sagte er zu Jahrling.

Jahrling nahm an, ein wildlebender Bakterienstamm habe die Kultur verunreinigt, ein häufiges Ärgernis, wenn man Viren züchten will: Wildbakterien fressen die Zellkultur auf und verursachen Gestank; Viren dagegen töten die Zellen, ohne daß man etwas riecht. Nach Jahrlings Vermutung hatte Pseudomonas, eine verbreitete Art von Bodenbakterien, die Flasche unbrauchbar gemacht. Diese Bakte-

rien lieben Schmutz: Sie leben in jedem Garten und unter den Fingernägeln. Sie gehören zu den häufigsten Lebensformen auf der Erde und zerstören auch oft Zellkulturen. Jahrling schraubte den kleinen schwarzen Deckel ab, wedelte mit der Hand über die Öffnung und schnüffelte. Hm, seltsam. Kein Gestank.
»Hast du schon mal Pseudomonas gerochen?« fragte er Tom Geisbert.
»Nein«, antwortete Tom.
»Es riecht wie vergorener Traubensaft. Hier –« er hielt Tom die Flasche hin.
Tom schnüffelte. Da war kein Geruch.
Jahrling nahm die Flasche wieder an sich und roch noch einmal daran. Nichts. Aber die Lösung war trüb, und die Zellen waren eindeutig vernichtet. Kopfschüttelnd gab er Tom die Flasche zurück und sagte: »Stellen wir sie mal in den Strahl.« Damit meinte er, daß sie das Elektronenmikroskop benutzen sollten, das viel tiefer als ein Lichtmikroskop in die Welt des Allerkleinsten eindringt.
Geisbert goß ein wenig von der milchigen Flüssigkeit in ein Reagenzglas und stellte es in eine Zentrifuge. Nach dem Zentrifugieren befand sich am Boden des Röhrchens ein Niederschlag aus toten und sterbenden Zellen. Die Zellmasse war etwa so groß wie ein Stecknadelkopf und hatte eine blaßbraune Farbe. Sie erinnerte Tom an einen Spritzer Tomatenpüree. Er nahm die Masse mit einem Holzstäbchen heraus und tränkte sie mit Kunstharz, um sie zu konservieren. Aber jetzt ging ihm etwas anderes durch den Kopf: Die Jagdsaison.

Es war Freitag, und am Spätnachmittag ging Tom nach Hause, um die Sachen für den Jagdausflug zu packen. Er hatte vorgehabt, mit seinem Ford Bronco zu fahren, aber der Wagen war defekt, so daß ihn einer seiner Kameraden mit einem Lieferwagen mitnehmen mußte. Sie luden Toms Stofftasche und den Gewehrkasten ein und starteten in Richtung West Virginia.

Wenn ein Filovirus sich in einem Menschen zu vermehren beginnt, dauert die Inkubationszeit drei bis achtzehn Tage. In dieser Zeit nimmt die Menge der Virusteilchen im Blut ständig zu. Dann kommen die Kopfschmerzen.

Thanksgiving

20. bis 25. November

Für Nancy und Jerry Jaax war es der schlimmste Thanksgiving Day ihres Lebens. Am Mittwoch, dem 22. November, setzten sie die Kinder in den Familienkombi und fuhren die ganze Nacht hindurch bis nach Kansas. Jaime war inzwischen zwölf und Jason dreizehn. Sie waren an die langen Autoreisen nach Kansas gewöhnt und schliefen friedlich. Jerry litt seit dem Mord an seinem Bruder fast ständig an Schlaflosigkeit, und Nancy blieb mit ihm wach; sie wechselten sich am Steuer ab. Am Thanksgiving Day kamen sie in Wichita an und aßen bei Curtiss Dunn, Nancys Vater, Truthahn.

Curtiss Dunn war sein Leben lang ein Hypochonder gewesen und hatte sich vor allem auf die Angst vor Krebs spezialisiert – einmal hatte er acht Monate lang das Bett gehütet und behauptet, er habe Krebs, obwohl er damals noch völlig gesund war; jetzt aber hatte er tatsächlich einen Tumor. er hatte im vergangenen Herbst stark abgenommen und war mittlerweile nur noch Haut und Knochen. Er wog keine fünfzig Kilo mehr und sah so entsetzlich krank aus, daß die Kinder vor ihrem eigenen Großvater zurückschreckten. Er gab sich Mühe, Mitgefühl für Jerry zu zeigen. »Ihr beiden habt wirklich Schreckliches erlebt«, sagte er zu Jerry, aber der wollte nicht darüber reden.

Nancys Vater saß tagsüber und auch nachts meist in einem Lehnsessel. Wegen der Schmerzen konnte er oft nicht schlafen: Er wachte morgens um drei Uhr auf und rumorte dann im Haus herum. Ständig rauchte er Zigaretten und beschwerte sich gleichzeitig, das Essen schmecke ihm nicht und er habe den Appetit verloren. Er tat Nancy leid, aber sie spürte auch eine Distanz zu ihm, die sie nicht überwinden konnte. Er war ein Mann mit ausgeprägten Standpunkten, und seit kurzem machte er Andeutungen, er wolle den Hof der Familie in Kansas verkaufen und von dem Geld in Mexiko eine Kur mit Pfirsichkernen machen. Nancy ärgerte sich, daß er solche Ideen hatte, und in diesen Ärger mischte sich das Mitgefühl für den Kranken.

Nach dem Besuch bei Nancys Vater fuhren sie nach Andale, einer Kleinstadt nordwestlich von Wichita, zu Jerrys Mutter Ada und der übrigen Familie Jaax. Ada war Witwe und lebte allein in einem Bauernhaus mit schönem Blick über die Weizenfelder. Die weiten Flächen waren jetzt kahl und mit Winterweizen eingesät.

Als sie dort ankamen, saß Ada im Wohnzimmer auf einem Sessel und blickte nach draußen. Sie konnte nicht fernsehen, weil sie Angst vor dem Anblick eines Gewehrs hatte. Die anderen saßen ebenfalls im Wohnzimmer und versuchten, eine Unterhaltung aufrechtzuerhalten. Sie erzählten Geschichten von den alten Zeiten auf Adas Farm und gaben sich gut gelaunt, bis plötzlich Johns Name fiel. Sofort verebbte das Gespräch, und alle blickten ratlos zu Boden. Ada war immer eine starke Frau gewesen, und keines ihrer Kinder hatte sie jemals weinen gesehen. Als ihr jetzt die Tränen über die Wangen liefen, stand sie auf, ging sofort in ihr Schlafzimmer und schloß die Tür hinter sich.

Auch für Dan Dalgard war die Thanksgiving-Woche unerfreulich. Am Montag rief er Peter Jahrling an, weil er wissen wollte, ob es etwas Neues über die Todesursache der Affen in Reston gebe. Jahrling sagte, er sei überzeugt, daß es das Affenfieber sei, aber es widerstrebte ihm immer noch, das

ganz entschieden zu behaupten. Er wollte Vorsicht walten lassen und zunächst alle Untersuchungen abwarten.
Als Dalgard den Hörer auflegte, war er sicher, daß seine Entscheidung, die Affen im Raum F zu töten, richtig gewesen war. Die Tiere waren mit dem Affenfieber infiziert und wären ohnehin gestorben. Außerdem hätte sich dann die Krankheit in dem Gebäude weiter ausgebreitet und alle Affen getötet. Dalgard machte sich jetzt Sorgen, ob der Erreger schon aus dem Raum F entkommen war. Er könnte sich unauffällig seinen Weg durch das Affenhaus bahnen. Wenn das geschah, ließ sich das Virus kaum noch unter Kontrolle bringen.
Am Morgen des Thanksgiving Day fuhr Dan mit seiner Frau nach Pittsburgh zu seinen Schwiegereltern. Als sie am Freitag nach Virginia zurückkamen, ging er sofort ins Affenhaus. Was er dort vorfand, erschreckte ihn. Über den Feiertag waren im Raum H, zwei Türen von Raum F entfernt, fünf Affen gestorben. Das Virus wanderte also weiter, und, was noch schlimmer war, es sprang von Raum zu Raum.

Medusa

Montag, 27. November, 7.00 Uhr

In der Woche nach dem Thanksgiving Day ging Tom Geisbert wieder ins Institut zur Arbeit. Blue jeans, ein Flanellhemd und Cowboystiefel erinnerten an seinen Jagdausflug in die Wälder West Virginias. Er war ungeduldig und wollte die kleine Zellmasse von dem toten Affen ansehen, die er kurz vor seiner Abfahrt aus der Kulturflasche gewonnen hatte.

Er öffnete einen Schrank und nahm sein Diamantmesser heraus, einen metallenen Gegenstand von der Größe eines kleinen Bleistiftspitzers, der eine Schneidekante aus lupenreinem Diamant von der Qualität eines Schmucksteins besaß. Dann ging er in den Schneideraum, wo ein spezielles Gerät, ein Ultramikrotom stand. Er setzte das Diamantmesser mit äußerster Vorsicht in die Apparatur ein. Eine Berührung mit der Fingerspitze macht ein solches Messer unbrauchbar. Außerdem kann der Diamant schlimme Schnittwunden verursachen. Er ist ungeheuer scharf, das schärfste Schneidewerkzeug, das es gibt. Man kann damit ein Virus so sauber wie eine Erdnuß mit einer Rasierklinge halbieren. Und wenn man sich klarmacht, daß hundert Millionen Viren auf einem I-Punkt Platz haben, bekommt man eine Vorstellung von der Schärfe eines Diamantmessers. Haut bietet ihm keinen Widerstand; es fährt durch sie hindurch wie durch Luft und kann sogar die Blutzellen im Finger zerschneiden.

Tom sah durch das Mikroskop, das am Mikrotom befestigt

war. Jetzt konnte er den Zellkrümel deutlich erkennen. Er drehte an einem Knopf, die Maschine summte, und der Krümel bewegte sich an der Kante des Diamantmessers wie an einer Wurstschneidemaschine nach vorn und nach hinten. Jede der abgetrennten Scheiben war etwa so groß:

•

Sie fielen nach und nach auf einen Wassertropfen und breiteten sich auf seiner Oberfläche wie winzige Seerosenblätter aus.

Tom nahm ein Holzstäbchen an dessen einem Ende eine menschliche Wimper mit einem Tropfen Nagellack festgeklebt war vom Tisch. Die Wimper stammte von einer Labormitarbeiterin, die nach allgemeiner Ansicht die besten Wimpern für solche Arbeiten hatte, nicht zu dick und nicht zu dünn, spitz zulaufend in einem schmalen Ende. Er tauchte die Wimper in den Wassertropfen und rührte ein wenig, so daß sich die Schnitte voneinander trennten. Dann hob er ein paar beschädigte Scheibchen aus dem Wasser und streifte sie an einem Stück Papier ab.

Als nächstes griff er mit einer Pinzette nach einem kleinen kupfernen Metallnetz. Es war ungefähr so groß: • Er tauchte das Netz in den Wassertropfen, schob es vorsichtig unter eines der schwimmenden Scheibchen und hob es vorsichtig hoch, wie ein Angler, der einen Kescher aus dem Wasser holt. Tom legte das Netz mit der Pinzette in eine kleine Schachtel und trug sie in einen abgedunkelten Raum, in dessen Mitte eine über mannshohe Metallsäule stand: das Elektronenmikroskop. Er öffnete die winzige Schachtel, nahm das Netz mit der Pinzette heraus und legte es auf den

Objekthalter, ein Metallstäbchen von der Größe eines Schraubenziehers. Das Stäbchen schob er in das Mikroskop, bis es einrastete. Der Dünnschnitt auf dem Netz lag jetzt im Zentrum des Elektronenstrahls. Er schaltete das Licht aus und setzte sich an ein Bedienungspult. In der Mitte der Konsole war der Leuchtschirm. Der Raum war zur Kommandobrücke eines Raumschiffs geworden, und der Leuchtschirm war das Fenster zum Universum des Allerkleinsten. Er drückte auf einen Knopf und beugte sich auf seinem Stuhl hinunter, bis sein Kopf fast den Leuchtschirm berührte. Geisbert betrachtete die Ecke einer Zelle. Es war, als blickte man aus großer Höhe auf eine Landschaft, als sei man der Steuermann eines Raumschiffs, das sich in geringer Höhe über die Oberfläche eines riesigen, unerforschten Planeten bewegt.

Man kann buchstäblich Tage damit zubringen, Zellen durchzumustern und nach einem Virus zu suchen. Man überprüft in einem Schnitt unter Umständen 10 000 Zellen, ohne zu finden, was man sucht. Der Bildausschnitt kann noch so klein sein – er ist immer gleich kompliziert.

Geisbert konnte Formen sehen, die Flüssen, Bächen und Teichen ähnelten, kleine Flecken, die wie Städte aussahen, und Streifen wie Waldgürtel. Es war die Luftaufnahme eines Regenwaldes. Die Zelle im Mikroskop bildete eine eigene Welt, und irgendwo in diesem Dschungel war ein Virus versteckt.

Er drehte an einem Knopf, und die Zellandschaft glitt durch sein Gesichtsfeld; er wanderte durch die Zelle. Nach einem Druck auf den Zoomschalter bewegte sich die Landschaft auf ihn zu. Plötzlich stockte ihm der Atem. Mit *der* Zelle stimmte etwas nicht. Sie war voller *Würmer, von vorn bis hinten voller Würmer.* Es gab nur eine Gruppe von Viren, die so aussahen: die Filoviren.

Marburg, dachte er. Das Zeug hier sieht aus wie Marburg. Er fühlte seinen Magen wie einen Knoten und rannte, fast panisch geworden, aus dem Raum. »Marburg!« rief er, »wir haben Marburg!« Dann hielt er inne und atmete durch. Er wußte nicht genau, ob es das Marburg-Virus war, aber er war sicher, daß es wie ein Filovirus aussah, ein Erreger aus der Gruppe der Fadenviren. Ein Bild fiel ihm ein – das Bild der Leberzellen von Peter Cardinal, die geplatzt und von kleinen *Würmern* überflutet waren. Er konzentrierte sich auf diese Erinnerung und verglich sie mit dem, was er gerade auf dem Leuchtschirm gesehen hatte. Wie der Cardinal-Stamm aussah, wußte er genau, und er dachte daran, was das Virus bei dem Jungen angerichtet hatte, an die verheerende Wirkung auf das Gewebe. O Gott! sagte er zu sich. Pete und ich haben an dem Zeug geschnuppert. Wir hatten es in der Hand, und dabei gehört es in die Sicherheitsstufe 4. Marburg – um Gottes willen ... ich habe es mit einem menschlichen Virus zu tun, das bei einem großen Teil der Fälle zum Tod führt, und zwar auf höchst unerfreuliche Weise. Ein entsetzliches Gefühl überkam ihn. Er kehrte sofort in den Mikroskopierraum zurück, um Aufnahmen zu machen. Damit ging er in die Dunkelkammer, schaltete das Licht aus und entwickelte die Negative. In der pechschwarzen Dunkelheit hatte er Zeit zum Nachdenken. Er zählte die Tage, die seit dem Kontakt mit dem Erreger vergangen waren. Er hatte am Freitag an der Flasche geschnüffelt, bevor er jagen gegangen war. Das war ... vor zehn Tagen. Wie lange ist die Inkubationszeit bei Marburg? Aus dem Stegreif wußte er es nicht. Moment – bei den Affen, die das Marburg-Virus eingeatmet hatten, war relativ viel Zeit vergangen, bis die Krankheit ausbrach, sechs bis achtzehn Tage.

Die Krankheit stand also vor der Tür. Er überlegte: Hatte ich gestern Kopfschmerzen? Habe ich jetzt Kopfschmerzen? Habe ich Fieber?

Seine Stirn fühlte sich normal an.
Wenn ich am zehnten Tag keine Kopfschmerzen habe, bedeutet das noch nicht, daß ich am zwölften keine bekomme. Wie tief habe ich beim Schnüffeln an der Flasche eingeatmet? Habe ich den Deckel geöffnet? Dabei spritzt immer ein wenig von dem Zeug herum. Ich kann mich nicht erinnern. Habe ich mir hinterher mit den Fingern die Augen gerieben? Ich kann mich nicht erinnern. Habe ich mit der Hand den Mund berührt? Vielleicht, ich weiß es nicht.
Er fragte sich, ob er einen Fehler gemacht hatte. Vielleicht war es gar nicht das Marburg-Virus. Er war ja nur Student; er lernte noch. Einen Erreger der Sicherheitsstufe 4 am Stadtrand von Washington, D. C., zu finden – so etwas passiert einem technischen Assistenten nicht alle Tage. Vielleicht war es kein Filovirus. Wie sicher konnte er sein? Wenn er jetzt zu seinem Chef ging und ihm sagte, er hätte Marburg gefunden, und dann stimmte es nicht, ging die Karriere den Bach hinunter. Auf diesem Gebiet gab es keinen Spielraum für Irrtümer. Zuallererst erzeugt man mit einer solchen Hiobsbotschaft eine Panik, und anschließend wird man zum allgemeinen Gespött.
Er schaltete das Licht ein, nahm die Negative aus dem Entwickler und hielt sie gegen das Licht. Er sah Virusteilchen, die wie Schlangen geformt waren, verworrene Kobras, wie die Haare der Medusa. Es war das Angesicht der Natur selbst – hier zeigte sie sich unverhüllt als teuflische Göttin. Geisbert verlor sich in Staunen und Bewunderung, obwohl er wußte, daß *er* vielleicht eines ihrer Opfer war.
In den Aufnahmen entdeckte er noch etwas anderes, etwas, das ihn mit Angst und gleichzeitig mit Ehrfurcht erfüllte. Das Virus hatte den Aufbau der Zellen fast bis zur Unkenntlichkeit verändert. Es hatte aus der Zelle ein Gebilde gemacht, das einem Sack voller Backsteine ähnelte. Es handelte sich um kristallähnliche Blöcke aus reinem Virusmaterial, die er

unter der Bezeichnung Einschlußkörper kannte. Sie bergen die fertigen Virusnachkommen. Sobald diese Kristalloide die Innenseite der Zellmembran berühren, zerfallen sie in Hunderte von Einzelviren, von denen jedes wie ein Faden aussieht. Diese Fäden schieben sich durch die Zellmembran wie Gras, das aus frisch eingesätem Boden sprießt. Sie verlassen die Zelle, die sich dabei aufbläht und ihre Gestalt verändert, bis sie schließlich platzt und abstirbt. Auf diese Weise gelangen die Fäden ins Blut: Sie suchen sich neue Zellen, die sie unter ihre Kontrolle bringen können, um sich weiter zu vermehren.

Als Tom die Einschlußkörper sah, wurde ihm auch klar was zehn Tage zuvor bei den Zellen in der Flasche wie »Pfeffer« ausgesehen hatte: Die kleinen Flecken waren Kristalloide des Virus. Ihretwegen waren die Zellen geschwollen und dick gewesen.

Der erste Engel

Montag, 27. November, 10.00 Uhr

Tom Geisbert stellte Papierabzüge von den Negativen her und machte sich damit auf den langen Weg durch ein Gewirr von Räumen und Korridoren zu Peter Jahrlings Büro.
In dem kleinen Raum herrschte eine auffallende Ordnung. Kinderzeichnungen gaben ihm einen persönlichen Anstrich. Eine davon – sie war von Jahrlings Tochter – zeigte ein Kaninchen neben seinem Bau unter einer strahlend gelben Sonne. Auf einem Regal stand eine afrikanische Skulptur – eine menschliche Hand, die ein Ei zwischen in den Fingerspitzen hielt, als ob jeden Augenblick etwas Interessantes daraus hervorschlüpfen würde.
»Was gibt es, Tom?« fragte Jahrling.
»Wir haben ein großes Problem.«
Tom legte die Fotos nebeneinander auf Jahrlings Schreibtisch. Es war ein grauer Novembertag, und durch das Fenster fiel dämmeriges Licht auf die Bilder von Medusas Haupt.
»Das ist von den Affen aus Reston«, sagte Tom. »Ich halte es für ein Filovirus, und es könnte ohne weiteres Marburg sein.«
Jahrling fiel ein, wie sie an der Flasche geschnüffelt hatten »Du willst mich auf den Arm nehmen. Das ist kein guter Witz. Geh!«
»Es ist kein Witz, Pete.«
»Bist du sicher?« fragte er.
Tom war sich ziemlich sicher.

Jahrling sah sich die Aufnahmen sorgfältig an. Ja, da waren Würmer, und da waren auch Einschlußkörper. Wahrscheinlich hatten er und Tom das Zeug eingeatmet, aber Kopfschmerzen hatten sie bisher nicht. Jahrling erinnerte sich, welche Bemerkung er dem Pathologen gegenüber gemacht hatte, als sie das kleine, rätselhafte Gewebestück aus der Alufolie gewickelt hatten: *»Bloß gut, daß es nicht Marburg ist.«*

»Haben die Dinger die richtige Größe?« fragte Jahrling. Er nahm ein Lineal und maß die Virusteilchen nach.

»Sie sehen für Marburg ein wenig zu lang aus«, sagte Geisbert. Marburg-Teilchen bilden Schleifen, die wie Brezeln aussehen. Das Zeug hier ähnelte eher Spaghetti. Sie schlugen ein Lehrbuch auf und verglichen Toms Aufnahmen mit den Abbildungen.

»Ich glaube, es stimmt«, sagte Jahrling. »Ich werde es C. J. Peters zeigen.«

Jahrling, der als Zivilist am Institut arbeitete, hatte sich entschlossen, den militärischen Dienstweg zu beschreiten. Er wandte sich an Oberst Clarence James Peters, einen Mediziner, der die Abteilung für Krankheitsbeurteilung leitete, das heißt, er war der Arzt, der sich mit dem gefährlichen Unbekannten beschäftigte (»mit dem interessanten Zeug«, wie er es nannte).

Den Dienstvorschriften zufolge hatte Peters um acht Uhr morgens zur Arbeit zu erscheinen, tauchte aber gewöhnlich erst gegen zehn auf. Außerdem mochte er keine Uniform tragen: Meist sah man ihn in verwaschenen Blue jeans, einem schreiend bunten Hawaiihemd, Sandalen und weißen Socken, als ob er gerade eine Nacht in einem mexikanischen Hotel verbracht hätte. Als Ausrede führte er an, er habe Fußpilz, einen hartnäckigen tropischen Stamm, den er sich in Mittelamerika zugezogen habe und der sich nicht beseitigen lasse; deshalb müsse er Sandalen und Socken tragen, damit Luft an die Zehen komme, und zu dieser Ausstattung gehörten eben auch Jeans und bunte Hemden. Peters arbeitete zwölf Stunden am Tag und ging meist spätabends nach Hause, oft erst lange nachdem alle anderen Feierabend gemacht hatten.

In dem bürokratisch geführten Institut bewegte er sich wie ein Hecht im Karpfenteich. Seine eigenen Mitarbeiter motivierte er zu großer Loyalität, und Feinde machte er sich leicht und absichtlich, wenn es ihm paßte. Mit seinem roten Toyota war er mehrmals in kleine Unfälle verwickelt gewesen, hatte aber die Kotflügel nie richtig ausbeulen lassen – sein Wagen gehörte zu der Sorte, die von der Polizei angehalten und auf technische Mängel überprüft wird. Auf seinen Reisen durch Regenwälder und tropische Savannen hatte er mit Genuß das gleiche gegessen wie die Einheimischen – Frösche, Schlangen, Zebrafleisch, Quallen, Eidechsen und Kröten, die in der Haut gegart werden, aber er war überzeugt, er habe nie einen Salamander verzehrt, jedenfalls keinen, den er in einer Suppe hätte identifizieren können. Immerhin hatte er aber gekochte Affenkeule genossen und Bananenbier getrunken, das mit menschlichem Speichel vergoren war.

Als er in Zentralafrika eine Expedition leitete, die nach dem Ebola-Virus suchen sollte, war er mitten in der Schwarmzeit in ein Termitengebiet geraten; er wartete, bis die Termiten aus dem Bau ausschwärmten, fing sie ein und verzehrte sie roh. Nach seinen Erzählungen schmeckten sie angenehm nussig. Er mochte Termiten so gerne, daß er sie neben seinen Blutproben einfror, um sie frisch zu halten, und abends, wenn die Sonne über der afrikanischen Steppe unterging, knabberte er sie zum Gin wie Erdnüsse. Außerdem aß er gern Meerschweinchen, die erdrosselt und im eigenen Blut mit den Därmen gebraten wurden.

Jahrling hatte Geisberts Fotos in eine Mappe gelegt, denn er wollte nicht, daß ein anderer sie sah.

Er fand Peters auf einer Konferenz im Sitzungssaal und tippte ihm auf die Schulter. »Ich weiß nicht, was du gerade tust, C. J., aber wir haben etwas Wichtigeres.«

»Was denn?«

»Es ist ein wenig heikel. Ich möchte es nicht an die große Glocke hängen.«

»Was ist denn so heikel?«

Jahrling öffnete die Mappe gerade so weit, daß C. J. einen Blick auf die »Spaghetti« werfen konnte; dann klappte er sie wieder zu.

Auf dem Gesicht des Oberst zeichnete sich Überraschung ab. Er stand auf, und ohne zu den anderen Sitzungsteilnehmern ein Wort zu sagen oder sich auch nur zu entschuldigen, verließ er mit Jahrling den Raum. Sie gingen in Jahrlings Büro und schlossen die Tür. Tom hatte schon auf sie gewartet.

Jahrling breitete die Fotos auf seinem Schreibtisch aus. »Sehen Sie sich das einmal an, C. J.«

Der Oberst blätterte die Bilder durch. »Woher stammen die?« fragte er.

»Von den Affen in Reston. Ich finde, es sieht nicht gut aus, C. J. Tom glaubt, daß es Marburg ist.«

»Wir haben uns schon manchmal vertan«, sagte C. J.

»Allerdings, das stimmt«, erwiderte Jahrling.

»Eine Menge Sachen sehen wie Würmer aus«, sagte C. J. und starrte die Fotos an. Die Würmer waren unverwechselbar, ebenso wie die Kristalloide. Das Ganze sah echt aus. Er dachte an den Ärger, den es geben würde. Für Reston und die Leute dort würde die Sache zu einem schrecklichen Problem werden.

»Die erste Frage«, sagte er, »lautet: Wie groß ist die Wahrscheinlichkeit einer Laborverunreinigung?«

Vielleicht war es ja der eigene Erreger der Armee, der Cardinal-Stamm, der irgendwie aus einer Gefriertruhe entwichen und in diese Flaschen gelangt war. Aber das schien einfach unmöglich. Und je mehr sie darüber grübelten, desto unwahrscheinlicher kam es ihnen vor. Der Cardinal-Stamm wurde nämlich in einem anderen Trakt des Gebäudes aufbewahrt, hinter den dicken Mauern biologischer Sicherheitsbereiche, weit weg von den Flaschen mit den Affenzellen. Die Sicherheitseinrichtungen verhinderten, daß ein Virus wie Marburg Cardinal unabsichtlich freigesetzt werden konnte. Es war einfach nicht möglich, es konnte keine Verunreinigung sein. Aber vielleicht – so meinten sie schließlich – handelte es sich ja gar nicht um ein Virus, sondern um etwas anderes.

C. J. sagte: »Die Leute hier sehen etwas Langes, Fadenförmiges, und dann glauben sie, sie hätten ein Filovirus. Ich bin skeptisch. Es gibt eine Menge Dinge, die wie Marburg aussehen.«

»Da gebe ich dir recht«, erwiderte Jahrling. »Vielleicht ist es nichts. Vielleicht ist es nur ein neues Ungeheuer von Loch Ness.«

»Was willst du tun, um es zu bestätigen?« fragte ihn der Oberst. Jahrling erklärte, er wolle die Zellen mit Substanzen untersuchen, die aufleuchteten, wenn sie mit Marburg infiziert waren.

»Okay, ihr testet auf Marburg«, sagte C. J. »Habt ihr auch an einen Ebola-Nachweis gedacht?«

»Natürlich. Auf die Idee bin ich auch schon gekommen.«

»Wann wollt ihr die Untersuchungen durchführen? Wenn die Affen wirklich Marburg haben, müssen wir überlegen, was zu tun ist.«

Dan Dalgard zum Beispiel war der erste Kandidat, bei dem das Marburg-Fieber ausbrechen konnte, denn er hatte den Affen seziert.

»Was Marburg angeht, haben wir morgen ein definitives Ja oder Nein«, sagte Jahrling.
C. J. wandte sich Tom Geisbert zu und sagte, er wolle weitere Beweise, Bilder des Erregers bei der Vermehrung in den Leberzellen eines Affen, der in dem Affenhaus gestorben war. Dann wäre bewiesen, daß das Virus in Affen lebte.
C. J. erkannte, daß sich hier eine Krise zusammenbraute. Wenn die Öffentlichkeit erfuhr, was das Marburg-Virus anrichtet, konnte eine Panik ausbrechen. Mit einem Foto von den »Schlangen« in der Hand stand er auf und sagte: »Wenn wir bekanntgeben, daß Marburg in der Nähe von Washington ausgebrochen ist, sollten wir verdammt sicher sein, daß es stimmt.« Er ließ das Bild auf Jahrlings Schreibtisch fallen und ging wieder in die Sitzung.

Nachdem C. J. das Büro verlassen hatte, entspann sich zwischen Peter Jahrling und Tom Geisbert ein heikles Gespräch. Leise unterhielten sie sich über den unangenehmen Vorfall. Es gab da etwas, das sie unter sich ausmachen mußten. Keiner von beiden hatte Peters gegenüber erwähnt, daß sie an den Flaschen geschnüffelt hatten.
Sie zählten erneut die Tage seit dem Kontakt. Es war jetzt zehn Tage her, seit sie die Flasche geöffnet und das mutmaßliche »Marburgisch Wasser« gerochen hatten. Sie befanden sich mitten in der Inkubationszeit.
Sie wußten, was Oberst Peters tun würde, wenn er erfuhr, daß sie an einer Flasche mit dem Marburg-Virus geschnuppert hatten. Er würde sie in den Slammer einweisen, das Krankenhaus der Sicherheitsstufe 4. Sie würden hinter Luftschleusen und doppelten Stahltüren verschwinden, versorgt von Ärzten und Schwestern in Schutzanzügen.
Die Türen des Slammer waren immer verschlossen, und die Telefongespräche der Patienten wurden abgehört, weil die Leute Nervenzusammenbrüche erlebten und zu fliehen ver-

suchten. Von der zweiten Woche an wurden viele depressiv und starrten stumm die Wände an. Andere wurden erregt und ängstlich. Manche mußten mit Valium beruhigt werden, damit sie nicht gegen die Wände hämmerten, die Sichtfenster zertrümmerten und die medizinischen Geräte zerstörten. Sie waren eingesperrt wie in einer Todeszelle. Die meisten behaupteten lautstark, sie seien nie mit einem Erreger in Berührung gekommen. Sie wollten nicht wahrhaben, daß ihnen etwas fehlen könnte. Den meisten fehlte auch tatsächlich nichts, und sie kamen nach der Inkubationszeit wieder aus dem Slammer heraus. Was allerdings während der Wartezeit mit ihrer Psyche geschehen war, steht auf einem anderen Blatt. Nach der Entlassung hatten sie keine Orientierung. Sie kamen durch die Luftschleuse, blaß, mitgenommen, vorsichtig, zitternd und wütend auf die Armee und auf sich selbst. Die Schwestern schenkten ihnen einen Kuchen mit einer Kerze für jeden Tag, den sie im Slammer zugebracht hatten. Sie blinzelten verstört in die Lichter auf dem Slammer-Kuchen, auf dem vielleicht mehr Kerzen steckten als an ihrem letzten Geburtstag. Ein Mitarbeiter war zweiundvierzig Tage im Slammer gewesen.

Viele Leute, die einmal im Slammer isoliert waren, gaben anschließend die Arbeit im Sicherheitsbereich 4 auf: Sie fanden alle möglichen Ausflüchte, warum sie heute den Schutzanzug nicht anlegen konnten, und auch nicht morgen, und auch nicht nächste Woche. Einige kündigten sogar.

Nach Peter Jahrlings Überzeugung bestand insgesamt keine große Gefahr, daß er oder Tom sich das Virus geholt hatten. Falls einer von beiden sich infiziert hatte, würden sie es nur allzubald wissen. Er war sich ziemlich sicher, daß das Marburg-Virus nur schwer übertragen wurde und glaubte nicht, daß seine Angehörigen oder sonst jemand in der Stadt in Gefahr waren.

Aber wie stand es mit Dan Dalgard, der die Affen aufgeschnitten hatte? Warum war Dalgard noch nicht krank? Nun, vielleicht brütete er den Erreger aus.
Woher war das Virus gekommen? War es ein neuer Stamm? Was konnte es bei Menschen anrichten?
Wer einen neuen Virusstamm entdeckt, muß ihn benennen, auch daran dachte Jahrling. Wenn er und Tom im Slammer eingesperrt wurden, konnten sie mit diesem Virus keinerlei Untersuchungen anstellen, und Ruhm und Bewunderung würden einem anderen zufallen. Sie standen an der Schwelle einer wichtigen Entdeckung: ein Filovirus in der Nähe von Washington – so etwas findet man nur einmal im Leben. Sie beschlossen, den Mund zu halten und ihr eigenes Blut einem Virustest zu unterziehen. War der Test positiv, konnten sie sich umgehend im Slammer melden. Blieb er negativ, war es sehr unwahrscheinlich, daß sie ihre Angehörigen oder sonst jemanden ansteckten.
Natürlich konnten sie dazu nicht in die normale Krankenstation gehen. Sie fanden einen freundlichen zivilen Assistenten, der ihnen Blut abnahm. Er hatte verstanden, was hier vorging, und versprach, nichts zu sagen. Jahrling nahm die beiden Röhrchen mit seinem und Toms Blut und die Flasche mit der Lösung, an der sie geschnuppert hatten, zog einen Schutzanzug an und ging in das Vierer-Sicherheitslabor. Es war schon seltsam, das eigene Blut im Schutzanzug zu untersuchen.
Unterdessen holte Tom Geisbert ein wenig von der konservierten Affenleber; er wollte sie im Mikroskop fotografieren und beweisen, daß in den Affen ein dem Marburg-Virus ähnlicher Erreger lebte. Von einem Stück schnitt er eine kleine Menge ab und fixierte die Probe in Plastik. Mehrere Stunden vergingen bis er fertig war. Er ließ den Kunststoff über Nacht abbinden und ging nach Hause, um ein paar Stunden zu schlafen.

Der zweite Engel

Dienstag, 28. November

Tom Geisbert wohnte in einer Kleinstadt in West Virginia, jenseits des Potomac. Nachdem er und seine Frau sich getrennt hatten, waren die beiden Kinder eine Zeitlang bei ihr geblieben, aber jetzt wohnten sie bei ihm, besser gesagt bei seinen Eltern, in ihrem Haus in derselben Straße. Sie gingen beide noch nicht zur Schule.

Tom stand um vier Uhr morgens auf und trank eine Tasse Kaffee. Mit seinem Bronco fuhr er durch die pechschwarze Dunkelheit über den Potomac und durch das Schlachtfeld von Antietam, einen breiten Landschaftsstreifen mit Maisfeldern und Weideland, auf dem verstreut die Denkmäler für die Gefallenen stehen. Er passierte die Haupteinfahrt von Fort Detrick, parkte und ging an dem Sicherheitsbeamten vorbei in seinen Mikroskopierraum.

Grau dämmerte der Tag herauf, als Tom mit seinem Diamantmesser Stücke von der Affenleber abschnitt und sie unter das Elektronenmikroskop legte. Ein paar Minuten später machte er eine Aufnahme von Virusteilchen, die sich gerade unmittelbar aus den Leberzellen des Affen 053 abschnürten. Die Leber des Tiers war mit Viren durchsetzt. Diese Fotos waren der unwiderlegliche Beweis, daß das Virus sich in den Affen aus Reston vermehrte – eine Laborverunreinigung konnte es also nicht sein. Außerdem fand er Kristalloide in den Leberzellen.

Er ging mit den neuen Bildern in Peter Jahrlings Büro, und von dort begaben sich beide zu Oberst C. J. Peters. Der

Oberst starrte die Fotos an. Jetzt war auch er überzeugt. In diesen Affen wuchs der Marburg-Erreger. Nun mußten sie nur noch auf die Ergebnisse von Jahrlings Test warten, der die endgültige Bestätigung bringen sollte.
Jahrling wollte diesen Erreger so perfekt wie möglich dingfest machen. Er verbrachte den größten Teil des Tages im Schutzanzug im Gefahrenlabor. Gegen Mittag gelangte er zu der Erkenntnis, daß er Dan Dalgard anrufen mußte. Auch ohne Testergebnisse konnte er das nicht mehr länger hinausschieben. Er mußte Dalgard vor der Gefahr warnen, wollte dabei aber vorsichtig vorgehen. »Sie haben auf jeden Fall SHF im Haus, das hämorrhagische Affenfieber«, sagte er. »Wir haben es zweifelsfrei bestätigt. Aber es besteht die Möglichkeit, daß zumindest bei einigen Tieren ein zweiter Erreger vorhanden ist.«
»Was für ein Erreger? Können Sie mir sagen, was für ein Erreger?« fragte Dalgard.
»Ich möchte den Namen jetzt noch nicht nennen«, erwiderte Jahrling, »denn ich möchte keine Panik auslösen. Aber wenn wir es tatsächlich mit diesem speziellen Erreger zu tun haben, sind damit ernste Gefahren für die allgemeine Gesundheit verbunden.« Die Art, in der Jahrling die Worte »Panik« und »spezieller Erreger« aussprach, ließ Dalgard an das Marburg-Virus denken, und er fragte Jahrling direkt danach.
»Ja, irgend so etwas«, sagte Jahrling, »wir bekommen die Bestätigung noch heute. Ich arbeite gerade an den Tests. Nach meiner Vermutung ist es unwahrscheinlich, daß sie bei diesem zweiten Erreger positiv sein werden. Aber Sie sollten Vorsichtsmaßnahmen ergreifen und keine weiteren Tiere sezieren, bis unsere Untersuchungen abgeschlossen sind. Sehen Sie, ich will nicht zuviel Alarm schlagen, aber ich möchte nicht, daß Sie und Ihre Mitarbeiter *unnötig in diesen Raum gehen.*«

»Wann können Sie mir über diesen zweiten Erreger definitiv etwas sagen? Wir müssen es so schnell wie möglich wissen.«
»Ich rufe Sie heute noch an, ich verspreche es Ihnen«, sagte Jahrling.
Als Dalgard den Hörer auflegte, befand er sich in einem Zustand höchster Verwirrung, nach außen aber versuchte er ruhig zu erscheinen. Die Leute, die in Deutschland am Marburg-Fieber gestorben waren, hatten mit rohem, blutigem Affenfleisch hantiert, das wußte er. Das Fleisch war voller Viren, und sie hatten es an den Händen gehabt oder in die Augen gerieben. Er und andere Mitarbeiter der Firma sezierten seit Oktober kranke Affen. Sie hatten dabei immer Gummihandschuhe getragen, und bisher war keiner von ihnen erkrankt. Er rief Bill Volt an und teilte ihm mit, er solle keine weiteren Affen mehr sezieren. Dalgard fragte sich, ob einer seiner Leute sich beim Sezieren einmal mit einem Skalpell die Hand verletzt hatte. Die Möglichkeit bestand; ein Unfallbericht wäre allerdings bei einem solchen Vorfall nicht geschrieben worden. Sich selbst hatte er nicht geschnitten, da war er sicher. Aber er hatte etwa fünfzig Affen eingeschläfert. Er hatte *fünfzig* Tiere berührt. Wie lange war das her? Eigentlich müßte er schon Symptome haben, Nasenbluten, Fieber oder etwas Ähnliches.
Jahrlings Anruf ließ auf sich warten, und Dalgard wurde deshalb immer ärgerlicher.
Um halb sechs wählte er die Nummer von Jahrlings Büro. Dort meldete sich ein Soldat: »Was kann ich für Sie tun? Nein, es tut mir leid, Dr. Jahrling ist nicht in seinem Büro. Nein, Sir, ich weiß nicht, wo er ist. Nein, er hat keine Arbeit liegengelassen. Kann ich etwas ausrichten?« Dalgard ließ ihm sagen, er solle ihn zu Hause anrufen. Seine Verärgerung wuchs mit jeder Minute.

Jahrling beschäftigte sich währenddessen in seinem eigenen Labor, dem Gefahrenbereich AA-4 in der Mitte des Gebäudes, mit den Flaschen der Viruskultur aus dem Affenhaus. Für die Tests mußte er die präparierten Proben unter dem Mikroskop prüfen.
Er brauchte zu diesem Zweck spezielle Reagenzien, die Gene Johnson zum Nachweis von Filoviren entwickelt hatte. Ihm standen drei solcher Lösungen mit Antikörpern zur Verfügung, die man aus Erkrankten gewonnen und künstlich vermehrt hatte. Sie waren nach dem jeweiligen Opfer der Krankheit benannt. Zwei von ihnen waren gestorben, der dritte hatte überlebt.

1. **Musoke.** Ein Test auf das Marburg-Virus. Antikörper von Dr. Shem Musoke, dem Überlebenden. (Sie reagierten vermutlich mit dem Stamm aus Kitum Cave, der erst Charles Monet infiziert hatte und dann mit dessen Erbrochenem ins Auge von Dr. Musoke gelangt war.)
2. **Boniface.** Ein Test auf Ebola-Sudan. Antikörper von einem Mann, der im Sudan gestorben war.
3. **Mayinga.** Ein Test auf Ebola-Zaire. Antikörper von Schwester Mayinga.

Die Tests waren schwierig und dauerten Stunden, und die Tatsache, daß Jahrling die ganze Zeit im Schutzanzug herumlaufen mußte, machte es nicht gerade einfacher. Zuerst brachte er Tropfen aus der Affenzellkultur auf Objektträger, wo er sie trocknen ließ, und dann mit Chemikalien behandelte. Anschließend pipettierte er Tropfen der Nachweisreagenzien auf die Objektträger. War das gesuchte Virus vorhanden, fluoreszierten die Proben.
Er ging in einen kleinen Nebenraum und schloß die Tür hinter sich. Auf einem Tisch in der Kammer stand ein Mikroskop, davor ein Stuhl, und aus der Wand hing ein Luft-

schlauch. Er stöpselte den Schlauch in seinen Schutzanzug, legte die Objektträger unter das Mikroskop und schaltete das Licht aus. Dann tastete er in der Dunkelheit nach dem Stuhl und setzte sich. Es war kein angenehmer Aufenthaltsort, falls man auch nur ansatzweise an Platzangst litt – in völliger Dunkelheit, in einem kleinen Raum der Sicherheitszone 4 und im Schutzanzug. Peter Jahrling hatte allerdings schon vor langer Zeit Frieden mit der Dunkelheit und der Atemnot geschlossen. Er wartete einen Augenblick, bis seine Augen sich an die Dunkelheit gewöhnt hatten. Dann blickte er durch die beiden Okulare des Mikroskops. Er hatte im Schutzanzug die Brille auf, so daß er nur schwer etwas erkennen konnte. Er drückte die Scheibe gegen die Nase, schielte und bewegte das Gesicht hin und her. Die Nase hinterließ eine schmierige Spur auf dem Glas. Dann drehte er den Helm ein wenig zur Seite und konnte endlich durch das Mikroskop blicken.

Zwei Ringe glitten in sein Gesichtsfeld, und er bewegte die Augen, um sie zur Deckung zu bringen. Jetzt erkannte er ein tiefes, leeres Gebiet. Er sah Zellen, deren Umrisse schwach schimmerten. Es war wie ein nächtlicher Flug über eine dünn besiedelte Landschaft. Dieses schwache Glimmen war normal. Jahrling suchte nach einem hellen Glühen, nach einer Stadt in der Ebene. Er musterte die Objektträger durch, vor und zurück, vor und zurück, und hielt Ausschau nach dem verräterischen grünlichen Licht.

Mit »Musoke« leuchtete nichts.

Mit »Boniface« leuchtete es schwach.

Aber zu seinem Entsetzen *fand er ein helles Leuchten mit »Mayinga«.*

Er warf den Kopf zurück, setzte den Helm zurecht und schaute noch einmal hin. Das Mayinga-Reagenz leuchtete immer noch. In Jahrlings Magengrube machte sich ein häßliches Gefühl breit. Die Affen waren nicht mit dem Marburg-

Virus infiziert, sondern mit dem Ebola-Virus, dem noch gefährlicheren Vetter des Marburg-Erregers. *Diese Tiere starben an Ebola-Zaire-Fieber.* Wie angewurzelt saß Jahrling in der dunklen Kammer und hörte nichts als das Zischen der Luft in seinem Anzug und das Pochen seines Herzens.

Der Dienstweg

Dienstag, 16.00 Uhr

Das konnte nicht stimmen. Es konnte nicht Ebola-Zaire sein. Irgend jemand hat aus Versehen die Proben vertauscht, dachte Jahrling. Noch einmal beugte er sich über das Mikroskop. Ja, »Mayinga« leuchtete eindeutig. Das bedeutete auch, daß er und Tom möglicherweise mit dem Ebola-Zaire-Virus infiziert waren, und dieser Erreger tötet neun von zehn Opfern.

Er kam zu dem Schluß, er müsse bei dem Experiment einen Fehler gemacht haben. Durch einen dummen Zufall mußten seine Proben oder die Reagenzien durcheinandergeraten sein. Er beschloß, den Test noch einmal zu machen, schaltete das Licht ein und ging zurück in sein Labor. Diesmal achtete er genau auf alle Gefäße, Flaschen und Objektträger, um völlig sicherzugehen, daß nichts vertauscht wurde. Er trug die neuen Ansätze in das Kämmerchen, schaltete das Licht aus und sah durch das Mikroskop.

Wieder leuchtete die Mayinga-Probe auf.

Es war also wohl wirklich Ebola-Zaire oder eine eng verwandte Lebensform, die den Mayinga-Test ansprechen ließ. Ebola war außerhalb Afrikas noch nie aufgetaucht. Was hatte der Erreger hier bei Washington zu suchen? Wie um alles in der Welt kam er hierher? Was würde er anrichten? Jahrling dachte: Jetzt wird die Sache wirklich gefährlich. Ich muß sofort C. J. anrufen.

Er hatte noch den Schutzanzug an, wollte sich aber nicht die Zeit nehmen, sich in der Luftschleuse zu desinfizieren. An der Wand seines Labors hing ein Telefon für Notfälle. Er löste die Verbindung zum Luftschlauch, um das Zischen der Luft abzustellen und wählte dann die Nummer von C. J.

»C. J.«, schrie er durch seinen Helm, »hier ist Pete Jahrling. Es ist echt, und es ist Ebola!«

»O nein«, erwiderte C. J.

»Jaaa!«

»Ebola? Das muß eine Verunreinigung sein.«

»Nein, es ist keine Verunreinigung.«

»Könnte es sein, daß Sie Ihre Proben verwechselt haben?«

»Ja – das habe ich auch zuerst gedacht. Aber sie waren nicht vertauscht – ich habe den Test zweimal gemacht!«

»Zweimal?«

»Beide Male Ebola-Zaire. Ich hab' die Ergebnisse vor mir. Ich kann Sie Ihnen geben. Sehen Sie es sich selbst an.«

»Ich komme runter«, sagte C. J.

Inzwischen nahm Jahrling den Bogen wasserfestes Papier, auf dem er die Ergebnisse notiert hatte, und tauchte ihn in einen Tank mit Desinfektionsmittel. Der Tank führte durch die Wand in einen Korridor der Sicherheitsstufe Null außerhalb des Gefahrenbereichs.

C. J. stand bereits auf der anderen Seite vor einem dicken Glasfenster und sah Jahrling an. Sie warteten ein paar Minuten, bis die Lösung das Papier durchdrungen und sterilisiert hatte. Dann öffnete C. J. den Tank auf seiner Seite und nahm das tropfnasse Blatt heraus. Mit einer Geste bedeutete er Jahrling: *Gehen Sie zum Telefon.*

Jahrling stapfte wieder zu dem Notruftelefon und wartete, bis es läutete. Dann hörte er C. J.s Stimme am anderen Ende: »Kommen Sie da raus. Wir müssen zum Kommandanten.«

Jetzt war es soweit: Sie mußten den Dienstweg beschreiten. Jahrling desinfizierte sich in der Luftschleuse und zog seine Alltagskleidung an. Er und C. J. Peters eilten zusammen ins

Büro des Kommandanten von USAMRIID, Oberst David Huxsoll.

»Wissen Sie was?« begann C. J. »Es sieht so aus, als hätten wir bei einem Rudel Affen in der Nähe von Washington ein Filovirus gefunden, und wir glauben, daß es Ebola ist.«

Oberst David Huxsoll ist Fachmann für biologische Gefahrstoffe, und seiner Ansicht nach war das Institut darauf vorbereitet, mit Situationen wie dieser umzugehen. Wenige Minuten später hatte er mit Generalmajor Philip K. Russell telefoniert, einem Arzt, der das Kommando für medizinische Forschung und Entwicklung der US-Armee leitet; dieser Behörde untersteht auch das USAMRIID. Sie vereinbarten ein Treffen in Russells Büro.

Huxsoll und C. J. überlegten, wen man sonst noch einschalten sollte. Sie kamen auf Oberstleutnant Nancy Jaax, die leitende Pathologin des Instituts, die bei einem Affen die Symptome des Ebola-Fiebers erkennen konnte. Huxsoll griff zum Telefonhörer. »Nancy, hier ist Dave Huxsoll. Können Sie sofort in Phil Russells Büro kommen? Es ist ungeheuer wichtig.«

Es war ein dunkler Novembernachmittag, und allmählich kehrte die Feierabendruhe in den Militärstützpunkt ein. Die untergehende Sonne war nicht zu sehen – das Licht erstarb hinter Wolken, die sich über den Catoctin Mountain schoben.

Das Büro von General Russell lag in einer Ecke eines flachen Kasernengebäudes aus dem Zweiten Weltkrieg, das man kürzlich in einem hoffnungslosen Versuch, ihm ein neues Aussehen zu geben, mit Gips verkleidet hatte. Aus dem Fenster blickte man auf den Fuß des Wasserturms von Fort Detrick – deshalb öffnete der General nie die Vorhänge. Die USAMRIID-Leute nahmen auf Sesseln und dem Sofa Platz, während der General sich hinter seinen Schreibtisch setzte. Russell war ein großer Endfünfziger, dessen Haare oben schütter und seitlich grau waren, mit faltigen Wangen, langem Unterkiefer, scharf blickenden Augen und einer dröhnenden, tiefen Stimme.

C. J. gab ihm eine Mappe mit den Fotos von der Lebensform aus dem Affenhaus.

General Russell, der früher in Südostasien nach Viren gesucht hatte, starrte die Bilder an. »Heiliger Bimbam«, sagte er und atmete tief durch. »Mensch, das ist ein Filovirus. Wer um alles in der Welt hat diese Bilder gemacht?«

»Sie stammen von Tom Geisbert, meinem Mikroskopiker«, antwortete Jahrling. »Es könnte Ebola sein. Die Tests auf Ebola-Zaire sind positiv.«

C. J. faßte die Lage kurz zusammen und berichtete über die Affen in Reston.

»Wie sicher sind Sie, daß es Ebola ist?« fragte General Russell. »Könnte es nicht auch Marburg sein?«

Jahrling erklärte, daß bei zwei Tests die Ergebnisse für den Mayinga-Stamm von Ebola-Zaire positiv gewesen waren. Er betonte aber ausdrücklich, daß der Test allein sei kein Beweis für Ebola-Zaire sei. Er zeige nur, daß diese Viren mit Ebola-Zaire *eng verwandt* waren. Es konnte Ebola sein oder aber etwas anderes – etwas Neues, Unbekanntes.

Russell erkundigte sich nach Hinweisen dafür, daß das Virus durch die Luft übertragen werden konnte; es war die entscheidende Frage.

Es gab solche Hinweise – sie waren entsetzlich, aber unvollständig. Nancy Jaax beschrieb, wie im Jahr 1983 nach dem Vorfall mit dem blutigen Handschuh zwei Affen gestorben waren, vermutlich an Ebola-Fieber, das über die Luft übertragen worden war. Und es gab noch mehr Hinweise. Im Jahr 1986 hatten sie und Gene Johnson mehrere Affen mit dem Ebola- und Marburg-Virus infiziert, indem sie die Tiere den Erreger einatmen ließen. Alle Affen, die sich den Erreger über die Luft zugezogen hatten, waren gestorben, außer einem, der das Marburg-Fieber überlebt hatte. Die Viren konnten also über die Lunge in den Körper eindringen. Außerdem war schon eine sehr kleine Dosis tödlich: nur fünfhundert Virusteilchen reichten aus.

Fünfhundert Ebola-Teilchen in der Luft – das war so gut wie nichts. So viele Viren konnten aus einer einzigen infizierten Zelle freigesetzt werden. Eine winzige Menge Ebola-Viren konnte, wenn sie in die Klimaanlage gelangte, die Bewohner eines großen Gebäudes ausradieren. Das Zeug war wie Plutonium. Eigentlich war es sogar noch schlimmer, *denn es konnte sich vermehren.*

C. J. sagte: »Wir wissen, daß es über die Luft ansteckend ist, aber wir wissen nicht, *wie* ansteckend.«

Russell wandte sich zu Nancy Jaax: »Haben Sie diese Ergebnisse veröffentlicht?«

»Nein, Sir«, erwiderte sie.

Sie konnte förmlich *sehen*, wie er dachte: »Also Jaax, warum denn bloß nicht?«

Dafür gab es viele Gründe, über die sie jetzt aber nicht sprechen wollte. Sie war überzeugt davon, daß Gene Johnson, der mit ihr daran gearbeitet hatte, Schwierigkeiten mit dem Schreiben von Fachartikeln hatte. Sie hatten es bisher einfach nicht geschafft, die Veröffentlichung fertigzustellen, das war alles. So etwas kommt vor.

Peter Jahrling wollte auch jetzt nicht sagen, daß er vielleicht ein wenig von dem Zeug eingeatmet hatte. Ohnehin hatte er nicht *geschnüffelt,* sondern nur *geschnuppert.* Er hatte mit der Hand darübergewedelt, um den Geruch an seine Nase zu bringen; er hatte es nicht *eingeatmet;* er hatte sich nicht die Flasche ins Nasenloch gesteckt und es geschnupft oder so etwas. Und doch glaubte er genau zu wissen, was der General tun würde, wenn er es erfuhr – er würde eine Salve von Flüchen loslassen und ihn umgehend in den Slammer befördern.

Und dann gab es noch die beängstigende Möglichkeit, daß das Virus in der Nähe von Washington *nicht* Ebola-Zaire war, sondern etwas anderes, ein unbekanntes gefährliches Etwas aus dem Regenwald. Dann konnte niemand sagen, wie es übertragen wurde und welche Wirkung es auf Menschen hatte. General Russell begann laut zu denken. »Möglicherweise steht uns Schlimmes bevor«, sagte er. »Angenommen, wir haben es mit einem Erreger zu tun, der bei Menschen eine schwere Krankheit verursacht und in dem Affenhaus offenbar nicht unter Kontrolle ist, was tun wir? Wir müssen das Richtige unternehmen, und zwar schnell. Wie groß ist das Vieh? Stirbt schon jemand? Wir müssen im nationalen Interesse handeln und das Vieh ausmerzen!« Er wandte sich an C. J. Peters und fragte: »Welche Möglichkeiten gibt es?«

Darüber hatte C. J. natürlich schon nachgedacht. Man kann ein Virus auf dreierlei Weise ausrotten: mit Impfungen, Medikamenten oder biologischer Eindämmung. Gegen den Ebola-Erreger gab es weder Impfstoffe noch Medikamente. Wie aber sollte man die biologische Eindämmung erreichen? Soweit C. J. erkennen konnte, gab es nur zwei Wege. Erstens konnte man die ganze Affenkolonie hermetisch abriegeln und warten, bis die Tiere tot waren; gleichzeitig mußte man die Menschen genau im Auge behalten, die mit den Affen Kontakt hatten, und sie möglicherweise ebenfalls in Quarantäne nehmen. Und zweitens konnte man in das Gebäude gehen und alles desinfizieren: die Affen einschläfern, die Kadaver verbrennen, das ganze Haus mit Dämpfen und Chemikalien ausräuchern – eine größere Unternehmung.

Nancy Jaax sagte: »Ist es überhaupt ethisch vertretbar, die Affen so lange leiden zu lassen? Ich habe gesehen, wie die armen Viecher an Ebola gestorben sind, es ist alles andere als lustig – diese Tiere sind sehr, sehr krank.«

Sie wollte hingehen und sich die Affen ansehen. »Die Symptome sind leicht zu übersehen, wenn man nicht weiß, worauf man achten muß«, sagte sie. »Aber wenn man sie kennt, ist die Sache sonnenklar.«

Außerdem wollte sie auch noch einmal selbst Gewebeproben im Mikroskop durchmustern und nach den Kristalloiden oder »Einschlußkörpern« suchen.

Nun erhob sich die Frage, ob man die Armee einschalten sollte? Die Armee hat den Auftrag, das Land gegen militärische Bedrohungen zu schützen. War dieses Virus eine militärische Bedrohung? Man kam zu dem Schluß, daß man diesem Erreger – militärische Bedrohung hin oder her – alles entgegenstellen müsse, was an Mitteln zur Verfügung stand.

Daraus ergab sich eine politische Schwierigkeit. Sie hatte mit den Centers for Disease Control in Atlanta zu tun, der Bundesbehörde, die für Krankheitsepidemien zuständig ist. Sie ist vom Kongreß damit beauftragt, Krankheiten unter Kontrolle zu halten. Die Armee ist eigentlich nicht berechtigt, Viren auf amerikanischem Boden zu bekämpfen, obwohl sie über die dafür notwendigen Fähigkeiten und Kenntnisse verfügt.

Allen Anwesenden war klar, daß es zu Auseinandersetzungen mit den CDC kommen würde, wenn die Armee sich in das Affenhaus begab. Es gab in Atlanta Leute, die eifersüchtig über ihre Kompetenzen wachten und sehr ärgerlich werden konnten. »Die Armee hat keine gesetzliche Grundlage, sich um diese Situation zu kümmern«, betonte General Russell, »aber sie hat die Fähigkeiten dazu. Die CDC haben diese Fähigkeiten nicht. Wir haben die Mittel, aber nicht das Recht. Die CDC haben das Recht, aber nicht die Mittel. Es wird eine blödsinnige Machtprobe.«

Nach Russells Ansicht war das hier eine Aufgabe für Soldaten, die einer Befehlsstruktur unterstanden. Man würde Leute brauchen, die für den Umgang mit biologischen Ge-

fahrstoffen ausgebildet waren. Sie mußten jung sein, durften keine Familien haben und mußten sich dessen bewußt sein, daß sie ihr Leben riskierten. Sie mußten sich kennen und zur Teamarbeit in der Lage sein.
Die Armee hatte noch nie einen größeren Einsatz gegen ein gefährliches Virus organisiert. Die Sache mußte von Grund auf neu geplant werden.
Was war legal? Konnte die Armee einfach ein Einsatzkommando zusammenstellen und es in das Affenhaus schicken? General Russell befürchtete, die Juristen der Armee würden ihm davon abraten, und meinte deshalb: »Erst rausgehen und sich hinterher entschuldigen ist viel besser, als wenn man vorher um Erlaubnis fragt und sie nicht bekommt. Wir werden das Notwendige tun, und die Juristen werden uns später sagen, *warum* es legal war.«
Die Anwesenden redeten mittlerweile immer lauter und fielen einander ins Wort. General Russell fuhr dazwischen: »Die nächste Frage: Wer soll den ganzen Mist bezahlen?« Bevor jemand den Mund aufmachen konnte, gab er die Antwort selbst: »Ich krieg' das Geld schon. Ich werde es irgendwem aus dem Rücken leiern.«
Er fügte hinzu: »Da kommt was Großes auf uns zu, da dürfen wir keinen Mist bauen, Leute. Machen wir also den richtigen Schlachtplan, und dann führen wir ihn aus. Wir müssen uns zunächst darüber einigen, wer bei dieser Operation die Verantwortung trägt. C. J. Peters hat das hier in Gang gesetzt. Sind alle mit ihm als Teamleiter einverstanden?«
Niemand widersprach.
»C. J., wir brauchen eine Sitzung«, fuhr der General fort. »Wir werden morgen eine Sitzung abhalten. Wir müssen alle anrufen.«
Er sah auf die Uhr an der Wand. 17.30 Uhr, Rush-hour. Die Leute fuhren von der Arbeit nach Hause, in Reston starben die Affen, und das Virus war unterwegs. Vielleicht breitete

es sich gerade aus, während sie sich unterhielten. »Wir müssen die Sache in Gang bringen«, sagte Russell. »Es müssen alle informiert werden, und zwar so schnell wie möglich. Ich fange mit Fred Murphy vom CDC an. Ich möchte ihn nicht vor vollendete Tatsachen stellen.«

Fred Murphy, der seinerzeit als erster das Ebola-Virus fotografiert hatte, war ein alter Freund von General Russell.

Russell legte die Hand auf das Telefon. Er sah sich im Raum um. »Zum letztenmal: Sind Sie wirklich sicher, daß es das ist, was Sie glauben? Ich führe jetzt dieses Telefongespräch. Wenn es kein Filovirus ist, stehen wir hinterher ganz schön blöd da.«

Nacheinander erklärten ihm alle Anwesenden, sie seien davon überzeugt, daß es sich um ein Fadenvirus handelte.

»Also gut.«

Er wählte Murphys Nummer in Atlanta.

»Tut mir leid – Dr. Murphy ist schon nach Hause gegangen.«

Er suchte nach Murphys privater Telefonnummer und erreichte schließlich seinen Freund. Murphy unterhielt sich gerade mit seiner Frau in der Küche. »Fred, hier ist Phil Russell ... Gut, und dir? ... Fred, wir haben in der Nähe von Washington einen Ebola-ähnlichen Erreger isoliert. Ja, wirklich. Bei Washington.«

Russells Gesicht verzog sich zu einem Grinsen; er hielt den Hörer ein Stück von seinem Ohr weg und sah sich im Raum um. Offenbar reagierte Murphy ein wenig lautstark. Dann sagte General Russell in die Muschel: »Nein, Fred, wir haben kein Dope geraucht. Wir haben ein Ebola-ähnliches Virus. Wir haben es gesehen. Ja, wir haben Fotos.« Stille trat ein; er legte seine Hand über die Sprechmuschel und sagte zu den Anwesenden: *»Er glaubt, wir sind nicht mehr ganz richtig im Kopf!«*

Murphy wollte wissen, wer die Aufnahmen gemacht hatte.

»Ein junger Mann hier – wie hieß er noch? Geisbert.«

Murphy sagte, er werde am nächsten Morgen sofort nach Fort Detrick fliegen, die Bilder ansehen und die Befunde überprüfen. Er nahm die Sache äußerst ernst.

Dienstag, 18.30 Uhr

Dan Dalgard mußte sofort angerufen werden und die Gesundheitsbehörden des Staates Virginia. Das Affenhaus lag im Verwaltungsbezirk Fairfax. Fairfax County, Virginia: herrliche Wohnsiedlungen, Seen, Golfplätze, noble Einfamilienhäuser, gute Schulen, und das Ebola-Virus. »Wir müssen das dortige Bezirksgesundheitsamt anrufen«, sagte der General. Sie mußten auch das US-Landwirtschaftsministerium benachrichtigen, das für die Affenimporte zuständig war. Dann war die Umweltschutzbehörde zu informieren, zu deren Aufgabenbereich auch die Umweltverschmutzung durch biologische Gefahrstoffe gehört. Außerdem entschloß sich General Russell, einen Unterstaatssekretär im Pentagon anzurufen, um das Ministerium zu informieren.

Die Anwesenden verließen den Raum und verteilten sich auf leere Büros, um die Telefongespräche zu führen. C. J. Peters ging in einen Raum am Ende des Korridors und rief das Büro von Dan Dalgard an, um ihn dann mit Peter Jahrling zu verbinden. Dalgard hatte schon Feierabend gemacht. Sie riefen ihn unter seiner Privatnummer an, und seine Frau erklärte, er sei noch nicht zu Hause. Gegen halb sieben versuchten sie es noch einmal, und diesmal erreichten sie ihn. »Hier ist Oberst C. J. Peters von USAMRIID. Ich bin der Leiter der Abteilung für Krankheitsbeurteilung. Wie geht es Ihnen? Jedenfalls möchte ich Ihnen mitteilen, daß der zweite Erreger kein Marburg-Virus ist. Es ist ein Ebola-Virus.«

»Was ist Ebola?« fragte Dalgard. Der Name sagte ihm nichts. Mit seinem sanftesten texanischen Tonfall erwiderte C. J.:

»Es ist eine ziemlich seltene Viruserkrankung, die in den letzten zehn oder zwölf Jahren mehrmals in Zaire und im Sudan ausgebrochen ist und dort auch Todesopfer unter der Bevölkerung gefordert hat.«
Dalgard fühlte sich schon ein wenig erleichtert – Gott sei Dank, es war nicht Marburg. »Was hat das Ebola-Virus für Eigenschaften?« fragte er.
C. J. gab eine vage Beschreibung. »Es ist mit Marburg verwandt. Es wird auf dem gleichen Weg übertragen, durch Kontakt mit infiziertem Blut und Gewebe, und auch die Symptome sind weitgehend die gleichen.«
»Wie gefährlich ist es?«
»Die Sterblichkeit liegt bei 50 bis 90 Prozent.«
Was das bedeutete, verstand Dalgard. Das Virus war noch viel gefährlicher als Marburg.
C. J. fuhr fort: »Wir werden die Informationen, über die wir jetzt verfügen, den Staats- und Bundesgesundheitsbehörden mitteilen.«
Dalgard wählte seine Worte sorgfältig. »Würden Sie, bitte bis, hm, sieben Uhr warten, damit ich die Zentrale meiner Firma über die neue Entwicklung in Kenntnis setzen kann?«
C. J. erklärte sich damit einverstanden, in Wirklichkeit aber hatte General Russell schon die CDC angerufen. Jetzt war es an C. J., Dalgard um einen Gefallen zu bitten. Ob es ihm recht wäre, wenn morgen jemand nach Reston käme, um sich Proben von den toten Affen anzusehen?
Dalgard sträubte sich. Er spürte, daß C. J. ihm nicht alles sagte, was man über dieses Virus namens Ebola wissen mußte. Dalgard fürchtete, die Dinge könnten ihm sehr schnell völlig entgleiten, wenn die Armee erst einmal den Fuß in der Tür hatte. »Wollen wir uns nicht morgen früh erst einmal zusammensetzen und über das Vorgehen beraten?« schlug er vor.
Nach dem Telefongespräch ging C. J. Peters zu Nancy Jaax

und fragte sie, ob sie am nächsten Morgen mit ihm zu Dalgard fahren und das Affengewebe ansehen wollte. Er ging davon aus, daß Dalgard es gestatten würde.

Nancy Jaax ging über den Exerzierplatz zurück zum Institut und fand Jerry in seinem Büro. Mit einem schmerzvollen Zug im Gesicht sah er zu ihr auf. Er hatte aus dem Fenster gestarrt und an seinen Bruder gedacht. Draußen war es dunkel; man konnte nichts sehen außer der nackten Wand eines anderen Gebäudeflügels. Jerry hatte ein Gummiband zwischen den Zähnen und zerbiß es in kleine Stücke. Sie schloß die Tür. »Ich habe etwas für dich, etwas Vertrauliches. Das ist wirklich ein Ding, du wirst es nicht glauben. In einer Affenkolonie in Virginia sind Ebola-Viren.«

Sie machten sich auf den Heimweg und unterhielten sich weiter, während sie am Fuß des Catoctin Mountain entlang nach Norden Richtung Thurmont fuhren.

»Das bringt mich noch um – ich komme von diesem Erreger einfach nicht los«, sagte Nancy.

Sie würden sich beide an den Maßnahmen der Armee beteiligen, soviel war klar. Aber es war keineswegs klar, welche Maßnahmen das sein würden. Immerhin starben die Affen an einem Ebola-ähnlichen Erreger, und wenn nichts unternommen wurde, konnte das Virus auf die Bevölkerung überspringen. Sie erzählte Jerry, daß sie am nächsten Tag mit C. J. zu dem Affenhaus fahren und im Gewebe der Tiere nach Anzeichen für die Quader suchen werde – die Ebola-Kristalloide.

Jerry war zutiefst beeindruckt von seiner Frau, und gleichzeitig beunruhigte ihn die Situation. Er machte sich Sorgen, zeigte es aber nicht.

Sie fuhren durch eine leichte Kurve, die sich an dem Berg hinzog, kamen an Apfelplantagen vorbei und bogen gegen acht Uhr in ihr Grundstück ein.

Jason, inzwischen ein sehr selbständiger und ehrgeiziger Junge, saß über seinen Hausaufgaben. Jaime war noch beim Gymnastik-Training.

Die beiden Offiziere tauschten die Uniform gegen Hauskleidung, und Nancy taute eine Portion Eintopf in der Mikrowelle auf. Als das Essen warm war, füllte sie es in ein Thermogefäß um, verstaute es im Auto, lud den Hund ein und fuhr los, um Jaime abzuholen. Die Gymnastikschule war eine halbe Autostunde von Thurmont entfernt. Als Jaime im Auto saß, gab Nancy ihr die Suppe zu essen. Das Mädchen war von der Anstrengung des Trainings so ausgelaugt und erschöpft, daß es kurz danach auf dem Rücksitz einschlief.

Zu Hause machten Nancy und Jerry es sich auf ihrem Wasserbett bequem und lasen. Jaime durfte sich noch eine Weile neben Nancy auf das weiche Polster kuscheln, bis sie von ihrer Mutter in ihr eigenes Bett getragen wurde. Gegen Mitternacht schlief Nancy ein, während Jerry in seinem Buch weiterlas. Er interessierte sich für Militärgeschichte. Eine der blutigsten Schlachten der amerikanischen Geschichte hatte sich in dem Hügelland in der Nähe des Catoctin Mountain abgespielt: auf dem Maisfeld von Antietam. Dort hatten Kugeln jeden einzelnen Maishalm geknickt, und die Leichen hatten so dicht nebeneinander gelegen, daß man auf ihnen von einem Ende des Feldes zum anderen gehen konnte. Wenn Jerry aus dem Schlafzimmerfenster sah, stellte er sich oft vor, wie die beiden Armeen, die blaue und die graue, über das Feld gekrochen waren. In dieser Nacht las er *The Killer Angels,* einen Roman von Michael Shaara über die Schlacht bei Gettysburg:

Dann sagte Lee bedächtig: »Der Soldatenberuf hat einen großen Haken.« Longstreet drehte sich so, daß er sein Gesicht sehen konnte. Lee ritt langsam und mit ausdrucksloser Miene weiter. Er sprach mit der gleichen gedehnten Stimme.

»Um ein guter Soldat zu sein, muß man die Armee lieben. Um ein guter Offizier zu sein, muß man bereit sein, den Tod dessen zu befehlen, was man liebt. Das ist ... sehr schwer. Das verlangt kein anderer Beruf. Es ist einer der Gründe, warum es so wenig wirklich gute Offiziere gibt. Obwohl wir viele gute Soldaten haben.«

Jerry schaltete das Licht aus, aber er konnte nicht schlafen und wälzte sich hin und her. Jedesmal wenn er die Augen schloß, sah er seinen Bruder vor sich.

Müllbeutel

Mittwoch, 29. November

Am frühen Morgen klingelte bei Dan Dalgard das Telefon. Es war Oberst C. J. Peters. Er fragte Dalgard noch einmal, ob ein paar Leute aus dem Institut sich Gewebeproben von den Affen ansehen könnten. Dalgard stimmte jetzt zu. Dann bat Peters darum, das Affenhaus besichtigen zu dürfen. Dalgard wich aus. Er wollte Peters erst kennenlernen und sich ein Bild von ihm machen.

Dalgard fuhr über den Leesburg Pike zur Arbeit. Sein Büro im Hauptgebäude von Hazleton Washington war eine winzige Zelle mit einer Glaswand und Blick auf den Rasen; die Tür führte in ein Großraumbüro, wo es so eng war, daß man fast bei jeder Bewegung mit jemandem zusammenstieß. Dalgards Büro bot keine Privatsphäre. Es war wie ein Aquarium. Heute trug Dalgard eine demonstrative Ruhe zur Schau. Niemand von seinen Kollegen bemerkte etwas Ungewöhnliches an ihm.

Er rief Bill Volt an, den Verwalter des Affenhauses. Volt zeichnete ein erschreckendes Bild von der neuesten Entwicklung: Ein Tierpfleger war schwer erkrankt und lag möglicherweise im Sterben. Er hatte in der Nacht einen Herzinfarkt erlitten und war in das nahegelegene Loudoun Hospital gebracht worden. »Er liegt auf der Herzstation, und niemand darf zu ihm«, berichtete Volt.

Wir wollen den Kranken hier Jarvis Purdy nennen. Er war einer der vier Angestellten, die außer Volt in dem Affenhaus arbeiteten.

Dalgard war zutiefst bestürzt. Er konnte die Möglichkeit nicht ausschließen, daß der Mann an Ebola-Fieber litt. Ein Herzinfarkt entsteht gewöhnlich durch ein Blutgerinnsel im Herzmuskel. Konnte das Ebola-Virus solche Gerinnsel hervorrufen? Verfestigte sich Purdys Blut? Dalgard hatte plötzlich das Gefühl, daß er die Kontrolle über die Sache verlor. Er wies Bill Volt an, alle unnötigen Tätigkeiten in den Affenräumen einzustellen. In seinem Tagebuch notierte er später:

Alle Arbeiten außer Füttern, Beobachten und Säubern wurden unterbrochen. Die Räume durften nur noch mit vollständiger Sicherheitsausrüstung betreten werden – Arbeitsanzug, Atemgerät und Handschuhe. Tote Tiere wurden, in doppelte Plastiktüten gepackt, in eine Gefriertruhe gelegt.

Er teilte Volt auch mit, daß die Medien mit ziemlicher Sicherheit über die Angelegenheit berichten würden. Er wollte nicht, daß Angestellte außerhalb des Affenhauses in Schutzkleidung herumliefen. Wenn in den Abendnachrichten Bilder von Hazleton-Beschäftigten mit Gesichtsmasken und Overalls auftauchten, konnte es zu einer Panik kommen.
Dalgard rief im Krankenhaus an und sprach mit Purdys Arzt, der erklärte, der Zustand des Patienten sei kritisch, aber stabil. Dalgard sagte dem Arzt, er solle Oberst C. J. Peters in Fort Detrick anrufen, falls Symptome auftraten, die nicht typisch für einen Herzinfakt waren. Dabei achtete er sorgfältig darauf, das Wort »Ebola« nicht in den Mund zu nehmen.

Am späten Vormittag fuhren C. J. Peters, Nancy Jaax und Gene Johnson von Fort Detrick nach Virginia. Die beiden Offiziere trugen Uniform, benutzten aber Zivilfahrzeuge, um nicht unnötig Aufmerksamkeit zu erregen.
Dalgard erwartete sie in der Eingangshalle des Gebäudes

und brachte sie zu den Labors. Dort hatte ein Pathologe einige mikroskopische Präparate für Nancy vorbereitet. Es handelte sich um Dünnschnitte aus der Leber von verendeten Affen.
Nancy setzte sich an das Mikroskop, stellte die Okulare ein und betrachtete die Gewebeproben. Nachdem sie sich einen Überblick verschafft hatte, sah sie auf.
»Mist«, sagte sie leise.
Irgend etwas hatte die Zellen verwüstet. Das Gewebe war durchlöchert. Außerdem waren dunkle Flecken in den Zellen zu sehen, Schatten, die dort nicht hingehörten. Es waren Einschlußkörper, und zwar große. Der Erreger hatte sich stark vermehrt.
Die Einschlußkörper sahen nicht wie Kristalle aus. Bei Ebola können diese Gebilde die unterschiedlichsten Formen annehmen – sie ähneln Hufeisen, Klumpen oder sogar Ringen.
C. J. Peters und Gene Johnson befragten Dan Dalgard genau über die Verwendung von Kanülen in dem Affenhaus. In Zaire hatte sich das Ebola-Virus durch schmutzige Spritzen verbreitet. Hatte die Firma den Affen Injektionen mit unsauberen Kanülen gegeben?
Dalgard war sich nicht sicher. »Normalerweise wechseln wir die Kanüle nach jeder Injektion«, sagte er. »Ob sich jeder genau daran hält, kann man nur vermuten.«
Nancy packte einige sterilisierte Leber- und Milzstücke, die in Wachsblöcke eingebettet waren, in einen Kunststoffbehälter, um sie zur Analyse nach Fort Detrick mitzunehmen. Diese Gewebeproben waren für sie und für die Armee äußerst wertvoll. Noch wertvoller wäre freilich frisches Gewebe mit lebenden Erregern gewesen. Peters fragte Dalgard noch einmal, ob sie das Affenhaus sehen könnten.
»Na gut – gehen wir hin«, erwiderte Dalgard und erklärte den Offizieren, das Gebäude sei Privatbesitz.

»Wie steht es mit Gewebeproben von den Affen? Können wir etwas bekommen?« fragte Nancy.

»Natürlich«, sagte Dalgard. Er erklärte, sie sollten den Leesburg Pike entlang in Richtung des Affenhauses fahren, an einer Tankstelle parken und dort auf ihn warten. »Es wird Sie jemand abholen. Er bringt Proben mit und kann Ihre Fragen beantworten«, sagte er.

»Die Proben sollten in Folie gewickelt und in Schachteln verpackt sein«, sagte C. J. zu Dalgard. »Ich möchte das auf jeden Fall.«

Dalgard sicherte zu, das Material entsprechend zu verpacken.

C. J., Nancy und Gene fuhren zu der Tankstelle und parkten die Autos in einer Sackgasse an der Schnellstraße in der Nähe einiger Telefonzellen. Inzwischen war die Mittagszeit fast vorüber, sie hatten Hunger. Nancy ging in die Tankstelle und kaufte ein paar Dosen Cola, Käsegebäck und für C. J. ein paar Kekse mit Erdnußbutter. Sie setzten sich in die Wagen, verzehrten die karge Mahlzeit, froren und hofften, daß bald jemand mit den Gewebeproben von den Affen auftauchte.

C. J. Peters beobachtete das Kommen und Gehen an der Tankstelle. Es gab ihm das Gefühl, daß die Zeit verstrich, und er genoß die erfreuliche Normalität des Geschehens. Lastwagenfahrer tankten Diesel und kauften Cola, Geschäftsleute hielten wegen einer Schachtel Zigaretten. Er beobachtete eine attraktive Frau, die ihren Wagen abstellte und in einer der Telefonzellen lange mit jemandem sprach, und stellte sich vor, sie sei eine Hausfrau, die mit ihrem Geliebten telefonierte. Was würden diese Menschen denken, wenn sie wüßten, was in ihre kleine Stadt eingedrungen war? Langsam glaubte er, daß die Armee mit Entschiedenheit handeln mußte, um das Feuer auszutreten.

Er war in Bolivien gewesen, wo ein gefährlicher Erreger namens Machupo-Virus ausgebrochen war, und hatte zugesehen, wie eine junge Krankenschwester in einer Blutlache gestorben war. Nordamerika hatte noch keine Epidemie erlebt, bei der die Menschen ausbluteten. Nordamerika war darauf nicht vorbereitet – noch nicht. Aber jetzt bestand die konkrete Gefahr einer großen Ebola-Epidemie in der Gegend von Washington.

Er dachte an AIDS: Was wäre geschehen, wenn jemand die Immunschwäche zu Beginn ihrer Ausbreitung bemerkt hätte? Sie war heimlich und ohne Vorwarnung ausgebrochen, und als die Welt sie zur Kenntnis nahm, war es zu spät. Hätte es nur in den siebziger Jahren in Zentralafrika die richtige Forschungsstation gegeben ... dann hätte man vielleicht gesehen, wie AIDS aus dem Urwald kam. Hätten wir es nur kommen sehen ... dann hätten wir es aufhalten oder zumindest abschwächen können ... wir hätten mindestens hundert Millionen Menschenleben gerettet. Mindestens.

Damals machten die Leute sich nicht klar, daß das AIDS-Virus gerade erst begonnen hatte, sich auszubreiten. Wie viele Menschen daran sterben würden, konnte niemand vorhersagen, aber nach Peters' Überzeugung würden es am Ende Hunderte von Millionen sein – und dies war noch nicht ins öffentliche Bewußtsein gedrungen.

Und wenn man nun andererseits annahm, der AIDS-Erreger wäre bei seinem ersten Auftreten bemerkt worden?

Als das AIDS-Virus in Afrika auftauchte, hätte jede »realistische« Einschätzung die Gesundheitsfachleute und Regierungsbeamten wahrscheinlich zu der Schlußfolgerung geführt, daß das Virus für die Gesundheit der Menschen kaum von Bedeutung war, und man hätte nur magere Forschungsgelder ausgeschüttet – es war schließlich ein Erreger, der nur eine Handvoll Menschen in Zaire heimsuchte, und er unterdrückte nur das Immunsystem. Na und? Aber dann hatte sich das Virus überall auf der Erde heftig vermehrt,

und seine blutige Spur wurde immer breiter, ohne daß ein Ende abzusehen war.
Sie wußten nicht viel darüber, was das Ebola-Virus anrichten kann. Konnte es mutieren und sich über die Luft verbreiten? War der Stamm in dem Affenhaus bereits durch Tröpfcheninfektion weitergetragen worden? Sie wußten nicht einmal, ob es sich bei dem Erreger im Affenhaus um Ebola-Zaire oder um einen anderen, neuen Stamm des Virus handelte. Vermutlich war er durch Husten nicht übertragbar, aber genau wußte das niemand. Je länger Peters darüber nachdachte, desto stärker drängte sich die Frage auf, wer diese Affen da herausholen sollte. Irgend jemand, sagte er sich, muß hineingehen und sie holen. Man kann das Gebäude nicht einfach abriegeln und warten, bis es sich selbst zerstört. Das Virus ist für Menschen tödlich. Wer soll die Affen einpacken? Die Angestellten der Firma?
Er dachte darüber nach, ob die Armee mit einem Spezialistenteam eingreifen sollte. Er selbst nannte solche Aktionen »Zuschlagen«: Man sterilisierte eine Stelle, so daß dort nichts mehr lebte. Waren Menschen betroffen, steckte man sie in den Slammer. Handelte es sich um Tiere, wurden sie getötet und verbrannt.
Gene Johnson, der auf dem Beifahrersitz neben Peters saß, war mit seinen Gedanken woanders: in Afrika. Er dachte an Kitum Cave. Gene machte sich über die Lage, gelinde gesagt, große Sorgen – er hatte sozusagen die Hosen voll. Er fragte sich, wie sie da herauskommen sollten, ohne daß Menschen starben. Seine Unruhe wuchs von Minute zu Minute. Die US-Armee steuerte auf eine handfeste Krise zu, und wenn irgend etwas schiefging und Menschen ums Leben kamen, würde man den Militärs die Schuld geben.
Plötzlich wandte er sich zu C. J. und sprach aus, was er dachte: »Es ist unvermeidlich, daß wir alle Affen herausholen. Eine Epidemie mit einem Klasse-4-Erreger ist kein Spaß.

Ich möchte Sie warnen, denn es wird ein großes Unternehmen werden. Es ist sehr kompliziert, dauert lange und muß verdammt vorsichtig angepackt werden. Wenn wir alles richtig machen wollen, C. J., dann ist es vor allem wichtig, daß an den entscheidenden Stellen keine Amateure sitzen. Wir brauchen erfahrene Leute, die wissen, was sie tun. Ist Ihnen klar, was passiert, wenn etwas schiefgeht?«
Gleichzeitig dachte er: Peters – Peters – er hatte noch nie mit einer so großen Epidemie zu tun – und auch sonst keiner von uns – das einzig Ähnliche war Kitum Cave. Und dort war Peters nicht gewesen. C. J. Peters hörte Gene Johnson schweigend zu und antwortete nicht. Genes Ratschläge irritierten ihn ein wenig – er sagte etwas, das alle schon wußten. Die Beziehung zwischen Peters und Johnson war schwierig und anstrengend. Sie waren zusammen in einem Expeditionskonvoi durch Zentralafrika gefahren, um nach dem Ebola-Virus zu suchen, und bis zum Ende des Unternehmens hatte sich zwischen den beiden eine erhebliche Spannung entwickelt. Es war eine brutale Expedition gewesen, wie sie anstrengender kaum hätte sein können – Straßen gab es nicht, die Brücken waren zerstört, die Karten hatte offenbar ein blinder Mönch gezeichnet, die Leute sprachen Dialekte, die nicht einmal die eingeborenen Dolmetscher verstanden, und die Expedition hatte nicht genügend Proviant dabei. Und was das Schlimmste war: Sie fanden kaum Opfer des Ebola-Virus – das Virus war weder bei Tieren noch bei Menschen aufzuspüren.
Auf dieser Reise hatte C. J., angeregt vielleicht durch die Lebensmittelknappheit, zum erstenmal Termiten gegessen, und zwar die, die aus dem Bau ausgeschwärmt waren. Sie hatten Flügel. Gene war wählerischer als C. J. und konnte sich nicht überwinden, sie zu probieren. Während C. J. die Termiten mit den Zähnen aufknackte, machte er Bemerkungen wie: »Sie haben dieses besondere … mmmh …« Dabei

schmatzte er mit den Lippen, und während man die Termiten zwischen seinen Zähnen zerplatzen hörte, spuckte er die Flügel aus. Die Afrikaner unter den Expeditionsteilnehmern aßen gern Termiten und drängten Gene, sie ebenfalls zu probieren, was er schließlich auch tat. Er steckte eine Handvoll in den Mund, und zu seiner Überraschung schmeckten sie wie Walnüsse. C. J. hatte ausführlich erzählt, wie er die afrikanische Termitenkönigin finden wollte, jenen glitzernden weißen Sack, fünfzehn Zentimeter lang, dick wie eine Bratwurst und bis zum Bersten gefüllt mit Eiern und sahnigem Insektenfett. Diese Königin aß man lebend und im Ganzen, und wenn sie durch den Rachen glitt, konnte man angeblich ihr Pulsieren spüren.

Am Termitenessen hatten beide Spaß gehabt, aber sie hatten darüber gestritten, wie man die Wissenschaft betreiben und nach dem Virus suchen sollte. C. J., Oberst und damit der Vorgesetzte des Zivilisten Gene, hatte das Unternehmen in Afrika geleitet und dabei für endlose Verwirrung gesorgt.

Plötzlich bog ein blauer Lieferwagen ohne Aufschrift von der Straße ab, durchquerte die Tankstelle und blieb neben ihnen stehen. Er parkte so, daß man von der Straße oder der Tankstelle aus nicht sehen konnte, was zwischen den Fahrzeugen vorging. Schwerfällig stieg ein beleibter Mann aus. Es war Bill Volt. Er ging zu den Armeeangehörigen, die ebenfalls ihre Autos verließen.

»Ich habe sie hier drin«, sagte er, während er die Seitentür des Lieferwagens öffnete.

Auf der Ladefläche sahen sie schwarze Müllsäcke aus Plastik, in denen sich die Umrisse von Gliedmaßen und Köpfen abzeichneten.

Nancy knirschte mit den Zähnen und sog lautlos die Luft ein. Sie konnte erkennen, wie sich die Beutel an manchen Stellen ausbeulten, als ob sich im Inneren Flüssigkeit angesammelt hätte. Sie hoffte nur, daß es kein Blut war. »Was um Gottes willen ist das?« rief sie aus.

»Sie sind letzte Nacht gestorben«, erwiderte Volt. »Es sind doppelte Plastiksäcke.«

Nancy bemerkte ein häßliches Gefühl in der Magengrube. »Hat sich jemand beim Umgang mit diesen Affen geschnitten?« fragte sie.

»Nein«, antwortete Volt.

Nancy bemerkte, daß C. J. sie aus den Augenwinkeln ansah. Es war ein bedeutungsschwerer Blick. Er sagte: »Wer soll die toten Affen denn jetzt nach Fort Detrick bringen?«

Nancy starrte ihrerseits C. J. an. Er drängte sie, und das wußte sie. Beide waren Abteilungsleiter des Instituts. Er hatte einen höheren Rang, aber er war nicht ihr Vorgesetzter. Er kann mich unter Druck setzen, aber das gebe ich ihm zurück, dachte sie. »Ich habe nicht die Absicht, dieses Zeug in meinen Kofferraum zu laden«, sagte sie. »Als Tierärztin habe ich beim Transport toter Tiere bestimmte Verpflichtungen, Sir. Ich kann nicht wissentlich ein totes Tier mit einer ansteckenden Krankheit über die Grenze eines Bundesstaates bringen.«

Auf dem Gesicht von C. J. machte sich ein Grinsen breit.

»Ich stimme Ihnen zu, daß es getan werden muß«, fuhr Nancy fort. »Sie sind Arzt.« Sie nickte in Richtung seiner Schulterklappen. »Damit können Sie sich darüber hinwegsetzen. Dazu tragen Sie die großen Adler.«

Alle brachen in nervöses Lachen aus.

Die Zeit lief ihnen davon, und das Virus vermehrte sich im Affenhaus weiter. Nach C. J.s Überzeugung diente es dem Interesse der Bevölkerung am besten, wenn er alle Gesetze vergaß oder falsch auslegte, die den sofortigen Transport dieser Tiere nach Fort Detrick untersagten. Ein paar schlaue Anwälte der Armee würden mit Sicherheit erklären können, warum der Transport der Ebola-infizierten toten Affen über

die Staatsgrenze im Kofferraum eines Privatwagens so vollkommen legal war, daß es daran überhaupt keinen Zweifel geben konnte.
Sein alter roter Toyota war nicht mehr in bester Form, und er hatte jedes Interesse am Wiederverkaufswert verloren. Er öffnete den Kofferraum. Er war mit Teppichen ausgelegt, und C. J. sah keine scharfen Kanten, die einen Plastikbeutel aufschlitzen konnten. Sie hatten keine Gummihandschuhe dabei. Also mußten sie mit bloßen Händen umladen. Nancy untersuchte die Außenseite der Tüten oberflächlich auf Blutstropfen. »Wurden die Beutel von außen desinfiziert?« fragte sie.
Volt erklärte, er habe die Beutel mit Chlorbleiche abgewaschen. Sie hielt die Luft an, um ihre Übelkeit zu bekämpfen, und hob eine Tüte hoch. Der Affe rutschte darin herum. Sie stapelten die Beutel im Kofferraum des Toyota. Die toten Tiere wogen zwischen vier und sieben Kilogramm. Insgesamt bestand die Ladung schließlich aus über vierzig Kilo verflüssigten Primaten der Gefahrenklasse 4. Das Heck des Toyota hing durch. C. J. schloß den Kofferraum.
»Fahren Sie hinter mir her und achten Sie auf Tropfen«, sagte er zu Nancy.

Weltraumspaziergang

Mittwoch, 14.00 Uhr

Sie erreichten das Institut am frühen Nachmittag. C. J. parkte seitlich an dem Gebäude neben einer Laderampe und holte ein paar Soldaten, die ihm halfen, die Müllbeutel zu einer Luftschleuse zu tragen. Die Schleuse führte unmittelbar in die »Ebola-Suite«. Nancy ging in das Büro von Oberstleutnant Ron Trotter, der zu ihrer Abteilung gehörte, und bat ihn, die Schutzkleidung anzulegen und hineinzugehen. Sie wollte nachkommen.

Wie immer, wenn sie in das Stufe-4-Labor ging, nahm sie die Ringe von den Fingern, fädelte sie auf ihr Goldkettchen und schloß sie in ihrem Schreibtisch ein. Zusammen mit Ron Trotter ging sie über den Korridor, und dann betrat er als erster die kleine Garderobe, die in den Trakt AA-5 führte. Nancy wartete auf dem Flur. Eine Lampe leuchtete auf und zeigte ihr an, daß Trotter sich in der nächsthöheren Sicherheitsstufe befand. Sie schob ihre Codekarte in das Lesegerät, öffnete die Tür und betrat die Garderobe. Hier entkleidete sie sich, zog einen langärmeligen Chirurgenanzug an und brachte die Haare unter einer keimfreien Kopfbedeckung unter. Kleidung und Codekarte schloß sie in ihrem Spind ein. Jetzt stand sie vor der Tür, die ins Innere führte, und blaues Licht fiel durch die Glasscheibe auf ihr Gesicht. Neben der Tür war eine weitere Schließanlage, diesmal mit einer Zifferntastatur. Eine Plastikkarte würde von den Entkeimungschemikalien im Hochsicherheitsbereich zerstört werden, deshalb mußte man sich einen Zahlencode merken.

Nancy gab auf der Tastatur eine Reihe von Ziffern ein, und der Zentralcomputer des Gebäudes registrierte, daß *Jaax, Nancy* den Sicherheitstrakt betreten wollte. Nachdem der Computer festgestellt hatte, daß sie die *Genehmigung zum Betreten von AA-5* besaß, gab er mit einem Piepen die Tür frei. Sie betrat den Duschraum, zog weiße Socken an und öffnete die Tür zum Kostümierungsraum.

Hier traf sie auf Oberstleutnant Trotter. Sie legten die Innenhandschuhe an und befestigten sie mit Klebeband. Nancy zog sich Ohrenschützer über den Kopf, die sie seit einiger Zeit immer trug, denn man vermutete inzwischen, das laute Zischen der Luft im Schutzanzug könne das Gehör schädigen. Sie stiegen in die Schutzanzüge und zogen die Reißverschlüsse zu. Dabei umkreisten sie einander wie zwei Ringer am Anfang des Kampfes: Jeder beobachtete die Bewegungen des anderen und vor allem die Hände, die keine scharfen Gegenstände berühren dürfen.

Schwerfällig tappten sie in ihren luftdicht verschlossenen Schutzanzügen zur Schleuse, in der die sieben Müllsäcke lagen.

»Nehmen Sie so viele, wie Sie tragen können«, sagte Nancy zu ihrem Begleiter.

Sie hoben ein paar von den Säcken hoch und brachten sie zu der Luftschleuse, die in den Bereich der Stufe 4 führte. Nancy griff nach einer Metallwanne mit Instrumenten. Ihr wurde heiß, und die Sichtscheibe ihres Schutzanzuges beschlug. Sie betraten zusammen die Schleuse und schlossen die Tür hinter sich. Nancy holte tief Luft und sammelte sich. Durch die Grauzone in den Hochsicherheitsbereich zu gehen, kam ihr jedesmal vor wie ein Weltraumspaziergang, mit dem Unterschied, daß man nicht in ein leeres Universum nach draußen ging, sondern in ein inneres Universum trat, bis zum Bersten angefüllt mit Leben, das versuchte, in den Schutzanzug einzudringen.

Nancy konzentrierte sich und atmete langsamer. Dann öffnete sie die Tür und betrat den Gefahrenbereich. Sie griff hinter sich und zog die Kette der chemischen Dusche. Damit leitete sie die Desinfektion der Luftschleuse ein, um alle Gefahrstoffe zu beseitigen, die dort möglicherweise freigeworden waren.

Sie zogen die Stiefel an und schleppten die Affen durch den geklinkerten Flur. In den Schutzanzügen wurde die Luft schlecht – sie mußten schnell wieder einen Schlauch einstöpseln.

Im Gefrierraum legten sie alle Säcke außer einem in eine Tiefkühltruhe. Den letzten Beutel brachten sie in den Sezierraum. Dort schlossen sie die Schutzanzüge an die Luftversorgung an, und in der trockenen Luft wurden die Sichtfenster klar. Leise hörte Nancy das Zischen unter ihren Ohrenschützern. Sie zogen Chirurgenhandschuhe über den Schutzanzug, Nancy legte Instrumente und Probenbehälter, genau abgezählt, an das Kopfende des Tisches, und Trotter löste die Verschnürung des Müllbeutels. Sie hoben den Affen heraus und legten ihn auf den Seziertisch. Nancy schaltete die Operationsleuchte ein.

Braune Augen starrten sie an. Sie sahen nicht etwa rot aus, sondern völlig normal – das Weiße weiß, die Pupillen schwarz wie die Nacht. Der Widerschein der Lampe war in den Pupillen zu erkennen. Hinter den Augen war nichts. Die Zellen arbeiteten nicht mehr. Das Licht fiel bis zum Augenhintergrund, aber es löste dort nichts aus.

Wenn eine biologische Maschine einmal zum Stillstand gekommen ist, kann nichts sie in Gang setzen. Sie ist dem fortschreitenden Zerfall preisgegeben, bei dem sich alle Ordnung nach und nach auflöst. Eine Ausnahme sind nur die Viren. Sie können in einen toten Zustand übergehen und später, wenn sie mit etwas Lebendigem in Berührung kommen, zum Leben erwachen und sich vermehren. Das einzige, was in diesem Affen »lebte«, war der unbekannte Erreger, und der war tot, jedenfalls im Augenblick. Er vermehrte sich nicht und tat auch sonst nichts, denn die Zellen des Affen waren abgestorben. Wenn der Erreger aber eine lebende Zelle berührte, würde er sich erneut fortpflanzen.

Mit einem Skalpell öffnete Nancy den Bauch des Affen. Sie schnitt langsam und vorsichtig und achtete dabei darauf, daß die Klinge in ausreichendem Abstand zu ihren Händen blieb. Die Milz war aufgebläht; sie fühlte sich hart und ledrig an wie eine geräucherte Salami. Nancy hatte damit gerechnet, im Körperinneren eine riesige Blutlache vorzufinden, aber alles sah normal aus, das Tier war nicht innerlich verblutet. Wenn es an Ebola-Fieber gestorben war, dann war es kein eindeutiger Befund. Sie öffnete den Darm. Wiederum kein Blut. Bei einem Ebola-kranken Affen löst sich die Darmschleimhaut, aber das war hier nicht der Fall. Als sie den Magen untersuchte, fand sie an der Verbindungsstelle zum Dünndarm einen Ring von blutigen Stellen. Das konnte ein Hinweis auf Ebola-Fieber sein, aber eindeutig war er nicht. Vielleicht war es auch ein Symptom des Affenfiebers. Sie konnte also aufgrund des Aussehens der Organe nicht bestätigen, daß bei diesem Tier eine Ebola-Infektion vorlag. Mit einer Schere mit stumpfen Spitzen schnitt sie kleine Stücke von der Leber ab und legte sie auf Objektträger.

Objektträger und Röhrchen für Blutproben waren die einzigen Glasgegenstände, mit denen man im Sicherheitsbereich hantieren durfte. Alle anderen Laborgeräte waren aus Kunststoff. Nancy arbeitete behutsam und hielt die Hände so weit wie möglich von der Körperhöhle des Affen und dem Blut entfernt, und immer wieder tauchte sie die Arme in das Desinfektionsmittel. Außerdem wechselte sie die Handschuhe jedesmal, wenn sie blutverschmiert waren, so daß sie Dutzende der dünnen Gummihüllen verbrauchte. Keinen Augenblick lang vergaß sie, was dieses Blut enthielt.

Trotter sah sie ab und zu an, während er ihr zur Hand ging: Er hielt die Körperhöhle geöffnet, klammerte Blutgefäße und reichte ihr die Instrumente. Sie lasen sich gegenseitig von den Lippen ab. »Z-A-N-G-E«, formte Nancys Mund. Trotter nickte und gab ihr die Zange.

Sie vermutete, daß dieser Affe nicht mit dem Ebola-Erreger infiziert gewesen war.

In der Biologie ist nichts klar und einfach, alles ist verwirrend kompliziert. Und wenn man irgendwann glaubt, man hätte etwas verstanden, findet man bald wieder etwas, das neue Verwirrung stiftet.

Querschüsse

Mittwoch, 14.00 Uhr

Während Nancy Jaax an den Affen arbeitete, saß C. J. Peters im Sitzungssaal neben seinem Büro. Hier wurde über Karrieren entschieden. Fast alle, die auf der Welt etwas vom Ebola-Virus verstanden, saßen um den langen Tisch. Auf einer großen Weltkarte an der Wand, in die die Seuchengebiete eingetragen waren, war jetzt eine weitere Gefahrenstelle markiert: Washington, D. C. Am Kopfende des Tisches saß General Russell. Er wußte, daß die Besprechung zu einem Machtkampf zwischen den Centers for Disease Control und der Armee werden würde, und er wollte nicht, daß Atlanta in dieser Angelegenheit die Führung übernahm.

Unter den Anwesenden war auch Dan Dalgard. Er wirkte zurückhaltend und ruhig, aber in Wirklichkeit war er nervös und aufgewühlt. Der bärtige Gene Johnson blickte finster und schweigend in die Runde. Das Gesundheitsministerium des Staates Virginia und der Bezirk Fairfax hatten Beamte geschickt. Fred Murphy, der Vertreter des CDC und Mitentdecker des Ebola-Virus, saß neben einem weiteren Fachmann aus Atlanta namens Dr. Joseph B. McCormick. Joe McCormick, ein Mediziner, leitete bei den CDC die Abteilung für ungewöhnliche Krankheitserreger, die von Karl Johnson, dem Erstentdecker des Ebola-Virus, gegründet worden war. McCormick war Karl Johnsons Nachfolger – man hatte ihm die Stelle übertragen, als Johnson pensioniert wurde. Er hatte lange in Afrika gelebt und war dort viel herumgekommen.

McCormick, ein hochbegabter und ehrgeiziger Mann mit Charme, Überzeugungskraft und lebhaftem Temperament, strahlte ungebrochenes Selbstvertrauen aus. Im Gegensatz zu allen anderen, die hier versammelt waren, hatte er schon Menschen, die an Ebola-Fieber erkrankt waren, gesehen und behandelt.

Joe McCormick und C. J. Peters mochten einander nicht. Sie hatten sich kennengelernt, als sie beide vor vielen Jahren in den hintersten Winkeln Afrikas nach dem Ebola-Virus gesucht hatten. Keinem von ihnen war es gelungen, den natürlichen Schlupfwinkel des Erregers aufzuspüren. Wie Peters, so war auch Joe McCormick überzeugt davon, daß er das Virus jetzt eingekreist hatte und im Begriff stand, eine aufsehenerregende Leistung zu vollbringen.

Als erster sprach Peter Jahrling, der Mitentdecker des Stammes, dem die Affen zum Opfer gefallen waren. Er erläuterte seine Ausführungen mit Diagrammen und Fotos.

Nach ihm war Dalgard an der Reihe. Äußerst nervös schilderte er die klinischen Symptome der Krankheit, die er im Affenhaus beobachtet hatte. Anschließend äußerte sich Joe McCormick. Über das, was er sagte, gibt es Meinungsverschiedenheiten. Den Berichten der Armeeangehörigen zufolge wandte er sich an Peter Jahrling und erklärte sinngemäß: Vielen Dank, daß Sie uns alarmiert haben, Peter. Jetzt sind die Fachleute an der Reihe. Sie können uns die Angelegenheit übergeben, bevor Sie sich selbst Schaden zufügen. Wir haben in Atlanta ausgezeichnete Sicherheitslabors. Wir nehmen Ihr Material und Ihre Virusproben einfach mit, denn wir haben die Einrichtungen für den Umgang mit solchen Erregern. Von jetzt an kümmern wir uns darum.

Ein Teilnehmer der Besprechung erinnert sich, wie McCormick sagte: »Es handelt sich hier einzig und allein um meinen Zuständigkeitsbereich.« Mit anderen Worten: Nach dem Ein-

druck der Armeeangehörigen versuchte McCormick, sich als einzigen wirklichen Experten für das Ebola-Virus darzustellen. Sie waren überzeugt davon, daß er die Sache ganz an sich ziehen wollte.
C. J. Peters war während McCormicks Vortrag immer wütender geworden. Er hielt McCormick für »sehr arrogant und beleidigend«.
McCormicks Erinnerungen sind ein wenig anders: »Ich weiß genau, daß ich ihm Hilfe beim Umgang mit den Tieren in Reston anbot«, erklärte er, als ich ihn anrief. »Mir war nicht klar, daß es einen Konflikt gab. Wenn Empfindlichkeiten vorhanden waren, dann auf der anderen Seite, nicht auf unserer, und aus Gründen, die Sie besser kennen als ich. Unsere Einstellung lautete: ›He, Jungs, gute Arbeit!‹«
McCormick hatte Gene Johnson, den Ebola-Fachmann der Armee, schon früher öffentlich angegriffen, weil er eine Riesensumme für die Erforschung von Kitum Cave ausgegeben hatte, ohne die Ergebnisse anschließend zu veröffentlichen. Mir gegenüber drückte McCormick seinen Eindruck so aus: »Sie wollen einem von ihren Experimenten *erzählen,* aber wenn man anderen so etwas mitteilen will, muß man es *publizieren.* Das ist keine unvernünftige Kritik. Sie geben schließlich Steuergelder aus.« Und nebenbei bemerkte er: »Keiner von ihnen war so lange in der Wildnis wie ich. Ich gehöre zu denen, die mit Ebola-kranken Menschen zu tun hatten. Diese Erfahrung hatte kein anderer.«

McCormick sprach von folgenden Erlebnissen:
Im Jahr 1979 gelangten Berichte in die CDC, wonach das Ebola-Virus aus seinem Versteck gekrochen und die Seuche im Süden des Sudan wieder aufgeflammt war, in der gleichen Gegend wie bei der Epidemie von 1976. Die Lage war nicht nur wegen des Virus gefährlich, sondern auch, weil im Sudan gerade Bürgerkrieg herrschte – in dem Gebiet, wo der

Ebola-Erreger wütete, wurde auch gekämpft. McCormick meldete sich als Freiwilliger für die Aufgabe, menschliche Blutproben zu sammeln und den Virusstamm lebend nach Atlanta zu bringen. Außer ihm war niemand bereit, in den Sudan zu reisen; also flog er allein.

McCormick kam im Süden des Landes mit einem kleinen Flugzeug an, das von zwei verängstigten Buschpiloten gesteuert wurde. Sie landeten bei Sonnenuntergang auf einer kleinen Piste in der Nähe eines Dorfes, das zum Stamm der Zande gehörte. Die Piloten wollten die Maschine nicht verlassen. Es wurde dunkel, und sie entschlossen sich, im Cockpit auf der Landebahn zu übernachten. Sie warnten McCormick, sie würden am anderen Morgen bei Sonnenaufgang abheben. Also blieb ihm bis zur Morgendämmerung Zeit, das Virus zu finden. McCormick schulterte seinen Rucksack und ging in das Dorf. Er kam zu einer Lehmhütte, die von Dorfbewohnern umringt war, aber niemand wagte es, hineinzugehen. Von innen hörte er das Stöhnen eines Menschen im Todeskampf. Er wühlte in seinem Rucksack und fand die Taschenlampe, aber sie funktionierte nicht. Ihm fiel ein, daß er die Batterien vergessen hatte. Also fragte er die Versammelten, ob jemand eine Lampe habe, und man brachte ihm eine Laterne. Mit dem flackernden Licht in der Hand betrat McCormick die Hütte.

Den Anblick, der sich ihm bot, sollte er sein Leben lang nicht mehr vergessen. Als erstes sah er mehrere Paare roter Augen, die ihn anstarrten. Die Luft in dem kleinen Raum roch nach Blut. Auf Strohmatten lagen die Kranken. Einige zeigten die Zuckungen, die dem Tod vorausgehen – die steifen Körper schüttelten sich, die Augen verdrehten sich nach hinten, Blut floß aus Nase und After. Andere lagen bewegungslos im Koma und verbluteten. Diese Hütte war die Gefahrenzone.

Aus seinem Rucksack holte er Gummihandschuhe, einen

Chirurgenkittel aus Papier, eine Gesichtsmaske und Papierüberzüge für die Schuhe, und nachdem er sie angezogen hatte, legte er seine Röhrchen und Spritzen nebeneinander auf die Bodenmatte. Dann fing er an, den Kranken Blut abzunehmen. Die ganze Nacht kniete er in der Hütte und sammelte Blutproben; gleichzeitig versorgte er die Patienten, so gut es ging. Seine Beine waren mit Blut verschmiert. Irgendwann in der Nacht entnahm er einer alten Frau eine Blutprobe. Plötzlich schlug sie in einem Krampfanfall um sich. Ihr Arm fuhr durch die Luft, die blutige Nadel fiel heraus und stach ihn in den Daumen. O Gott, dachte er. Das dürfte gereicht haben. Der Erreger befand sich in seinem Körper.

Als der Morgen heraufdämmerte, raffte er die Röhrchen mit dem Blut zusammen und rannte zum Flugzeug, wo er die Proben den Piloten übergab. Jetzt stellte sich die Frage, was er selbst tun sollte, nachdem er sich mit einer blutigen Kanüle gestochen hatte.

Vermutlich blieben ihm drei bis vier Tage, bevor das Ebola-Fieber ausbrach. Er mußte sich entscheiden – sollte er mit den Piloten davonfliegen und sich in ein Krankenhaus begeben oder mit dem Virus dableiben? Daß die Piloten später nicht wiederkommen und ihn abholen würden, war offenkundig. Wenn er abfliegen und medizinische Hilfe in Anspruch nehmen wollte, mußte er es jetzt tun.

Er blieb im Dorf. Vielleicht hatte er sich mit dem Ebola-Virus infiziert, aber er wollte weitere Proben sammeln, und wenn er Kopfschmerzen bekam – so seine Überlegung –, konnte er per Funk um Hilfe bitten, und vielleicht würde ein Flugzeug kommen und ihn abholen. Er ruhte sich den ganzen Tag in einer Hütte aus und verabreichte sich eine Infusion mit zwei Beuteln Blutserum, das angeblich schützende Antikörper gegen das Ebola-Virus enthielt – er hatte die Beutel in Eis verpackt mitgenommen und hoffte jetzt, daß sie ihm das Leben retten würden. In der folgenden Nacht konnte er nicht einschlafen; immer wieder dachte er an die Nadel, die in seinen Daumen gefahren war, und an den Erreger, der sich jetzt vielleicht in seinem Blut explosionsartig vermehrte. Schließlich trank er eine halbe Flasche Scotch, um endlich Schlaf zu finden.

Die folgenden vier Tage arbeitete er in der Hütte bei den Ebola-Patienten, und selbst am vierten Tag hatte er noch keine Kopfschmerzen.

Gleichzeitig beobachtete er wie ein Falke, was mit der alten Frau geschah. Zu seiner Überraschung erholte sie sich nach vier Tagen. Sie war nicht an Ebola-Fieber erkrankt, sondern vermutlich nur an Malaria. Der Krampfanfall war nicht auf das Virus zurückzuführen, sondern auf den fiebrigen Schüttelfrost. Er war noch einmal davongekommen.

Obwohl er tage- und nächtelang die Luft in der Hütte eingeatmet hatte, war er nicht erkrankt. Aufgrund dieser Erfahrung war McCormick zu der Überzeugung gekommen, daß das Ebola-Virus nicht leicht übertragen wird – vor allem nicht durch die Luft. Seiner Ansicht nach war das Ebola-Fieber eine Krankheit, die man sich nicht ohne weiteres zuzog. Deshalb war sie in seinen Augen nicht so gefährlich, wie die Leute von der Armee vielleicht glaubten.

Dan Dalgard fragte die versammelten Fachleute: »Wenn wir Ihnen Proben geben, wie lange dauert es dann, bis Sie uns sagen können, ob sie Viren enthalten?«

»Vielleicht eine Woche«, erwiderte C. J. Peters. »Mehr können wir nicht sagen.«

Joe McCormick widersprach. »Warten Sie einen Augenblick«, sagte er, *»rein zufällig* haben wir einen neuen Schnelltest für das Ebola-Virus, der nur ein paar Stunden dauert.« Die CDC, so meinte er, sollten das Virus und die Proben bekommen.

C. J. Peters fuhr herum und starrte McCormick an. Er war wütend. Ein Schnelltest für Ebola! So ein verdammter ...! Er glaubte nicht, daß McCormick einen Schnelltest hatte. Vermutlich wollte er sich nur hervortun, um das Virus in die Hand zu bekommen. Nach Peters' Überzeugung bluffte McCormick in diesem hochrangigen Poker um die Kontrolle über den Erreger. Es war eine heikle Situation, denn Peters konnte im Kreis der hochgestellten Gesundheitsbeamten kaum sagen: »Joe, ich glaube, Sie sind ein verdammter Lügner.« Er erhob die Stimme und bemerkte: »Eine akute Epidemie ist nicht der richtige Zeitpunkt für die Erprobung einer neuen Methode.« Er argumentierte, Fort Detrick liege näher beim Ort der Epidemie als Atlanta, und deshalb sei es angebracht, daß die Armee die Proben behalte und das Virus isoliere.

Was Peters den Konferenzteilnehmern nicht sagte – er sah keinen Anlaß, es an die große Glocke zu hängen – war, daß Nancy Jaax gerade in diesem Augenblick sieben tote Affen aufschnitt und untersuchte. Der Eigentümer ist meistens im Vorteil, und dieses Material gehörte der Armee. Neben McCormick saß Fred Murphy, der zweite Vertreter der CDC. Er merkte, daß sich seine Behörde nicht gerade in einer guten Verhandlungsposition befand. Deshalb beugte er sich zu seinem Nachbarn und flüsterte: »Joe! Schluck es runter! Wir sind hier in der Minderzahl!«

General Philip Russell hatte sich zurückgelehnt und die Diskussion schweigend verfolgt. Jetzt mischte er sich ein. Mit ruhiger, aber fast schmerzhaft lauter Stimme schlug er vor, man solle sich auf einen Kompromiß einigen und die Zuständigkeit für die Epidemie aufteilen.

Das schien die beste Lösung zu sein. Der General und Fred Murphy besprachen schnell die Einzelheiten, während McCormick und Peters einander anstarrten und kaum etwas sagten. Die CDC, so die Übereinkunft, würde sich um die

Epidemie kümmern, soweit die Gesundheit von Menschen betroffen war, und auch gegebenenfalls die unmittelbare Versorgung der Patienten übernehmen. Die Armee sollte sich mit den Affen und dem Affenhaus beschäftigen, von dem die Epidemie ihren Ausgang genommen hatte.

Die Mission

Mittwoch, 16.30 Uhr

Oberst C. J. Peters war jetzt davon überzeugt, daß er die Genehmigung hatte, die Aktion in Gang zu bringen. Sobald die Besprechung zu Ende war, entwarf er einen Schlachtplan. Als erstes brauchte er einen Offizier, der mit einem Team von Soldaten und Zivilisten in das Affenhaus gehen konnte. Er mußte ein militärisches Einsatzkommando bilden.

Wer die Mission leiten sollte, hatte er schon entschieden: Oberst Jerry Jaax, Nancys Mann. Jerry hatte noch nie einen Schutzanzug angehabt, aber er leitete die tiermedizinische Abteilung des Instituts und verstand etwas von Affen. Seine Mitarbeiter würde man mit Sicherheit brauchen. Kein anderer war im Umgang mit Affen ausgebildet.

Er traf Jerry in seinem Büro, wo er aus dem Fenster starrte und auf einem Gummibändchen herumkaute. C. J. sagte: »Jerry, ich glaube, wir haben drüben in Reston eine Lage.« *Eine Lage!* Der Code für einen gefährlichen Erreger. »Es sieht so aus, als sollten wir eine Rolle dabei spielen, sie zu beherrschen. Wir werden wohl hingehen und die Affen rausholen müssen, und zwar unter Sicherheitsbedingungen der Stufe 4.« Er wies Jerry an, ein Team bereitzustellen. Die Leute sollten sich darauf einstellen, innerhalb von vierundzwanzig Stunden mit Schutzanzügen auszurücken.

Jerry ging in das Büro von Gene Johnson und erklärte ihm, er habe die Leitung der Mission übernommen. Sie machten sich sofort an die Arbeit.

Grundsätzlich hatte man sich dazu entschlossen, zunächst mit einer begrenzten Aktion zu beginnen. Das Kommando würde die Affen aus einem Raum holen und feststellen, wie das funktionierte. Außerdem wollte man sehen, ob das Virus sich ausbreitete. Sie stellten eine Prioritätenliste auf.

Erste Priorität: Sicherheit der Bevölkerung, insbesondere der Armeeangehörigen und der Einwohner in der Umgebung Washingtons.
Zweite Priorität: Sterbehilfe für die Affen mit möglichst wenig Tierquälerei.
Dritte Priorität: Sammeln wissenschaftlicher Proben. Zweck: Identifizierung des Erregers und seiner Infektionswege.

Wenn das Team seine Aufgabe ordnungsgemäß ausführte, bestand nach Genes Überzeugung keine Gefahr für die Bevölkerung. Er setzte die Brille auf, beugte sich nach vorn und wühlte in den Papieren. Sein Bart kratzte über seine Brust. Er wußte bereits, daß er nicht mit in das Gebäude gehen würde. Um nichts in der Welt. Später erklärte er mir, er habe zu oft gesehen, wie Affen »vor die Hunde« gingen, und er könne es nicht mehr ertragen. Seine Aufgabe war, Ausrüstung und Leute zusammenzustellen und sie erst in das Gebäude hinein- und später mit den toten Tieren gefahrlos wieder herauszubefördern.
Gene hatte Listen aufbewahrt, lange Listen mit allen Geräten, die er damals nach Kitum Cave mitgenommen hatte. Er kramte in den Papieren und geriet dabei ein wenig ins Schwitzen. Von der Aktion in Afrika war buchstäblich tonnenweise Material übrig. Er hatte das ganze Zeug an verschiedenen Stellen im Institut versteckt, damit andere es nicht finden und wegnehmen konnten.
Gene war schrecklich aufgeregt und auch ängstlich. Seine Ebola-Alpträume waren nie ganz verschwunden. Immer noch schreckte er manchmal mit dem Gedanken hoch: »O Gott, es war ein Erregerkontakt.« Er hatte fast zehn Jahre

lang in Afrika mit wenig Erfolg nach dem Ebola- und Marburg-Virus gesucht, und jetzt tauchte das Teufelszeug plötzlich in Washington auf. Sein Lieblingszitat fiel ihm ein: »Der Zufall begünstigt den vorbereiteten Geist.« Jetzt war der Zufall eingetreten. Wenn ein Stück Ausrüstung in Kitum Cave zu gebrauchen war, würde es auch in dem Affenhaus zu gebrauchen sein. Je länger Gene darüber nachdachte, desto klarer wurde ihm, daß das Gebäude viel mit Kitum Cave gemeinsam hatte. Es war ein geschlossener Raum. Tote Luft. Belüftung ausgefallen. Überall Exkremente. Lachen von Affenurin. Vermutlich Blut an den Wänden. Eine gefährliche Höhle vor den Toren Washingtons. Und es gab Menschen, die drinnen gewesen waren und jetzt vielleicht das Virus in sich trugen. Wie sollte man die Mannschaft in die Höhle hinein- und wieder herausbefördern? Man mußte einen Kostümierungsbereich einrichten. Und es mußte eine Grauzone geben, eine Luftschleuse mit irgendeiner Art chemischer Dusche.

Mittwoch, 20.00 Uhr

Dan Dalgard verließ das Armeeforschungszentrum und war gegen acht Uhr abends wieder in seinem Büro am Leesburg Pike. Es war längst Feierabend, und das Gebäude war verlassen. Er räumte seinen Schreibtisch auf, schaltete den Computer aus und entnahm ihm die Diskette mit seinem Tagebuch, seiner »Chronologie der Ereignisse«. Er steckte die Diskette in die Brieftasche, sagte dem Sicherheitsbeamten an der Pforte gute Nacht und fuhr nach Hause. Unterwegs fiel ihm ein, daß er vergessen hatte, seine Frau anzurufen und ihr zu sagen, daß es spät werden würde. Er hielt an einem Supermarkt und kaufte ihr einen Strauß Nelken und Chrysanthemen. Zu Hause wärmte er sein Abendessen in der Mikrowelle auf und ging damit zu seiner Frau ins Wohnzimmer. Er aß zurückgelehnt in einem Lehnsessel. Nachdem er ein neues Scheit in den Kamin geschoben hatte, setzte er sich an seinen Computer, der neben der Werkbank für die Uhren stand. Er schob die Diskette hinein und fing an zu schreiben. Sein Tagebuch mußte auf den neuesten Stand gebracht werden.

Es war so viel geschehen, daß er Schwierigkeiten hatte, sich alles ins Gedächtnis zu rufen. Am Morgen hatte er erfahren, daß ein Tierpfleger namens Jarvis Purdy im Krankenhaus lag, angeblich mit einem Herzinfakt. Jarvis war gut aufgehoben, und es gab keine Berichte, daß sein Zustand sich verschlechtert hatte. Hätte ich das Krankenhaus darüber informieren müssen, daß Jarvis sich möglicherweise mit dem Ebola-Virus infiziert hat? Wenn er Ebola-Fieber hat und wenn es sich in der Klinik ausbreitet, bin ich dann schuld? Um Gottes willen! Ich muß morgen früh sofort jemanden zum Krankenhaus schicken, der Jarvis sagt, was los ist. Wenn er es aus den Nachrichten erfährt, bekommt er womöglich noch einmal einen Herzanfall!

Er hatte alle anderen Tierpfleger mit Atemschutzgeräten ausgestattet und ihnen erklärt, was man über die Ansteckungsgefahr von Ebola- und Marburg-Fieber wußte; außerdem hatte er alle Tätigkeiten in dem Gebäude eingestellt, abgesehen von einer Fütterung am Tag, Beobachtung der Tiere und Säuberung der Räume. Den Laborangestellten am Leesburg Pike, die mit Blut- und Gewebeproben der Affen umgegangen waren, hatte er gesagt, man müsse dieses Material so behandeln, *als ob* es das AIDS-Virus enthielte.

Ich muß daran denken, die anderen Labors zu informieren, die von uns Tiere bekommen haben. Sie müssen die CDC benachrichtigen, wenn unter ihren Tieren ungewöhnliche Todesfälle auftreten. Und wie steht es mit den Leuten, die an der Lüftungsanlage gearbeitet haben? Und die Wäsche-

rei? War da nicht kürzlich jemand, der das Telefon repariert hat? Vielleicht letzte Woche – ich kann mich nicht mehr genau erinnern, wann das war. Um Gottes willen! Habe ich etwas übersehen?
Während er so die letzten Ereignisse in den Computer tippte, klingelte das Telefon. Es war Nancy Jaax. Ihre Stimme klang müde. Sie teilte ihm mit, sie habe gerade die Autopsie der sieben Affen abgeschlossen, und die Befunde könnten sowohl auf das hämorrhagische Affenfieber als auch auf Ebola-Fieber hindeuten. Sie sagte, es könne sich um einen der Erreger oder um beide handeln. Die Ergebnisse waren nicht eindeutig.

Aufklärung

Donnerstag, 30. November

Als Dan Dalgard am nächsten Morgen aufwachte – es war Donnerstag, genau eine Woche nach dem Thanksgiving Day –, hatte er sich entschlossen, die Armee um Aufräumarbeiten in einem Raum zu bitten: im Raum H, dem Zentrum der Epidemie. Er rief C. J. Peters an und erteilte ihm die Genehmigung, das Affenhaus zu betreten.

Oberst Jerry Jaax rief alle Offiziere seiner Abteilung und zwei Sergeanten zu einer Besprechung zusammen: Major Nataniel (Nate) Powell, Captain Mark Haines, Captain Steven Denny, Sergeant Curtis Klages und Sergeant Thomas Amen. Außerdem holte er den zivilen Tierpfleger Merhl Gibson dazu. Es war der harte Kern seines Teams. Bevor Jaax auf sein eigentliches Anliegen zu sprechen kam, plauderte er über andere Dinge, um eine entspannte Atmosphäre herzustellen. Dann sagte er fast beiläufig: »Habt ihr Lust, nach Reston zu fahren?« Einige hatten den Namen des Ortes noch nie gehört. »Da sind ein paar Affen, die schmerzlos getötet werden müssen«, sagte Jerry. »Wir möchten, daß ihr das tut. Macht ihr mit?« Alle wollten dabeisein. Er fügte hinzu, daß Nancy sich auch beteiligen werde.

Ihr Einsatz würde sie also in das Affenhaus führen, sie würden dort Affen töten und Gewebeproben zur Analyse mit ins Institut nehmen. Das Ganze würden sie im Schutzanzug tun, unter Bedingungen der Sicherheitsstufe 4. Das Team sollte am nächsten Morgen um fünf Uhr ausrücken. Für die Vorbereitung blieben ihnen noch nicht einmal vierundzwanzig Stunden. Gene Johnson war gerade dabei, die Sicherheitsausrüstung zusammenzustellen.

Johnson fuhr nach Virginia und kam am späten Vormittag bei dem Affenhaus an. Er wollte sich ein Bild von den örtlichen Gegebenheiten machen und herausfinden, wo sie die Schleuse und die Grauzone installieren sollten und wie das Team in das Gebäude gelangen konnte. In seiner Begleitung war Sergeant Curtis Klages, der einen Arbeitsanzug trug. Als sie in den Parkplatz einbogen, sahen sie einen Fernsehwagen vor dem Affenhaus stehen. Der Reporter und sein Team tranken Kaffee und warteten darauf, daß etwas geschah. Gene wurde nervös. Sie stellten den Wagen unter einem Tupelobaum neben dem Backsteingebäude ab und gingen durch den Haupteingang hinein.

Als sie die Tür öffneten, wurden sie von dem Affengeruch fast betäubt. Nicht einmal hier sollten wir uns ohne Schutzanzug aufhalten, dachte Sergeant Klages. Hier spielte sich irgend etwas Häßliches ab. Vielleicht war das ganze verdammte Gebäude verseucht, jede Oberfläche konnte infiziert sein. Die Tierpfleger reinigten die Käfige nicht mehr, weil sie die Affenräume nicht betreten wollten.

Sie fanden Bill Volt und teilten ihm mit, daß sie die Räumlichkeiten erkunden und feststellen wollten, auf welchem Weg das Team morgen am besten vorgehen sollte. Volt bot ihnen in seinem Büro Stühle an. Sie wollten sich nicht setzen und in dem Büro nichts mit bloßen Händen anfassen. Volt hatte eine Vorliebe für Süßigkeiten. Als er ihnen eine Schachtel mit Bonbons hinhielt, starrte Sergeant Klages das Zuckerzeug entsetzt an. »Nein, danke.« Er hatte Angst, etwas zu berühren.

Gene wollte den Affentrakt und den Raum H sehen, den gefährlichsten Bereich. Er lag im hinteren Teil des Gebäudes. Gene wollte aber nicht durchs Haus gehen, um mög-

lichst wenig von dieser Luft einzuatmen. Auf seiner Suche stieß er auf einen anderen Weg in den hinteren Bereich: Er entdeckte, daß das benachbarte Bürogebäude schon seit längerer Zeit leerstand – der Strom war abgestellt und die Deckenverkleidung zum Teil heruntergefallen. Mit einer Taschenlampe ging er durch die dunklen Räume. Fast wie ausgebombt, dachte er.
Er fand eine Tür, die zurück in das Affenhaus führte, und zwar in einen Lagerraum, von dem sich ein Korridor weiter in das Gebäude hinein erstreckte. Jetzt sah er klar: Sie würden den Lagerraum als Kostümierungsbereich und den Korridor als Luftschleuse benutzen. In dem Lagerraum konnte das Team die Schutzanzüge anlegen, ohne daß die Fernsehkameras etwas mitbekamen. Er kramte ein Blatt Papier heraus und zeichnete einen Plan.
Als er sich mit dem Grundriß des Gebäudes vertraut gemacht hatte, kehrte er zur Vorderseite zurück und sagte den Angestellten, der hintere Teil müsse völlig verschlossen werden – luftdicht. Er wollte verhindern, daß ein Erreger aus dem Raum H in den vorderen Teil des Hauses und in die Büros gelangte.
Zu den hinteren Affenräumen führte eine Tür, die sie mit braunem Klebeband abgedichteten – das erste Bollwerk gegen einen gefährlichen Erreger. Von jetzt an, so erklärte Gene den Affenpflegern, durfte außer den Armeeangehörigen niemand mehr den hinteren Gebäudeteil betreten, bis sie den Raum H gesäubert hatten. Etwas allerdings wußte Gene nicht: Es gab noch einen anderen Weg in die hinteren Räume. Man konnte dorthin gelangen, ohne das Klebeband zu lösen.

Um 11.30 Uhr trafen Oberstleutnant Nancy Jaax und Oberst C. J. Peters im Verwaltungsgebäude von Hazleton Washington am Leesburg Pike ein. Sie wollten sich dort mit

Dan Dalgard und einigen Laborangestellten treffen, die mit Gewebe und Blut der kranken Affen zu tun gehabt hatten. Da die Epidemie, soweit sie Menschen betraf, jetzt in die Zuständigkeit der CDC fiel, war auch Joe McCormick dabei. Die Laborkräfte waren vorwiegend Frauen. Am Morgen als sie zur Arbeit fuhren, hatte es Rundfunkberichte gegeben, das Ebola-Virus habe in Afrika schon Hunderttausende getötet. Eine gewaltige Übertreibung, aber die Rundfunkleute hatten keine Ahnung, was wirklich vorging, und jetzt glaubten die verängstigten Frauen, sie müßten sterben.

Nach Nancy Jaax' Schilderung wurde das Gespräch zum größten Teil von Joe McCormick bestritten; er versuchte, die Angestellten zu beruhigen, aber als er ihnen von seinen Erfahrungen mit dem Ebola-Virus in Afrika berichtete, gerieten sie immer mehr in Panik.

Eine stand auf und sagte: »Uns ist egal, ob er in Afrika war, wir wollen wissen, ob wir krank werden!«

McCormick bestreitet, überhaupt mit den Frauen gesprochen zu haben. Er erklärte mir: »Ich habe mich nie mit ihnen unterhalten. Nancy berichtete ihnen von Ebola.«

Nancys Bericht zufolge bewirkte ihr Auftritt eine gewisse Beruhigung. Sie fragte die Frauen: »Hat jemand von Ihnen ein Reagenzglas zerbrochen? Ist hier irgend jemand, der sich geschnitten oder mit einer Kanüle gestochen hat?«

Es meldete sich niemand.

»Dann geschieht Ihnen auch nichts«, sagte sie.

Ein paar Minuten später wandte sich Dan Dalgard an C. J. Peters und sagte: »Warum kommen Sie nicht einfach mit ins Tierhaus und sehen sich die Affen an?«

Endlich hatten sie die Möglichkeit, das Gebäude zu besichtigen. Gene Johnson hatte dort bereits die hinteren Räume abgeriegelt und ihren Haupteingang mit Klebeband verschlossen. Nancy, C. J. und Dan Dalgard gingen durch die verlassenen Räume auf der Rückseite des Gebäudes, legten

Gummihandschuhe und Gesichtsmasken an und begaben sich in den Raum H. Besorgt sahen Nancy und C. J., daß die Affenpfleger trotz Dalgards Anordnung keine Atemschutzgeräte trugen. Auch Nancy und C. J. bot niemand einen solchen Schutz an. Das machte sie nervös, aber sie sagten nichts. Wenn man in ein Affenhaus geht, muß man sich verhalten wie die Affenpfleger. Sie wollten niemanden mit der Frage nach Atemschutzgeräten erschrecken, nicht in diesem heiklen Augenblick, nicht bevor sie Gelegenheit hatten, sich das Gebäude anzusehen.

Im Raum H zeigte ihnen Dalgard die Tiere. Nancy stand in respektvoller Entfernung von den Käfigen und atmete flach, denn sie wollte den Gestank nicht zu tief in ihre Lunge eindringen lassen. In dem Raum standen viele leere Käfige – eine ganze Reihe Tiere war also bereits gestorben, und viele andere waren ganz offensichtlich krank. Unbeweglich und mit leerem Gesichtsausdruck saßen sie an der Hinterwand der Käfige. Sie fraßen nicht, und einigen lief die Nase. Sie wandte den Blick ab und machte einen großen Bogen um die Tiere, denn sie wollte vermeiden, daß ein Affe auf die Idee kam, nach ihr zu spucken. Wenn sie spucken, treffen sie gut, und sie zielen auf das Gesicht. Am meisten Sorgen machte sie sich um ihre Augen. Der Ebola-Erreger hat eine besondere Vorliebe für Augen. Vier oder fünf Virusteilchen auf dem Lid – das reicht vermutlich.

Und noch etwas machte ihr angst. Diese Affen besaßen Reißzähne, man hatte sie nicht abgefeilt.

Die Eckzähne sind so groß wie bei Wachhunden. Affen können verblüffend schnell laufen, große Sprünge machen und sich mit dem Schwanz irgendwo festhaken, um dann zuzubeißen. Ein verärgerter Affe ist wie ein Pitbull, dachte Nancy. Die Viecher können einem ganz schön was antun. Sie richten ihre Angriffe auf Gesicht und Kopf; zuerst krallen sie sich mit allen vieren am Kopf fest, wickeln den Schwanz um den Hals und gehen dann mit den Reißzähnen auf das Gesicht los, wobei sie besonders auf die Augen zielen. Ein Mann von einsachtzig und ein Affe von sieben Kilo sind im Kampf ungefähr ebenbürtig. Der Angegriffene muß hinterher gewöhnlich mit Hunderten von Stichen zusammengenäht werden und ist unter Umständen blind. Jerry und sein Team mußten äußerst vorsichtig sein.

Abends fuhr Jerry allein nach Hause. Nancy war noch einmal in ihr Labor gegangen und hatte den Schutzanzug angelegt, um die Analyse der Gewebeproben fortzusetzen. Er hatte keine Ahnung, wann sie nachkommen würde.

Als Jerry seine Uniform ausgezogen hatte, klingelte das Telefon. Es war Nancys Bruder aus Kansas. Er teilte mit, Nancys Vater werde immer schwächer, und es gehe wohl mit ihm zu Ende. Es könne jeden Augenblick soweit sein. Jerry erwiderte, er werde es Nancy ausrichten, und erklärte, sie mache heute Überstunden. Anschließend fuhr er mit Jason in Richtung Washington, um Jaime vom Training abzuholen. Sie beschlossen, zu McDonald's zu gehen. Beim Essen erklärte Jerry den Kindern, warum ihre Mama noch so spät arbeitete und was sie am nächsten Tag vorhatten.

»Morgen gehen wir im Schutzanzug in eine zivile Einrichtung«, sagte er. »Wir müssen dort etwas Wichtiges erledigen. Mehrere Affen sind krank. Es ist so etwas wie ein Notfall. Wir müssen früh los, und wahrscheinlich kommen wir erst spät zurück. Ihr beiden müßt morgen also allein bleiben.« Und er setzte hinzu: »Möglicherweise können sich auch Menschen bei den Affen anstecken.«

»Na ja, aber *richtig* gefährlich ist es doch nicht?« fragte Jaime ängstlich, während sie auf ihren Hühnerfleischstückchen herumkaute.

»Nun, nein, es ist nicht richtig gefährlich«, erwiderte er. »Es ist eher aufregend als gefährlich.«

Jason erklärte, er habe im Fernsehen etwas darüber gesehen. Es sei heute in den Nachrichten gewesen.
»Ich glaube, eure Mutter tut etwas ziemlich Ungewöhnliches«, sagte Jerry zu seinem Sohn und dachte gleichzeitig: Das wird er mir sowieso nie glauben.
Als sie gegen halb zehn wieder zu Hause waren, hatte Jerry Schwierigkeiten, die Kinder ins Bett zu bringen. Vielleicht machten die Vorgänge ihnen angst, und sie konnten es einfach nicht zum Ausdruck bringen. Vielleicht hatten sie aber auch einfach keine Lust ins Bett zu gehen und witterten die Chance, ihren Willen durchzusetzen, weil ihre Mutter nicht da war. Sie sagten, sie wollten auf Nancy warten. Jerry hatte ebenfalls keine Lust, zu schlafen. Er brachte die Kinder zumindest dazu, die Schlafanzüge anzuziehen und zu ihm ins Bett zu kommen. Sie rollten sich auf Nancys Seite des Wasserbettes zusammen.
Jerry schaute sich vom Bett aus die Elf-Uhr-Nachrichten an. Sie brachten auch einen Bericht vom Affenhaus. Ein Reporter stand vor dem Gebäude und erzählte, daß in Afrika Menschen an der Viruskrankheit gestorben waren.
Die Kinder schliefen mittlerweile. Jerry dachte noch eine Weile an John, nahm dann ein Buch zur Hand und versuchte zu lesen.
Er war noch wach, als Nancy um ein Uhr nachts nach Hause kam. Sie sah frisch und sauber aus, weil sie nach dem Verlassen des Hochsicherheitsbereichs geduscht und sich die Haare gewaschen hatte. Als sie sich im Haus umsah, stellte sie fest, daß Jerry vergessen hatte, die Tiere zu versorgen. Sie gab den Hunden und Katzen Futter und wechselte das Wasser. Als Herky, der Papagei, bemerkte, daß die Katzen gefüttert wurden, machte er Lärm, um die Aufmerksamkeit auf sich zu ziehen: »Mama! Mama!« Er hing kopfüber an seiner Stange und lachte wie ein Verrückter. »Böser Vogel! Böser Vogel!« Sie nahm ihn aus dem Käfig und tät-

schelte seinen Kopf. Er hüpfte auf ihre Schulter und ließ sich bereitwillig das Gefieder streicheln. Dann ging sie ins Schlafzimmer, nahm Jaime auf den Arm, trug sie in ihr eigenes Bett und deckte sie zu. Jerry tat das gleiche mit Jason – er war so schwer, daß Nancy ihn nicht mehr tragen konnte.
Im Bett erzählte Nancy vom Stand ihrer Arbeit. Ihrer Ansicht nach konnte sich der Erreger durch die Luft auch auf andere Räume ausbreiten. Er sei so ansteckend, sagte sie, daß sie sich nicht vorstellen könne, wieso er in einem einzigen Raum bleiben solle. Ihr fiel ein, was Gene Johnson früher einmal zu ihr gesagt hatte: »Wir wissen eigentlich nicht, was Ebola früher getan hat, und ebensowenig wissen wir, was es in Zukunft anrichten wird.«
Jerry berichtete ihr die Neuigkeiten von ihrem Vater. Nancy bekam starke Schuldgefühle, weil sie nicht nach Hause fahren konnte, um in seiner letzten Stunde bei ihm zu sein. Sie fühlte sich ihm gegenüber sehr verpflichtet und überlegte, ob sie ihre Arbeit im Affenhaus nicht einfach hinwerfen sollte, um nach Kansas zu fliegen. Aber sie hielt es auch für ihre Pflicht, an der Operation teilzunehmen. So entschloß sie sich, es darauf ankommen zu lassen und hoffte, daß ihr Vater noch einige Zeit am Leben blieb.

Dritter Teil

Der vernichtende Schlag

Einsatz

Freitag, 1. Dezember

Um 4.30 Uhr wurde Alarm ausgelöst. Jerry Jaax stand auf, rasierte sich, putzte sich die Zähne und zog sich an.
Gegen fünf Uhr traf er am Institut ein. Am Himmel war noch kein Anzeichen der Dämmerung zu erkennen. Neben einer Laderampe seitlich vom Gebäude hatte sich unter Flutlichtlampen bereits eine Gruppe von Leuten versammelt. Die Nacht war so frostig, daß man die Atemluft als Dampfwölkchen aufsteigen sehen konnte. Gene Johnson, der Ajax in diesem biologisch-trojanischen Krieg, lief an der Laderampe zwischen Stapeln getarnter Armeekisten hin und her – sein Ausrüstungsvorrat von Kitum Cave. Die Kisten enthielten Freiland-Schutzanzüge, Akkus, Gummihandschuhe, Chirurgenkleidung, Spritzen, Kanülen, Medikamente, Sezierinstrumente, Taschenlampen, ein oder zwei Ausrüstungen für chirurgische Eingriffe an Menschen, Scheren mit stumpfer Spitze, Probensammelbeutel, Plastikflaschen, Konservierungsmittel, Beutel mit dem roten Symbol für biologische Gefahrstoffe und handbetriebene Pflanzenspritzgeräte, mit denen man desinfizierende Bleichlauge auf Schutzanzüge und Gegenstände sprühen konnte. Gene war stolz auf seine Ausrüstung und betrachtete sie als seinen persönlichen Besitz. Mit einer Kaffeetasse in der Hand raunzte Gene die Soldaten an: »Keiner geht an meine Kisten!«
Ein weißer Lieferwagen tauchte auf. Gene lud die Kisten selbst ein und fuhr nach Reston; er bildete die Vorhut.
Zur gleichen Zeit wurde die neue Ausgabe der *Washington*

Post ausgeliefert. Auf der Titelseite stand ein Bericht über das Affenhaus:

Tödliches Ebola-Virus bei Laboraffen in Virginia entdeckt

Eines der gefährlichsten Viren ist erstmals in den Vereinigten Staaten aufgetaucht. Es wurde von den Philippinen mit einer Ladung Affen eingeschleppt, die für ein Forschungslabor in Reston bestimmt waren.
Eine Einsatzgruppe hochkarätiger Fachleute für ansteckende Krankheiten beschäftigte sich gestern ausgiebig damit, die Wege des seltenen Ebola-Virus nachzuvollziehen und festzustellen, wer bisher mit dem Virus in Berührung gekommen ist. Unter anderem befragte man vier oder fünf Laborangestellte, die für die Versorgung der Tiere zuständig waren, sowie weitere Personen, die sich in der Nähe der Affen aufgehalten hatten. Die Affen wurden inzwischen getötet, eine Vorsichtsmaßnahme, die notwendig erschien.
Sprecher der kommunalen und staatlichen Gesundheitsbehörden spielten die Möglichkeit, daß Menschen sich mit dem Virus angesteckt haben könnten, herunter. Der Erreger führt zu einer Sterblichkeit von 50 bis 90 Prozent und kann äußerst ansteckend sein, wenn man mit einem Infizierten in Kontakt kommt. Ein Impfstoff ist bisher nicht bekannt.
»Es besteht immer eine gewisse Sorge, aber ich glaube nicht, daß es Grund zur Panik gibt«, sagte Oberst C. J. Peters, ein Arzt und Experte für dieses Virus.

C. J. wußte genau, was geschehen würde, wenn die Leute erfuhren, was das Virus anrichten konnte: Die Straßen wären mit Autos verstopft, weil viele Menschen versuchen würden, aus Reston zu flüchten. Mütter würden vor den Fernsehkameras »Wo sind meine Kinder?« schreien. Als er mit den Reportern der *Washington Post* sprach, achtete er sorgfältig darauf, die gefährlichen Aspekte des Unternehmens nicht zu erwähnen. (»Ich hielt es nicht für klug, etwas von den Schutzanzügen zu erzählen«, erklärte er mir später.) Und er benutzte auch keine schaurigen Fachausdrücke wie »Vermehrung«, »tödliche Infektionskette« oder »zusammenbrechen und ausbluten«. Er war wild entschlossen, die *Post* nichts davon wissen zu lassen, daß in einem Vorort von Washington eine militärische Operation zur Abwendung einer biologischen Katastrophe stattfand.

Die Operation zur Eindämmung der biologischen Gefahr bestand zur Hälfte aus der Eindämmung von Nachrichten darüber. Die Äußerungen von C. J. Peters in der *Post* sollten den Eindruck erwecken, daß man die Lage unter Kontrolle hatte, daß keine Gefahr bestand und daß das Ganze nicht sonderlich interessant war. In Wirklichkeit war die Lage sehr ernst, aber wenn Peters wollte, konnte er aalglatt sein und völlig gelassen wirken, und so führte er das Gespräch mit den Journalisten in ausgesucht ungezwungenem Ton. Er versicherte ihnen am Telefon, es gebe kein Problem, nein, wirklich nicht, es handele sich nur um eine Art technischer Routineangelegenheit. Irgendwie zogen die Journalisten den Schluß, daß die kranken Affen bereits getötet worden waren. Wenn man erfahren wollte, ob die Unternehmung ungefährlich war, gab es nur eine Möglichkeit: Man mußte sie ausprobieren. Nach Peters' Überzeugung war es wesentlich gefährlicher, sich zurückzulehnen und zuzusehen, wie das Virus sich durch die Affenkolonie fraß. In dem Gebäude gab es fünfhundert Affen. Das waren etwa drei Tonnen Affenfleisch – ein biologischer Reaktor, der vor der Kernschmelze stand. Wenn man die Tiere sich selbst überließ, würde sich der Erreger gewaltig vermehren.

Um fünf Uhr morgens traf C. J. an der Laderampe des Instituts ein. Er wollte die Gruppe zum Affenhaus begleiten und zusehen, wie Jerrys Team mit dem Einsatz begann; anschließend würde er zum Institut zurückfahren und sich um die Medien- und Behördenvertreter kümmern.

Um halb sieben gab er den Befehl zur Abfahrt, und die Wagenkolonne bewegte sich aus dem Haupttor von Fort Detrick nach Süden in Richtung des Potomac. Sie bestand aus lauter ganz normalen Autos – es waren die Privatwagen der Offiziere –, und die Insassen trugen Zivilkleidung, so daß sie aussahen wie Berufspendler. Ganz vorn fuhren zwei nicht gekennzeichnete Armeefahrzeuge. Das eine, ein schneeweißer Krankenwagen, war ein Ambulanzfahrzeug der Sicherheitsstufe 4. In ihm befand sich ein Ärzteteam mit der sogenannten Blasentrage, einer stählernen Krankentrage, die von einer Blase aus durchsichtigem Kunststoff umgeben war. Sollte jemand von einem Affen gebissen werden, würde man ihn in die Blase legen und in den Slammer bringen. Beim zweiten Fahrzeug handelte es sich um einen weißen Kühllastwagen, der die toten Affen und die Röhrchen mit den Blutproben aufnehmen sollte.

Die Kolonne überquerte den Potomac bei Point of Rocks und erreichte den Leesburg Pike, als gerade die Rush-hour einsetzte. Der Verkehr staute sich, und unter den Offizieren machte sich Ärger breit. Zwei Stunden vergingen, bis sie schließlich in das Gewerbegebiet einbogen, in dem das Affenhaus lag. Die Lastwagen parkten auf einer Rasenfläche hinter dem Gebäude. Auf dieser Seite befand sich eine Backsteinwand mit ein paar schmalen Fenstern und einer Glastür. Die Tür war der Angriffspunkt. Den Materialwagen stellten sie so ab, daß seine Rückseite sich genau vor dem Eingang befand.

Jenseits der Rasenfläche standen Büsche, die sich einen Abhang hinunterzogen, und dahinter lag der Spielplatz einer Kindertagesstätte. Man konnte das Geschrei der Kinder hören und sah durchs Gebüsch eine Horde Vierjähriger auf Schaukeln sitzen oder um ein Spielzeughaus toben.

Jerry Jaax studierte den Plan des Gebäudes. Zusammen mit Gene Johnson hatte er entschieden, daß die Schutzanzüge nicht draußen auf dem Rasen angelegt werden sollten, sondern im Inneren, damit Fernsehteams, die vielleicht noch auftauchten, nichts zu filmen hatten. Jaax und Johnson gingen in den leeren Lagerraum, der zum Kostümierungsbereich werden sollte. Durch die Backsteinwände drangen gedämpft die Schreie der Affen.

Jerry Jaax würde als erster hineingehen. Er hatte beschlossen, Captain Mark Haines mitzunehmen, einen seiner Offiziere. Haines war ein kleiner, lebhafter Mann mit durchtrainiertem Körper, der eine Armee-Tauchschule absolviert hatte. Während seiner Ausbildung war er in Taucherausrüstung nachts aus Flugzeugen ins offene Meer gesprungen. Er war kein Mann, der im Schutzanzug Platzangst und Panik bekommen würde. Außerdem war er Tierarzt und verstand etwas von Affen.

Jaax und Haines kletterten in den Versorgungswagen und entkleideten sich. Die Kälte ließ sie zittern. Sie zogen keimfreie Chirurgenkleidung an und gingen über den Rasen und durch die Glastür in den Lagerraum. Hier half ihnen eine Ambulanzeinheit der Armee unter der Leitung von Captain Elizabeth Hill beim Anlegen der orangefarbenen Racal-Schutzanzüge, die für den Umgang mit biologischen Gefahrstoffen in freier Wildbahn gedacht sind.

Jerry war aufs äußerste angespannt. Er hatte noch nie einen Schutzanzug getragen. Seit Jahren hatte er Nancy Vorträge darüber gehalten, wie gefährlich es war, in einem solchen Anzug mit Ebola-Viren zu arbeiten; er fühlte sich schon beim Gedanken an die kontrollierte Arbeit im Sicherheitslabor unbehaglich, und jetzt sollte er ein Team in die Ebola-Hölle führen. Er machte sich allerdings weniger um sich selbst als um die anderen Leute Sorgen, für die er verantwortlich war. Doch diese Sorge lenkte ihn von seinen persönlichen Problemen ab.

Vielleicht konnte er John da drinnen eine Zeitlang verges-

sen. Er schaltete das Gebläse ein, und der Anzug blähte sich um seinen Körper auf. Es fühlte sich eigentlich nicht unangenehm an, aber Jerry begann stark zu schwitzen.
Die Tür war genau vor ihnen. Er hatte den Grundriß des Affenhauses in der Hand und nickte seinem Begleiter zu. Haines war bereit. Als Jerry die Tür öffnete, wurde das Geschrei der Affen lauter. Sie standen in einem fensterlosen dunklen Backsteinkorridor mit Türen an beiden Enden: die provisorische Luftschleuse, die Grauzone. Wie in jeder Luftschleuse galt hier die Grundregel, daß niemals beide Türen gleichzeitig geöffnet sein durften, damit keine verseuchte Luft in den Kostümierungsbereich fließen konnte. Die Tür schloß sich hinter ihnen, und es wurde dunkel. Pechschwarz. Verflucht, dachte Jerry, wir haben die Taschenlampen vergessen. Jetzt ist es zu spät. Dieser gottverdammte Flur ist dunkel wie eine Höhle.
Sie tasteten sich an den Wänden entlang zum anderen Ende.

Um halb acht weckte Nancy die Kinder. Wie jeden Morgen mußte sie Jason schütteln, um ihn aus dem Bett zu bekommen. Es gelang ihr nicht, also schickte sie einen der Hunde zu ihm, den 35 Kilo schweren Bouvier namens Blackjack, der wußte, was von ihm erwartet wurde. Mit einem gewaltigen Satz sprang er aufs Bett, kletterte auf Jason herum und sabberte auf sein Gesicht. Im Nu stand der Junge auf.
Nancy zog einen Trainingsanzug an, ging hinunter in die Küche und schaltete das Radio ein; sie suchte einen Sender mit Rock-'n'-Roll-Musik. Die Musik half ihr, in Schwung zu kommen und feuerte auch den Papagei an. Herky johlte mit John Cougar Mellencamp um die Wette.
Die Kinder saßen am Küchentisch bei kalt angerührten Haferflocken. Nancy sagte ihnen, sie werde heute wieder Überstunden machen, und sie würden zum Abendessen allein sein. Sie sah in der Gefriertruhe nach und fand eine

Dose Eintopf, die sich die Kinder in der Mikrowelle heiß machen konnten. Vom Küchenfenster aus sah sie zu, wie die beiden die Einfahrt hinuntergingen und am Fuß des Hügels auf den Schulbus warteten.

»... das ist keine Arbeit für eine verheiratete Frau. Sie werden entweder Ihre Arbeit oder Ihre Familie vernachlässigen«, hatte ein Vorgesetzter ihr vor langer Zeit gesagt.

Sie nahm sich ein Käsebrötchen und einen Apfel mit, die sie im Auto verzehrte, während sie nach Reston fuhr. Als sie beim Affenhaus ankam, war Jerry bereits im Gebäude.

Der Kostümierungsraum war überfüllt mit Menschen. Nancy wandte sich an die Leute des Teams, die gerade dabei waren, in die Schutzanzüge zu schlüpfen. »Die Anzüge stehen unter Druck«, sagte sie. »Wenn irgendwo ein Riß entsteht, müssen Sie ihn sofort mit Klebeband abdichten, sonst fällt der Druck ab, und verseuchte Luft kann in den Anzug eindringen.« Sie hielt eine Rolle mit braunem Klebeband hoch. »Bevor ich hineingehe, wickele ich mir ein zusätzliches Stück Band um den Knöchel, sehen Sie, so.« Sie schlang das Band um den Knöchel, als wollte sie ihn bandagieren. »Wenn Sie ein Loch im Anzug haben, können Sie ein Stück Klebeband vom Knöchel nehmen und es verschließen«, erklärte sie. »Es gibt hundert Unwägbarkeiten, durch die der Anzug einen Riß bekommen kann.«

Sie erzählte ihnen vom Ebola-Fieber bei Affen. »Die infizierten Tiere sind so voller Viren, daß ein einziger Biß ein verheerender Erregerkontakt wäre. Ein Biß ist der garantierte Tod. Seien Sie äußerst vorsichtig. Achten Sie in jedem Augenblick darauf, wo sich Ihre Hände und Füße befinden. Wenn Blut auf Ihren Anzug kommt, unterbrechen Sie sofort Ihre Tätigkeit und waschen Sie es ab. Lassen Sie kein Blut an den Handschuhen. Waschen Sie sie augenblicklich ab, denn mit Blut auf den Handschuhen sehen Sie die Löcher nicht. Und noch etwas. Sie sollten wenig Kaffee oder andere

Flüssigkeiten zu sich nehmen, bevor Sie hineingehen. Sie werden längere Zeit im Schutzanzug stecken.«
Die Batterien, die den Druck in den Anzügen aufrechterhielten, hatten eine Lebensdauer von sechs Stunden. Die Leute mußten den Gefahrenbereich verlassen und desinfiziert werden, bevor die Batterien versagten.

Jerry Jaax und Captain Mark Haines tasteten sich weiter den Flur entlang zu der Tür, die in den Gefahrenbereich führte. Sie gingen hinein und hatten nun zwei Korridore vor sich, in denen ohrenbetäubendes Affengeschrei herrschte. Die Lüftungsanlage funktionierte nicht, und die Temperatur schien bei über 35 Grad zu liegen, obwohl es draußen kalt war. Die durchsichtige Blase um Jerrys Kopf beschlug. Er drückte sie gegen das Gesicht, um die Feuchtigkeit von der Sichtfläche zu wischen.
In diesem Moment nahm er im linken Augenwinkel eine Bewegung wahr. Zwei Hazleton-Angestellte kamen auf ihn zu. Sie hatten hier nichts zu suchen! Der ganze Bereich sollte hermetisch abgeriegelt sein, aber sie waren auf einem anderen Weg hereingekommen, durch einen Lagerraum. Sie trugen Atemgeräte, aber die Augen waren ungeschützt. Als sie die beiden Männer in Schutzanzügen sahen, erstarrten sie.
Jerry wußte nicht, was er sagen sollte. »Wo geht es zum Raum H?« schrie er schließlich, wobei er versuchte, das Gebläse zu übertönen.
Sie führten ihn zu dem verseuchten Raum am anderen Ende des Flurs. Dann zogen sie sich zur Vorderseite des Gebäudes zurück, wo sie auf Dan Dalgard stießen, der in einem Büro gesessen und auf die Armeeleute gewartet hatte. Kurz darauf ging er mit einem Atemgerät zum Raum H, um nachzusehen, was dort vorging. Jerry starrte ihn an, als sei er mit jemandem verabredet gewesen, der dann plötzlich nackt auftauchte.

Dalgard war von den Schutzanzügen nicht begeistert; er wurde ausgesprochen nervös. Offenbar war ihm nicht klar gewesen, mit welcher Ausrüstung die Armee anrücken würde. Er zeigte ihnen den Raum H. »Sieht aus, als hätten wir hier ein paar kranke Affen«, meinte er ironisch. Einige Tiere drehten durch, als sie die Schutzanzüge sahen. Sie wirbelten in ihren Käfigen im Kreis herum oder kauerten sich in einer Ecke zusammen. Andere starrten die Menschen mit unbeweglicher Miene an.

»Sie sehen die klinischen Symptome«, sagte Dalgard und zeigte auf einen Affen. »Ich bin mir ziemlich sicher, daß ich erkenne, wann ein Affe krank ist. Sie wirken ein wenig deprimiert, lassen das Futter liegen und sind ein bis zwei Tage später tot.«

Jerry wollte sich alle Affen ansehen. Zusammen mit Haines ging er zurück in den Korridor, und nun suchten sie einen Raum nach dem anderen auf. Dabei fanden sie weitere Affen mit denselben Symptomen. Die beiden Männer, die eine Menge von Affen verstanden, fühlten sich in dem Gebäude unwohl. Hier lebte außer Menschen und Affen noch etwas anderes.

Nancy Jaax machte sich zum Einsatz fertig. In dem Lieferwagen zog sie den keimfreien Anzug an und lief dann über den Rasen zum Kostümierungsbereich. Das Versorgungsteam half ihr beim Anlegen des Schutzanzuges. Sie nahm mehrere Schachteln mit Spritzen und ging mit Captain Steven Denny hinein. Durch den Luftschleusenflur und die Tür am anderen Ende gelangten sie in den langen Korridor. Er war leer. Alle befanden sich im Raum H.

Nancy sieht aus wie das Kuchenteigmännchen aus der Backpulverwerbung, dachte Jerry, als er sie kommen sah. Der Schutzanzug war ihr zu groß und schlotterte trotz des Luftdrucks beim Gehen leicht um ihre Beine herum.

Auf der Nase mancher Affen bemerkte Nancy Schleim. Dalgard suchte vier aus, die am stärksten mitgenommen schienen, um sie zu töten. Er griff in die Käfige und gab ihnen eine Spritze. Als sie sich zusammenrollten und einschliefen, verabreichte er eine zweite Injektion, die das Herz zum Stillstand brachte.

Der Raum war mit Leuten in Schutzanzügen überfüllt, die gerade nichts zu tun hatten. Einer von ihnen war Sergeant Curtis Klages. Er wandte sich zu einem anderen und sagte: »Na, das ist ja ein großes Rudelbumsen« – in der Armee der Ausdruck für eine Operation, die zu einem Durcheinander führt und in der jeder vom anderen wissen will, was eigentlich los ist.

Zufällig sah Nancy den Sergeant an und überprüfte automatisch seinen Anzug. Dabei entdeckte sie eine undichte Stelle, einen Riß quer über die Hüfte. Sie berührte Klages am Arm und zeigte auf das Loch. Dann griff sie nach dem Reserve-Klebeband und dichtete die Öffnung ab.

Nacheinander holte sie die vier toten Affen aus den Käfigen und steckte sie in Plastiksäcke mit dem Zeichen für biologische Gefahrstoffe. Sie trug die Beutel zum Eingang, wo man eine Gartenspritze mit Chlorbleiche und weitere Säcke deponiert hatte. Dort verpackte sie die Kadaver jeweils in eine zweite Hülle, besprühte diese mit Chlorbleiche und verstaute sie in Pappkartons, den »Hutschachteln«, die sie ebenfalls desinfizierte. Schließlich steckte sie jede Schachtel in einen dritten Sack und besprühte diesen nochmals. Dann klopfte sie an die Tür. »Ich bin's, Nancy Jaax. Ich komme jetzt raus.«

Ein Sergeant der Desinfektionstruppe öffnete die Tür von der anderen Seite. Er trug ebenfalls einen Racal-Anzug und hatte eine Spritze mit Chlorbleiche in der Hand. Sie trug die Schachteln in die Luftschleuse. In der Dunkelheit und über das Winseln der Luftpumpen hinweg schrie er ihr zu: »Strecken Sie die Arme aus und drehen Sie sich langsam.«

Er sprühte sie fünf Minuten lang ab, bis die ganze Luftschleuse nach Chlorbleiche stank. Es fühlte sich herrlich kühl an, aber der Geruch drang durch die Filter und verursachte ein Stechen im Hals. Er behandelte auch die Säcke damit. Dann öffnete er die Tür zum Kostümierungsbereich. Nancy blinzelte im Licht und kam, die Müllbeutel vor sich herschiebend, heraus.

Das Versorgungsteam schälte sie aus dem Anzug. Sie war von Schweiß durchnäßt. Der Chirurgenanzug war völlig durchgeweicht, und hier war es eiskalt. Sie lief über den Rasen und zog im Lieferwagen ihre Zivilkleidung an.

Inzwischen wurden die Säcke in Kisten verpackt, die in den Gefrierlastwagen geladen wurden. In diesem Wagen fuhr Nancy mit einem Fahrer zurück nach Fort Detrick. Sie wollte die Affen so schnell wie möglich ins Sicherheitslabor bringen und sezieren.

Jerry Jaax zählte fünfundsechzig Tiere in dem Raum, ohne die vier, die Nancy mitgenommen hatte. Gene Johnson hatte von der Afrika-Expedition noch eine besondere Injektionspistole in seinen Kisten gehabt, einen langen Stock mit einer Halterung, in der die Spritze befestigt wurde. Mit diesem Gerät konnte man die Affen narkotisieren, ohne daß man ihnen allzu nahe kommen mußte. Zusätzlich brauchte man aber etwas, womit man die Tiere festhalten konnte. Haines und Jerry benutzten dazu einen Besenstiel mit einem weichen, U-förmigen Polster am Ende. Captain Haines drückte den Besenstiel gegen den Affen, und Jerry jagte dem Tier eine doppelte Dosis des Narkosemittels Ketamin ins Gesäß. Sobald ein Affe sich nicht mehr bewegte, injizierte Jerry ihm Rompun, ein Beruhigungsmittel, das ihn in Tiefschlaf versetzte.

Als alle Affen schliefen, schleppten die Männer ein Tier nach dem anderen aus den Käfigen heraus, legten sie auf Edelstahltische und nahmen ihnen Blut ab. Anschließend gaben sie ihnen eine dritte Injektion, diesmal mit der tödlichen Substanz T-61. Sobald ein Affe klinisch tot war, wurde er von Captain Steve Denny seziert. Denny schnitt Gewebeproben von Milz und Leber ab und ließ sie in Plastikflaschen fallen. Die toten Tiere wurden in Säcke gesteckt und in »Hutschachteln« verpackt, die man auf dem Korridor stapelte.

Dan Dalgard hatte den Raum verlassen und war in sein Büro auf der Vorderseite des Gebäudes zurückgekehrt, wo er für den Rest des Tages blieb und das Ende der Aktion abwartete.

Am Spätnachmittag waren alle Affen im Raum H tot. Hinter dem Haus, jenseits der Bäume und des Abhangs, tollten noch die Kinder um ihr Spielzeughaus herum. Ihr Geschrei war weithin zu hören.

Jeweils zu zweit kamen die Mitglieder des Arbeitsteams aus der Gefahrenzone. Nachdem sie sich umgekleidet hatten, versammelten sie sich auf dem Rasen. In Gedanken versunken und mit müden, blassen Gesichtern standen sie herum. Inzwischen war es dunkel geworden, und in der Ferne erstrahlten die Baudenkmäler Washingtons im Flutlicht. Es war der Freitagabend nach dem Thanksgiving Day, der Beginn eines ruhigen Wochenendes vor Anbruch der Weihnachtszeit. Der Wind frischte auf und trieb ein paar Pappbecher und leere Zigarettenschachteln über den Parkplatz. In einem Krankenhaus in der Nähe lag Jarvis Purdy, der Affenpfleger, der einen Herzinfarkt erlitten hatte; er wurde gut versorgt, und sein Zustand war stabil.

Im Institut waren Nancy und Ron Trotter bis ein Uhr nachts mit dem Sezieren der Affen beschäftigt.

Diesmal waren die Hinweise auf das Ebola-Fieber eindeutig. Bei manchen Tieren beobachtete Nancy etwas, das sie als »schreckliche Darmschäden« bezeichnete: die Ablösung der

Schleimhaut im Verdauungstrakt, ein klassisches Symptom. Der Darm war völlig zerstört, angefüllt mit flüssigem Blut, und in der Darmmuskulatur befanden sich umfangreiche Blutgerinnsel. Dieses geronnene Blut hatte die Verdauungsorgane von der Blutversorgung abgeschnitten, so daß deren Zellen abgestorben waren. So etwas beobachtet man gewöhnlich nur an halb verwesten Leichen.

»Sie sahen aus, als wären sie schon seit drei oder vier Tagen tot«, sagte Nancy. Und dabei waren es erst wenige Stunden. Bei einigen Affen war das Gewebe schon so stark verflüssigt, daß die beiden Wissenschaftler sich nicht lange mit dem Sezieren aufhielten, sondern nur Proben von Leber und Milz entnahmen. Zum Teil bestanden die Tiere aus dem Raum H nur noch aus einem Gewebebrei und Knochen, zusammengehalten von einem Hautsack und vermischt mit einer Riesenmenge Viren.

Montag, 4. Dezember, 7.30 Uhr

Der Tag brach an – kalt und rauh, mit auffrischendem Wind, der aus dem stahlfarbenen Himmel Schneegeruch mitbrachte. In den Einkaufspassagen von Washington und seinen Vorstädten hatte man die Weihnachtsdekoration aufgehängt. Die Parkplätze waren noch leer. Bald würden sie sich mit Autos füllen, und Erwachsene und Kinder würden in die Läden drängen.

Dan Dalgard war, wie an jedem gewöhnlichen Arbeitstag, zum Affenhaus gefahren. Als er sich mit seinem Wagen dem Gebäude näherte, sah er vor der Tür einen Mann im weißen Overall stehen. Es handelte sich um einen der Tierpfleger. Dalgard wurde wütend. Er hatte die Angestellten ausdrücklich angewiesen, nicht mit Atemmaske oder Arbeitsanzug ins Freie zu gehen. Er parkte seinen Wagen und rannte zum

Haupteingang. Beim Näherkommen erkannte Dalgard den Mann – er soll hier Milton Frantig genannt werden. Frantig stand vornübergebeugt auf dem Rasen und stützte die Hände auf die Knie. Er starrte auf das Gras und schien Dalgard nicht zu bemerken. Plötzlich zuckte er am ganzen Körper, und Flüssigkeit quoll aus seinem Mund. Er erbrach immer wieder, und das Geräusch des Würgens hallte über den Parkplatz.

Noch ein Kranker

Dan Dalgard war, wie er es später ausdrückte, »scheißerschrocken«. Vielleicht überwältigte ihn zum erstenmal das Grauen, das von den Geschehnissen im Primatenhaus ausging. Milton Frantig keuchte und würgte. Als das Erbrechen nachließ, half Dalgard ihm, sich aufzurichten; er brachte ihn ins Haus und sorgte dafür, daß Frantig sich auf eine Couch legte.

Frantig war fünfzig. Obwohl er nicht rauchte, litt er an chronischem Husten. Seit mehr als fünfundzwanzig Jahren arbeitete er nun schon mit Dalgard zusammen. Dalgard kannte ihn gut und mochte ihn. Der Vorfall erschütterte ihn und löste Furcht und Schuldgefühle in ihm aus: Hätte er das Gebäude bereits letzte Woche evakuieren sollen? Hatte er sich zuwenig um die Menschen und zuviel um die Affen gekümmert?

Frantig war blaß, zittrig und fühlte sich schwach. Zwischen heftigen Hustenanfällen entschuldigte er sich dafür, daß er das Gebäude im weißen Overall verlassen hatte. Er sagte, er habe gerade den Arbeitsanzug und das Atemgerät angelegt, um in einen Affenraum zu gehen, und dabei sei ihm schlecht geworden. Vielleicht hatte der Gestank in dem Gebäude den Brechreiz ausgelöst, denn die Räume wurden nicht mehr regelmäßig gereinigt. Er habe gespürt, daß er gleich erbrechen mußte und daß er es nicht mehr bis zur Toilette schaffen würde. Deshalb sei er nach draußen gerannt. Dalgard wollte Frantigs Temperatur messen, aber es war kein

Fieberthermometer zu finden, das nicht rektal bei den Affen verwendet worden war. Er beauftragte daher Bill Volt, im Drugstore eines zu besorgen.

Es stellte sich heraus, daß Frantig über 39 Grad Fieber hatte. Bill Volt lief, bebend vor Angst, im Zimmer des Kranken auf und ab. Er wurde immer unbeherrschter – »fast verkrampft in seinem Schrecken«, wie Dalgard sich später erinnerte –, aber auch Dalgard selbst erging es nicht anders.

Der Ruhigste im Zimmer war Frantig. Er schien keine Angst zu haben. Als gläubiger Christ erzählte er anderen gern, er sei erlöst worden. Wenn es dem Herrn gefiel, ihn mit einer Affenkrankheit heimzuholen, dann war er dazu bereit. Er betete ein wenig, rief sich seine Lieblingsstellen aus der Bibel ins Gedächtnis, und seine Übelkeit ließ allmählich nach. Irgendwann teilte er den anderen mit, er fühle sich ein wenig besser.

»Ich möchte, daß Sie hierbleiben«, sagte Dalgard zu ihm. »Verlassen Sie das Gebäude nicht.«

Er lief zu seinem Auto und fuhr so schnell es ging zur seiner Firma. Als er dort ankam, hatte er einen Entschluß gefaßt: Das Affenhaus mußte geräumt werden, und zwar sofort.

In dem Gebäude waren vier Angestellte beschäftigt, einer von ihnen lag schon im Krankenhaus, der nächste würde bald folgen. Der eine war herzkrank, der andere litt an Fieber und Erbrechen. Nach allem, was Dalgard über das Ebola-Fieber wußte, konnte beides ein Anzeichen für eine Infektion sein. Purdy und Frantig hatten in Ladenpassagen eingekauft, Freunde besucht und in Restaurants gegessen. Vermutlich hatten sie auch mit ihren Frauen geschlafen. An die Folgen durfte man nicht einmal denken.

Als er bei Hazleton Washington eintraf, ging Dalgard sofort zum Büro des Generaldirektors. Er wollte ihm einen kurzen Lagebericht geben und die Erlaubnis einholen, das Affenhaus zu räumen. »Wir haben zwei Leute im Krankenhaus«, erklärte er und schilderte, wie es Frantig ergangen war. Plötzlich versagte seine Stimme und er fing an zu weinen. Er konnte sich nicht mehr beherrschen, sackte in sich zusammen und schluchzte. Es dauerte eine Weile, bis er sich wieder beruhigt hatte und stockend hervorbrachte: »Ich empfehle, die ganze Einrichtung aufzugeben – so bald wie möglich. Meiner Ansicht nach sollten wir sie schließen und der Armee übergeben. Seit Oktober haben wir diese gottverdammte Krankheit, niemand hat sich verletzt, und jetzt liegen plötzlich zwei Mann im Krankenhaus. Bisher habe ich immer gedacht, daß wir es früh genug bemerken würden, wenn eine echte Gefahr für die Menschen besteht. Wir haben zu lange mit dem Feuer gespielt.«

Der Generaldirektor empfand Sympathie für Dalgard und stimmte seinen Vorschlägen zu. In Dalgards Büro wartete bereits eine Gruppe von Beamten der CDC auf ihn. Er kämpfte immer noch mit denTränen und hatte das Gefühl, der Druck, den er spürte, werde nie mehr nachlassen. Die CDC-Leute waren zu Hazleton gekommen, um alle Personen zu untersuchen, die mit dem Virus in Berührung gekommen waren. Dalgard berichtete, was an diesem Morgen im Affenhaus geschehen war, und schloß mit den Worten: »Ich habe empfohlen, die ganze Einrichtung zu räumen. Meiner Ansicht nach sollten das Gebäude und die Affen an USAMRIID übergeben werden, denn dort verfügt man über die Ausrüstung und das Personal, um gefahrlos damit umgehen zu können.«

Die Leute CDC widersprachen ihm nicht.

Als nächstes erhob sich die Frage, was mit Milton Frantig geschehen sollte. Er lag, entsprechend Dalgards Anweisung, immer noch auf der Couch. Da die CDC für die Epidemie zuständig war, kümmerten sie sich um den Fall. Man entschied, Frantig ins Fairfax Hospital einzuliefern, das innerhalb des Washingtoner Autobahnrings lag.

Es war jetzt 9.20 Uhr. Dalgard saß in seinem Büro und versuchte die Sache durchzustehen, indem er sich am Telefon als Krisenmanager betätigte. Er rief C. J. Peters in Fort Detrick an und berichtete ihm von dem kranken Tierpfleger. Mit ruhiger Stimme, der nicht anzuhören war, daß er vor kurzem geweint hatte, sagte er zu Peters: »Sie haben die Erlaubnis, die ganze Einrichtung und alle Tiere als Verantwortungsbereich von USAMRIID zu betrachten.«

Peters war ein wenig argwöhnisch wegen der Formulierung »Verantwortungsbereich von USAMRIID«. Er wußte, was das bedeutete: Wenn irgend etwas schiefging und Menschen ums Leben kamen, konnte man die Armee dafür verantwortlich machen und verklagen. Peters wollte das Gebäude unter seine Kontrolle bringen und ausräuchern, aber keine Prozesse. Er erklärte Dalgard, das Wichtigste für ihn seien die Sicherheit seiner Leute und die Sicherheit der Bevölkerung, aber diese Angelegenheit müsse er mit seinen Vorgesetzten besprechen. Er sagte, er werde sich so bald wie möglich wieder bei Dalgard melden. Danach sprachen sie über den Kranken. Peters war höchst beunruhigt darüber, daß man Frantig ins Fairfax Hospital gebracht hatte. Seiner Ansicht nach mußte man davon ausgehen, daß der Mann mit dem Ebola-Virus infiziert war, und so jemanden legte man in eine öffentliche Klinik? Man brauchte sich bloß anzusehen, was der Erreger in afrikanischen Krankenhäusern angerichtet hatte. Peters war überzeugt davon, daß der Mann in den Slammer des Instituts gehörte.

Sofort nachdem Dalgard aufgelegt hatte, rief Peters bei Joe McCormick an. Sinngemäß sagte er: »Ich weiß, Sie haben die Vorstellung, man brauche nur eine Gesichtsmaske und einen Kittel, um einen Ebola-Patienten zu behandeln, aber nach meiner Überzeugung sind dazu strengere Sicherheitsmaßnahmen erforderlich.« Er bot an, den Kranken mit einem Ambulanzwagen der Armee abzuholen, ihn in eine

Schutzhülle der Armee zu stecken und in den Slammer zu bringen.
Peters berichtete später, Joe McCormick habe zu ihm gesagt: »Ich will den Mann im Fairfax Hospital haben.« Peters hatte erwidert: »In Ordnung. Ich bin dieser Meinung, Sie sind anderer Meinung, und wir können uns nicht einigen. Aber egal – was passiert mit dem medizinischen Personal im Fairfax Hospital, und was wird mit Ihnen passieren, Joe, wenn das Ebola-Virus in die Klinik einbricht?«
McCormick änderte seinen Standpunkt nicht: Schließlich hatte er in Afrika tagelang in einer Hütte gearbeitet, die mit Ebola-Blut verschmiert war, und zwischen Menschen gekniet, die zusammengebrochen und ausgeblutet waren. McCormik erklärte, er werde für seine Entscheidung die volle Verantwortung übernehmen.

Vor dem Affenhaus hielt ein Fernsehübertragungswagen von Kanal 4 in Washington. Die Hazleton-Angestellten standen am Fenster und starrten das Auto durch die Gardinen hindurch an. Als der Reporter die Türklingel betätigte, ging keiner hin, um ihm zu öffnen. Dalgard erklärte ihnen, daß niemand mit der Presse sprechen dürfe. Genau in diesem Augenblick fuhr der Ambulanzwagen des Fairfax Hospital vor, um Frantig abzuholen. Die Leute von Kanal 4 hätten sich keinen günstigeren Augenblick für ihre Kameras aussuchen können. Die Tür des Affenhauses öffnete sich, und Milton Frantig, immer noch im weißen Overall, stolperte zum Krankenwagen. Die Sanitäter öffneten ihm die Hecktür, und Frantig kletterte selbst hinein. Als sie losfuhren, folgte ihnen das Team von Kanal 4. Ein paar Minuten später bogen Krankenwagen und Fernsehleute in die Auffahrt des Fairfax Hospital ein. Man brachte Frantig in ein Isolierzimmer, zu dem nur Ärzte und Schwestern Zutritt hatten, die Gummihandschuhe und Gesichtsmasken trugen.

Im Affenhaus war die Lage für die übrigen Angestellten inzwischen unerträglich geworden. Sie hatten Leute in Schutzanzügen getroffen, zugesehen, wie Frantig ins Gras gekotzt und wie das Team von Kanal 4 den Krankenwagen verfolgt hatte. Es war kurz vor elf Uhr, als sie die Nerven verloren. Fluchtartig verließen sie das Gebäude und schlossen hinter sich ab.

In dem Haus waren jetzt noch vierhundertfünfzig Affen, deren Heulen und Schreien durch die leeren Flure hallte. Während draußen ein Schneeschauer niederging und die Luft weiter abkühlte, fiel die Klimaanlage im Affenhaus endgültig aus. In den Räumen herrschten nun Temperaturen von über 30 Grad.

Die Tiere waren hungrig, denn sie hatten heute noch kein Futter bekommen. Hier und da starrten einige von ihnen mit glasigen Augen aus maskenartigen Gesichtern vor sich hin. Bei manchen lief Blut aus den Körperöffnungen und tropfte durch die Gitterstäbe auf die Metallplatten unter den Käfigen.

Die 91-Tangos

Montag, 10.30 Uhr

Die Krise in Reston verschärfte sich. Dan Dalgard spürte, wie er die Kontrolle über das Geschehen völlig verlor. Er organisierte eine Telefonkonferenz mit allen leitenden Managern seiner Firma und setzte sie über die Lage in Kenntnis. Er erklärte, daß er angeboten hatte, das Affenhaus der Armee zu unterstellen. Die Firmenleitung gab ihre Zustimmung, drängte aber darauf, die mündliche Abmachung mit der Armee schriftlich festzuhalten; außerdem sollte die Armee auch die juristische Verantwortung für das Gebäude übernehmen. Diese Forderung gab Dalgard nach der Konferenz telefonisch gleich an C. J. Peters weiter, der sie energisch zurückwies. Ihm schien es wichtiger, sofort handeln zu können. Er wollte sich jetzt nicht mit juristischen Fragen auseinandersetzen. Dalgard faxte ihm dann einen Brief zu, in dem die Firma der Übernahme des Gebäudes durch die Armee zustimmte. C. J. ging mit dem Brief zum Büro von General Philip Russell, wo die beiden eine Weile über dem Schreiben brüteten und dann beschlossen, es den Armeejuristen nicht zu zeigen. Sie unterzeichneten den Brief und faxten ihn an Dalgard zurück. Damit war das Affenhaus in den Händen der Armee.

Jetzt würde Jerry Jaax eine viel größere Einsatztruppe in das Affenhaus führen müssen.

Jerry war bei USAMRIID kommandierender Offizier der Gruppe »91-Tango«. Diese Namensgebung beruhte auf der Klassifikation 91-T für Tierbetreuer bei der Armee. Sie kümmern sich hauptsächlich um die Wachhunde. Bei USAMRIID sorgen sie außerdem für Pferde, Schafe, Kaninchen, Mäuse und Affen.

Während der Krankenwagen mit Milton Frantig zur Klinik unterwegs war, rief Jerry alle »Tangos« sowie die Zivilangestellten seiner Abteilung in einem Konferenzraum des Instituts zusammen. Bei den meisten »Tangos« handelte es sich um junge Soldaten, die wenig oder gar keine Erfahrung mit der Arbeit im Schutzanzug hatten. Die Zivilisten waren älter, und einige von ihnen waren Spezialisten für die Sicherheitsstufe 4, die tagaus, tagein einen Chenturion-Anzug trugen. Der Raum war so überfüllt, daß ein paar Leute auf dem Fußboden sitzen mußten.

»Es handelt sich um das Ebola-Virus oder einen ähnlichen Erreger«, erklärte Jerry. »Es besteht die Möglichkeit, daß es für die umliegenden Anwohner zu einer sehr ernsten Gesundheitsgefahr wird. Wir müssen diese Lage in den Griff kriegen. Wie einige von Ihnen wissen, haben wir hier im Institut bereits mit Ebola gearbeitet. Es führt zu hoher Sterblichkeit, Behandlungs- oder Heilungsmethoden sind nicht bekannt. Es ist nicht besonders ansteckend, solange man nicht mit Blut oder Blutbestandteilen in Berührung kommt. Allerdings können wir die Möglichkeit einer Übertragung durch die Luft nicht ganz ausschließen. Wir werden Blut in großen Mengen handhaben müssen, und wir werden auch scharfe Instrumente benutzen. Dazu bedienen wir uns der biologischen Einweg-Sicherheitsanzüge.« Daß ein Mann erkrankt war wußte Jerry noch nicht – C. J. Peters hatte ihm absichtlich nichts davon erzählt.

Jerry beendete seinen Lagebericht mit den Worten: »Wir suchen Freiwillige. Gibt es hier irgend jemanden, der *nicht* mitkommen will? Wir können Sie nicht dazu zwingen.«

Als sich niemand meldete, sah Jerry sich um und wählte

einzelne Leute aus. Unter den Versammelten war eine Sergeantin namens Swiderski, die Jerry nicht mitnehmen wollte. Sie war schwanger, und bei schwangeren Frauen hat das Ebola-Fieber besonders häßliche Auswirkungen.
Anders als bei Kriegseinsätzen würde es keine Gefahrenzulage geben. Die Armee vertrat nämlich die Auffassung, daß die Arbeit im Schutzanzug nicht gefährlich war. Nur wenn man ohne Anzug mit einem hochinfektiösen Erreger umging, war die Arbeit als gefährlich einzustufen. Die einfachen Soldaten würden also nur ihren normalen Sold bekommen. Sieben Dollar die Stunde.
Bevor Jerry seine Leute mit der Aufforderung entließ, sich am nächsten Morgen um fünf Uhr in Zivilkleidung an der Laderampe des Instituts einzufinden, wies er sie noch darauf hin, daß sie mit niemandem über die Aktion sprechen durften, nicht einmal mit ihren Angehörigen. »Wenn Sie zu Platzangst neigen«, sagte er, »überlegen Sie es sich jetzt.«

Montag/Dienstag, 4./5. Dezember; nachts

In dieser Nacht schliefen die Soldaten nicht viel, ebensowenig wie Gene Johnson. Er machte sich Sorgen um die »Jungs«, denn er hatte ein gerüttelt Maß an Schrecken mit gefährlichen Erregern erlebt. In Zaire hatte er sich einmal mit einer blutigen Kanüle gestochen, als er einer Maus Blut abnahm, die wahrscheinlich infiziert war. Sie hatten ihn per Flugzeug zum Institut gebracht und dreißig Tage lang in den Slammer gesteckt. »Das war keine Vergnügungsreise«, sagte er hinterher sarkastisch. »Wissen Sie, man behandelte mich, als ob ich sterben würde. Sie gaben mir keine Schere zum Bartschneiden, weil sie dachten, ich sei selbstmordgefährdet. Und nachts wurde ich eingeschlossen.« Als Gene in Kitum Cave im Schutzanzug die Tiere sezierte, hatte er sich

dreimal mit blutigen Instrumenten geschnitten. Aufgrund dieser Erfahrungen war seine Furcht vor dem, was dort im Affenhaus lebte, abgrundtief.
Johnson wohnte in einem weitläufigen viktorianischen Haus am Abhang des Catoctin Mountain. Den größten Teil der Nacht verbrachte er in seinem Arbeitszimmer und dachte über verschiedene Vorgehensweisen nach. Im Gefahrenbereich muß man jede Bewegung planen und kontrollieren. Wo kann uns das Virus angreifen? fragte er sich. Am leichtesten erwischt es uns an den Händen. Sie sind der Schwachpunkt. Vor allem die Hände müssen unter Kontrolle bleiben.
Er saß in einem Lehnstuhl, hielt eine Hand hoch und betrachtete sie aufmerksam, als sähe er sie zum erstenmal: Genau wie eine Affenhand, dachte er. Dann stand er auf und spielte mimisch ein paar Handbewegungen durch: Er gab einem Affen eine Injektion, trug ihn zum Seziertisch und legte ihn ab. Er öffnete das Tier und griff mit den Händen in die Bauchhöhle, eine einzige blutige Lache. Seine Hände waren mit drei Schichten Gummi bedeckt, deren äußerste mit Blut und dem gefährlichen Erreger verschmiert war.
Johnson legte eine Pause ein und machte sich ein paar Notizen. Anschließend trat er wieder in den imaginären Gefahrenbereich ein. Er führte eine Schere in den Körper ein, schnitt ein Stück von der Milz ab und übergab es einem Mitarbeiter. Wo würde der andere stehen? Hinter ihm? Jetzt griff er zu einer Spritze. Okay, dachte er, ich habe eine Kanüle in der Hand, einen tödlichen Gegenstand. In der rechten Hand, wenn ich Rechtshänder bin. Der Helfer muß also links von mir stehen, weit weg von der Nadel. Und jetzt seine Hände. Was werden die Hände des anderen tun? Was werden die Hände aller anderen tun?
Bis zum frühen Morgen hatte er viele Seiten mit Notizen gefüllt. Es war das Drehbuch für den biologischen Gefahreneinsatz.

Jerry Jaax fuhr um vier Uhr morgens zu Hause los. Nancy schlief noch. An der Laderampe traf er sich mit Gene Johnson, und gemeinsam gingen sie Genes Notizen durch.
In der Zwischenzeit trafen die Angehörigen des Einsatzkommandos ein, Soldaten aus Jerrys Einheit. Sie standen herum und warteten auf Befehle. Der Himmel war noch tiefschwarz, nur Flutlichtlampen beleuchteten das Geschehen. Jerry hatte beschlossen, in Zweiergruppen vorzugehen und legte nun fest, wer dabei mit wem zusammenarbeiten sollte. Er notierte sich die Namen und dann die Reihenfolge, in der sie das Gebäude betreten würden. Nachdem er die Liste vorgelesen hatte, stiegen alle in die Autos und fuhren nach Reston – ein weißer Kühltransporter, mehrere Personenwagen, ein nicht gekennzeichneter Lieferwagen, das weiße Ambulanzfahrzeug mit der Isolierblase und mehrere Zivilfahrzeuge. Sie blieben im Berufsverkehr stecken und kamen nur langsam voran. In den Wagen um sie herum saßen schläfrige Geschäftsleute, die Kaffee aus Styroporbechern tranken.

In Reston versammelte sich das Team, und Gene Johnson bat um Aufmerksamkeit. Seine Augen lagen tief und dunkel in den Höhlen, ein Zeichen, daß er seit Tagen nicht richtig geschlafen hatte. »Das hier ist kein Spiel«, sagte er. »Es ist der Ernstfall. Eine Epidemie mit einem biologischen Gefahrstoff der Klasse 4 ist kein Übungseinsatz. Ich möchte, daß Sie alle über die bisherige Entwicklung Bescheid wissen. Es besteht die Möglichkeit, daß eine Übertragung des Virus auf Menschen stattgefunden hat. Zwei Personen sind erkrankt und liegen in der Klinik. Beide sind Tierpfleger, die in diesem Gebäude hier gearbeitet haben. Besonders bei einem machen wir uns Sorgen. Er wurde gestern morgen krank, mit Erbrechen und Fieber. Ob er Ebola hat, wissen wir nicht. Ich möchte aber, daß Sie eines begreifen: Er wurde *nicht* von einem Tier gebissen, und er hat sich auch *nicht* geschnitten oder mit einer Nadel gestochen. Wenn er also Ebola haben sollte, besteht die Möglichkeit einer Übertragung des Virus durch die Luft.«

Jerry Jaax hörte mit wachsendem Grauen zu. Von diesem Kranken erfuhr er jetzt zum erstenmal. Er war überzeugt davon, daß sie die nächsten Opfer sein würden.

Es war ein eisiger, grauer Tag. Von den Bäumen hinter dem Affenhaus waren die Blätter abgefallen, und das Laub raschelte auf dem Rasen. In der Kindertagesstätte unten am Hügel hatten die Eltern ihre Sprößlinge abgeliefert, und die Kleinen turnten, dick vermummt, auf dem Spielplatz herum. Ihre Stimmen hallten dünn und fröhlich durch die kalte Luft.

Gene Johnson fuhr mit seiner Ansprache fort: »Wir müssen davon ausgehen, daß Ebola durch die Luft übertragen werden kann«, sagte er. »Sie kennen die Risiken, und Sie haben Erfahrung« – dabei fiel sein Blick auf eine Obergefreite namens Nicole Berke. Sie war recht hübsch, mit langen blonden Haaren, und gerade achtzehn Jahre alt. Wer ist das? dachte er. Ich habe sie noch nie gesehen. Muß zu Jerrys Leuten gehören. Sie sind noch Kinder und wissen nicht, wogegen sie hier eingesetzt werden. »Sie müssen den Anweisungen genau folgen«, sagte er. »Und wenn Sie Fragen haben, fragen Sie!«

Es gab nur wenige Fragen. Alle waren angespannt, schweigsam, in sich gekehrt. Jerry Jaax ging in den Kostümierungsraum, und die Versorgungsmannschaft half ihm, den Racal-Anzug anzulegen. Sie befestigten den Helm auf seinem Kopf, und das Gebläse begann zu dröhnen. Er sagte den anderen, sie würden sich drinnen wiedersehen, und ging mit Sergeant Thomas Amen, seinem Begleiter, durch die Luftschleuse in den Gefahrenbereich.

Hier war alles verschmutzt. Auf dem Fußboden lagen Affenfutter und Papiere herum, und in den Büros standen die Stühle umgekehrt auf den Tischen. Jerry und der Sergeant bewegten sich in den Anzügen langsam und vorsichtig, wie Taucher bei einem Einsatz tief im Meer. Als Jerry in den ersten Affenraum eintrat, drehten die Tiere durch. Sie hatten Hunger und warteten auf die Fütterung. In dem Raum herrschte ein einziges Chaos – das schaffen Affen auch dann, wenn sie in Käfigen eingeschlossen sind. Sie hatten überall mit alten Futterresten herumgeworfen und die Wände bis zur Decke mit Kot beschmiert.

Jerry und der Sergeant fanden Säcke mit Affenfutter und gingen reihum in alle Räume des Gebäudes, um die Tiere zu füttern. Diese würden zwar bald sterben, aber Jerry wollte sie nicht mehr als nötig leiden lassen. Während er den Affen zu fressen gab, betrachtete er sie genau. In vielen Räumen stieß er auf teilnahmslose Tiere mit starrem Blick. Einigen lief die Nase, oder sie hatten eine blutdurchsetzte grünliche Kruste um die Nasenöffnungen. Auf den Blechen unter manchen Käfigen bemerkte er Blutlachen. Diese Zeichen beunruhigten ihn zutiefst, denn sie waren ein Hinweis dafür, daß der Erreger sich im ganzen Gebäude ausgebreitet hatte. Einige Tiere husteten und niesten. Jerry fragte sich, ob sie es mit einer mutierten Form des Ebola-Fiebers zu tun hatten, einer Art Ebola-Grippe, die durch die Luft übertragen wurde. Die Vorstellung erschreckte ihn, und er versuchte, nicht darüber nachzudenken. Eine Ebola-Epidemie kann man sich ebensowenig vorstellen wie einen Atomkrieg. Jerry bekam einen Schweißausbruch, so daß die Kunststoffblase um seinen Kopf beschlug und er die Affen kaum noch erkennen konnte. Aber er konnte sie hören. Ihre Schreie übertönten das Geräusch des Gebläses.

Während der darauffolgenden halben Stunde befanden sich mehrere Mitglieder des Teams im Kostümierungsraum. Einige von ihnen nahmen Spritzen aus den sterilen Hüllen, steckten Kanülen darauf und füllten die Spritzen mit Medikamenten. Captain Mark Haines kleidete sich ein. Während die Versorgungsmannschaft ihm half, gab er den Leuten des Einsatzkommandos noch letzte Hinweise: »Sie werden allen Affen im Haus Sterbehilfe leisten. Das ist kein Vergnügen. Haben Sie kein Mitleid mit den Tieren – sie müssen ohnehin sterben. Sie müssen ohne Ausnahme beseitigt werden. Stellen Sie sich nicht vor, daß Sie etwas töten. Denken Sie daran, daß Sie hier das Virus aufhalten, damit es nicht woandershin gelangt.

Spielen Sie nicht mit den Affen. Denken Sie daran, daß es Lebewesen sind. Ich will um die Tiere herum kein Lachen und keine Witze hören, da kann ich ganz hart sein. Denken Sie an die tierärztliche Ethik: Sie haben Verantwortung für die Tiere, und Sie haben Verantwortung für die Wissenschaft. Diese Tiere geben ihr Leben für die Wissenschaft. Sie haben sich das Zeug eingefangen, es war nicht ihre Schuld. Sie hatten damit nichts zu tun. Achten Sie auf Ihren Begleiter. Übergeben Sie niemals einem anderen eine gebrauchte Kanüle.

Wenn Sie die Abdeckung der Spritze entfernt haben, geht die Nadel sofort zum Tier. Die benutzte Kanüle legen Sie in einen Behälter für scharfe Gegenstände. Wenn Sie müde werden, sagen Sie Ihrem Vorgesetzten Bescheid, dann können Sie hinausgehen und sich desinfizieren lassen.« Er wandte sich ab, öffnete die Tür und ging mit seinem Begleiter hinein.

»Wer ist als nächster dran?« fragte Gene Johnson. Er sah auf die Liste. »Godwin! Sie sind die nächste!«

Charlotte Godwin, eine Obergefreite, lief nach draußen zum Lieferwagen, zog die Sichtblende herunter und entkleidete sich. Sie legte einen sterilen Chirurgenanzug, Socken, Stoffschuhe und eine Haarhaube an.

Als sie fertig war, eilte sie verlegen über den Rasen in den Kostümierungsraum. Einer der Hilfskräfte sagte zu ihr: »Sie sind ein bißchen klein. Wir haben einen Spezialanzug für

Sie!« Doch in Wirklichkeit war es ein großer Anzug für einen hochgewachsenen Mann, und sie war nur einsfünfzig. Der Anzug schlotterte um sie herum wie eine Plastiktüte. Als das Gebläse angesprungen war, machte ein Armeefotograf ein paar Bilder für den Einsatzbericht. O Gott, dachte sie, ich habe eine Haarhaube auf. Sie sieht aus wie ein Clownshut. Auf dem Foto sieht man meine Haare nicht, und der Schutzanzug ist mir zu groß. Er macht mich dick. So ein Pech, daß ausgerechnet ich auf den Einsatzfotos wie eine Idiotin aussehen muß!

Unsicher tappte sie in die Grauzone. Sie trug Schachteln mit Material unterm Arm. Dann bemerkte sie den Geruch. Ein entsetzlicher Gestank drang durch die Filter in ihre Nase. Ihr Begleiter klopfte an die nächste Tür, und sie gingen hinein. Die Sichtfolie in der Kopfblase des Sicherheitsanzuges hatte sich in Falten gelegt, so daß Charlotte alles verzerrt sah. Sie kam sich vor wie in einem Spiegelkabinett.

Eine Tür ging auf, und Oberst Jaax erschien. »Ziehen Sie die ersten Spritzen auf«, sagte er zu ihr. »Doppelte Dosis Ketamin.«

»Ja, Sir«, erwiderte sie.

»Der Sergeant und ich werden die Affen hier drinnen einschläfern«, erklärte er.

Charlotte steckte die Kanülen in das Fläschchen und zog das Betäubungsmittel in die ersten Spritzen.

Jerry Jaax ging mit einer gefüllten Spritze in den Affenraum und befestigte sie am Ende einer Injektionspistole. Der Sergeant griff nach dem Besenstiel zum Festhalten der Tiere. Jerry öffnete die erste Käfigtür und beobachtete dabei genau, ob der Affe gereizt wirkte und auf ihn losgehen wollte. Als der Sergeant den Besenstiel hineinsteckte, sprang der Affe herum und versuchte zu entkommen. Es schien eine Ewigkeit zu dauern, bis der Sergeant sagte: »Okay, ich hab' ihn.« Jerry richtete die Injektionspistole auf das Tier, das wild zu strampeln begann und laut kreischte, und jagte ihm die Spritze ins Gesäß.

Inzwischen waren die meisten Leute der Einsatzgruppe im Gebäude. Jerry ließ sie im Korridor zusammenkommen. »Machen Sie alle fünf oder zehn Minuten eine Pause«, schärfte er ihnen ein, »und achten Sie ständig darauf, ob der Anzug Ihres Nachbarn Risse bekommen hat. Seien Sie sehr vorsichtig. Ruhen Sie sich zwischendurch aus. Ich möchte, daß Sie jede Stunde eine zehnminütige Ruhepause einlegen. Wer müde ist, der ist auch unvorsichtig.«

Jerry beschloß, einen gesonderten Bereich für die ausblutenden Tiere einzurichten. Er wählte einen kleinen Raum an der Vorderseite des Gebäudes aus. Dort gab es eine Dusche und einen Abfluß im Fußboden. Man konnte das Blut wegspülen und alle benutzten Gegenstände mit Bleichlauge waschen. Allerdings würde man jedesmal, wenn Blut in den Abfluß lief, Chlorbleiche hinterherschütten müssen, damit das Zeug nicht in die Kanalisation von Reston gelangte. Sie schoben drei Untersuchungstische aus Edelstahl in den Raum, an denen dann Hand in Hand wie in einer Maurerkolonne gearbeitet wurde. Etwa alle fünf Minuten trug Jerry einen bewußtlosen Affen aus einem der Räume in den »Blutbereich«, wobei er dem Tier die Arme auf dem Rücken festhielt. Er legte es auf einen der Metalltische, und Captain Mark Haines nahm dem Affen Blut ab. Anschließend injizierte Captain Nate Powell ihm die tödliche Dosis T-61, wobei er unmittelbar ins Herz stach. Wenn das Tier eindeutig tot war, übergab er es Captain Steve Denny, der den Kadaver öffnete und kleine Stücke von Leber und Milz herausschnitt. Die Leber dieser Tiere war grau und zerfressen.

Die Gefreite Charlotte Godwin stand neben Captain Denny und reichte ihm die Instrumente. Sie hatte den Eindruck, daß er nervös und zerfahren war. Mit langsamen, unsicheren Bewegungen zog er die Milz aus dem Tierkörper, der gerade vor ihm lag. Das Organ war mit weißen Flecken übersät und schien steinhart zu sein. Nach einiger Zeit überreichte der Captain die Schere seiner Assistentin und ließ sie selbst einen Affen aufschneiden. Godwin wurde nun selbst nervös und spürte, wie ihr Herz zu rasen begann. Sie nahm unter den Sicherheitsbedingungen der Stufe 4 eine Autopsie vor, vielleicht die gefährlichste Arbeit, die man im Schutzanzug überhaupt verrichten konnte. Ihre Hände waren nur um die Dicke einer Gummihaut von einem Tod entfernt, der grauenhafter war, als auf dem Schlachtfeld zu sterben. Aber obwohl sie sich fürchtete, hatte sie den Ehrgeiz, Captain Denny zu zeigen, daß sie schneller und geschickter war als er. Mit schnellen Handgriffen begann sie den Körper des Tieres zu bearbeiten. Dabei fiel ihr Blick auf die weit geöffneten Augen des Affen. Es war, als sehe er ihr bei der Arbeit zu. Er hatte klare, glänzende Augen mit dunkelbrauner Iris und tiefschwarzer Pupille. Unwillkürlich streckte sie die Hand aus, um die Augen zuzudrücken.

Drinnen

Dienstagnachmittag

Der Tag ging zur Neige, und die Filterbatterien der Schutzanzüge würden bald erschöpft sein. Durch die Fenster am Ende der Korridore drang das diffuse Licht der Abenddämmerung. Jerry ließ seine Leute immer wieder ausruhen. Erschöpft und mit leerem Gesichtsausdruck saßen sie auf dem Fußboden im Korridor. Er ging von einem zum anderen, um festzustellen, ob die Leute noch arbeitsfähig waren. »Wie geht es Ihnen? Sind Sie müde? Wollen Sie hinausgehen?« Keiner von ihnen wollte den Gefahrenbereich verlassen. Die Mannschaft hielt Gene Johnson, der draußen geblieben war, über Funk auf dem laufenden, und ein Soldat teilte ihm mit, daß alles ordnungsgemäß vorangehe. Johnson hatte die Leute mit Handfunkgeräten ausgestattet, die auf einer Armeefrequenz sendeten, da er vermeiden wollte, daß andere mithörten, vor allem die Presseleute, die das Gerede vielleicht auf Tonband mitgeschnitten hätten.

Dann kam es jedoch zu einem Zwischenfall. Mit dem Anzug der Spezialistin Rhonda Williams stimmte etwas nicht. Das Gebläse streikte, die Gummihülle fiel in sich zusammen und schmiegte sich an den durchgeschwitzten Chirurgenanzug. »Mir geht die Luft aus!« schrie Rhonda. »Die Batterie geht zu Ende.«

Sie wollte ihren Posten nicht verlassen und griff zum Gürtel, an dem sich aber kein Reserveaggregat mehr befand. Auch alle anderen hatten ihre Reservebatterien aufgebraucht. Es gab einen kleinen Tumult. Jerry wollte Rhonda nach drau-

ßen bringen und lief durch den Flur zur Luftschleuse, wo ein Soldat mit Funkgerät postiert war. Jerry griff nach dem Gerät und schrie durch seinen Helm: »Wir haben hier eine Dame mit leerer Batterie!«
»Wir müssen Ihnen eine Batterie hineinbringen lassen. Können Sie warten?« erwiderte Gene.
»Nein. Sie kommt raus. Ihr Anzug verliert Luft.«
Unterdessen zog der Soldat an der Tür eine Reservebatterie hervor und hielt sie Jerry vor die Nase. Jerry rief in das Funkgerät: »Warten Sie – wir haben noch eine Ersatzbatterie.«
Der Soldat lief mit dem Akku zu Rhonda und grinste sie an: »Hier, ich setz' dich wieder unter Strom.«
Er befestigte das kleine Kästchen an Rhondas Gürtel. O Gott, dachte sie, wenn er die alte Batterie abstöpselt, setzt das Gebläse aus.
»Warte einen Augenblick«, bat sie ihn. »Dann habe ich ja keine Luft mehr.«
»Keine Sorge, es dauert ja nur einen Moment, bis ich umgestöpselt habe«, erwiderte er.
Rhonda war nervös und wollte hinausgehen. Sie fragte sich, ob sie sich wohl in den wenigen Minuten, in denen der Luftdruck im Anzug auf Null abgesackt war, infiziert hatte. Jerry entschied, sie solle mit Charlotte Godwin, die offenbar müde wurde, den Gefahrenbereich verlassen. »Ich lasse jetzt zwei herauskommen«, teilte er Gene mit.
Draußen brach fast eine Panik aus: Gerade war ein Übertragungswagen des Fernsehens vorgefahren. Gene war entsetzt. Er wollte nicht, daß die Kameras ausgerechnet in dem Augenblick zu laufen begannen, in dem zwei Frauen in Schutzanzügen aus dem Gebäude herauskamen.
»Wir sind in der Klemme«, sagte er aufgeregt. »Sie können nicht rauskommen. Hier stehen Fernsehkameras.«
»Ich schicke sie raus«, erwiderte Jerry.

»Na gut, schick sie raus. Wir ziehen vor den Kameras eine Show ab.«

Jerry klopfte an die Tür der Grauzone, und der Sergeant, der für die Desinfektion zuständig war, öffnete. Er trug ebenfalls einen Schutzanzug. Rhonda und Charlotte gingen in die Grauzone, und der Sergeant forderte sie auf, die Arme seitlich auszustrecken. Dann ließ er das Licht einer Taschenlampe über die Anzüge gleiten, um undichte Stellen aufzuspüren.

Rhonda bemerkte, daß sein Gesicht einen besorgten Ausdruck annahm. »Sie haben ein Loch im Anzug«, sagte er.

Ich wußte, daß so etwas geschehen würde, dachte sie bei sich.

»Wo haben Sie es sich geholt?«

»Ich weiß nicht.«

Er drückte ein Stück Klebeband auf den Riß, spülte die beiden Soldatinnen mit Bleichlauge ab, und nachdem er sie von oben bis unten eingesprüht hatte, klopfte er an die Tür zum Kostümierungsraum. Sie wurde geöffnet, und die beiden Frauen verließen die Grauzone. Das Versorgungsteam nahm ihnen sofort die Helme ab und schälte sie aus den Anzügen.

»Vor dem Haus steht ein Fernsehwagen«, sagte Gene. Rhonda reagierte nicht auf seine Bemerkung und erklärte: »Ich hatte ein Loch im Anzug. Habe ich mir jetzt die Krankheit geholt?«

»Nein. Im Anzug war die ganze Zeit über genügend Druck, das hat Sie geschützt.«

Er beeilte sich, die beiden nach draußen zu schicken.

»Steigen Sie in den Lieferwagen und legen Sie sich hin«, sagte er. »Wenn Ihnen jemand Fragen stellt, halten Sie den Mund.«

Im Lieferwagen konnten sie ihre Kleidung nicht finden. Sie wickelten sich in Mäntel und legten sich flach auf die Sitze, damit man sie von außen nicht sehen konnte.

Der Fernsehwagen stand am Vordereingang, und der Reporter trieb sich, gefolgt von einem Kameramann, vor dem Affenhaus herum. Er klopfte und drückte auf die Klingel – keine Antwort. Dann versuchte er, durch die Fenster zu spähen, aber die Vorhänge waren zugezogen. Da drin tat sich offenbar nichts. Das Gebäude schien verlassen. Entweder bemerkten die Fernsehleute die weißen Autos nicht, die hinter dem Haus standen, oder sie konnten daran nichts Interessantes finden. Sie setzten sich wieder in ihren Wagen und warteten. Vielleicht würde doch noch irgend etwas geschehen oder irgend jemand auftauchen, so daß sie ein wenig drehen und ein paar Wortfetzen für die Abendnachrichten einfangen konnten. Allmählich wurde es ihnen aber langweilig, und es war ein entsetzlich kalter Tag.

Auf die Idee, um das Gebäude herumzugehen und die Kamera auf eines der seitlichen Fenster zu richten, kamen sie nicht. Hätten sie das getan, hätten sie leicht ausreichend Material für die ganze Nachrichtensendung bekommen, und auch für *CBS 60 Minutes* wäre noch mehr als genug Stoff übriggeblieben.

Als die Fernsehleute irgendwann unverrichteterdinge abfuhren, war Johnson erleichtert und gab bekannt, daß die Luft rein sei. Die Mannschaft hatte ihre Arbeit beendet und konnte den Sicherheitsbereich nun verlassen.

Als letzter kam Jerry Jaax heraus. Gegen sechs Uhr stand er im Kostümierungsraum. Durch das Schwitzen hatte er über drei Kilo verloren. Sein Gesicht war aschfahl, die Haare sahen nicht mehr silbergrau, sondern weiß aus.

Die Mannschaft hatte Hunger und beschloß in einem der gegenüberliegenden Schnellrestaurants essen zu gehen. Da das Areal sehr groß war, nahmen sie die Wagen. Bevor die Autokolonne sich in Bewegung setzte, schärfte Gene Johnson den Leuten ein, niemandem zu erzählen, weshalb sie in Reston waren.

Im Restaurant gaben sie eine Riesenbestellung auf. Sogar in Jeans und Sweatshirt wirkten die Männer wie Soldaten, stämmig und durchtrainiert, mit Kurzhaarfrisur und metallenen Armeebrillen und die Frauen sahen aus, als könnten sie spielend fünfzig Liegestütze machen. Die Angestellten starrten sie verwundert an. Während Sergeant Klages auf sein Essen wartete, kam ein Mann zu ihm und fragte: »Was haben Sie da drüben gemacht? Ich habe die ganzen Wagen gesehen.« Wortlos drehte ihm Klages den Rücken zu.

Lange nach Mitternacht ließen Nancy und Jerry Jaax auf ihrem Wasserbett den Tag noch einmal Revue passieren, während Jaime neben ihnen schlief. Nancy hatte bis in den späten Abend hinein im Trakt AA-5 gearbeitet und erzählte, daß sie bei den Affen jetzt erstmals die klassischen Symptome einer Ebola-Infektion wahrgenommen habe. Das Virus habe sich vermutlich über das ganze Affenhaus ausgebreitet.

Jerry berichtete, daß der Einsatz einigermaßen gut verlaufen sei und sich niemand mit einer Spritze gestochen habe. Ihm sei noch nie so klar gewesen, fügte er hinzu, wie einsam man sich im Schutzanzug fühle.

Nancy schmiegte sich an ihn und legte den Kopf an seine Schulter. Jerry kam ihr richtig abgemagert vor. Und so erschöpft wie heute hatte sie ihn seit Jahren nicht mehr erlebt.

Ein schlechter Tag

Mittwoch, 6. Dezember

Schon seit einigen Tagen und Nächten hatte Thomas Kziasek, ein Wissenschaftler der Armee, im Sicherheitslabor der Stufe 4 über der Aufgabe gebrütet, ein Schnellverfahren zum Nachweis des Ebola-Virus in Blut und Gewebe zu entwickeln. Nun war es ihm endlich gelungen. Sein sogenannter Elisa-Schnelltest war hochempfindlich und einfach anzuwenden. Er testete damit Urin- und Blutproben von Milton Frantig, der auf dem Rasen erbrochen hatte und jetzt im Krankenhaus lag. Frantig schien »sauber« zu sein: Auf sein Blut und seinen Urin sprach der Ebola-Test nicht an – offenbar hatte er einfach nur Grippe. Das war seltsam. Warum brach das Ebola-Fieber bei diesen Leuten nicht aus?

Das Wetter hatte sich gebessert, die Sonne schien, und der Wind drehte auf Süd. Erneut rollte die Armeekarawane im Berufsverkehr nach Reston. Um acht Uhr morgens begann der Einsatz. Heute, am zweiten Tag der Aktion, lief alles glatter, die Mannschaft war eingespielt. Gene Johnson hatte einen Scheinwerfer mitgebracht, den sie im Luftschleusenkorridor aufstellten. Als erster ging Jerry Jaax hinein, um die Affen zu füttern. Zusammen mit Sergeant Amen machte er die Runde. Sie überprüften alle Räume, und wieder fanden sie hier und da kranke Affen, denen das Blut aus der Nase lief. Anschließend holten sie Stühle aus einem der Aufenthaltsräume und stellten sie im Korridor auf. Den ganzen Tag über konnte man erschöpfte Frauen und Männer dort sitzen sehen, die Spritzen mit T-61 füllten, Schachteln mit Röhrchen voller Blut sortierten oder sich einfach nur ausruhten. Manche von ihnen unterhielten sich schreiend, andere starrten die Wände an.

Am späten Vormittag beschloß auch Jerry, eine Ruhepause einzulegen und diese Zeit zu nutzen, um seine Leute zu überprüfen. Die Aufsicht in Raum C, wo er gerade gearbeitet hatte, überließ er den Sergeants Amen und Klages und ging in den Korridor. Nur wenige Sekunden später gab es im Raum C einen Aufruhr. Die Affen brachen in wildes Geschrei aus. Jerry wandte sich um und lief zurück. Dabei prallte er fast mit den Sergeants zusammen, die aus dem Raum rannten und die Tür hinter sich zuschlugen.

»Was ist passiert?«

»Ein Affe ist ausgerissen, Sir.«

»Oh, Scheiße!« brüllte Jerry.

Das Tier war an Sergeant Amen vorbeigeschlüpft, als er die Käfigtür öffnete.

Ein Affe, der frei herumlief – davor hatte Jerry sich am meisten gefürchtet. Die Tiere können Riesensprünge machen. Er war schon einmal von einem Affen gebissen worden und wußte, was das hieß. Die Zähne des Tieres dringen tief ins Fleisch ein.

Durch die Glasscheibe in der Tür spähten sie in den Raum. Drinnen herrschte hektische Aktivität. Die Affen hüpften in den Käfigen herum, rüttelten an den Gitterstäben und stießen schrille Schreie aus. Etwa hundert brüllende Affen befanden sich in dem Raum. Der Ausreißer war nicht zu sehen. Sie rüsteten sich mit einem Fangnetz aus, das an einem langen Stiel befestigt war, und öffneten vorsichtig die Tür.

Als der Affe bemerkte, daß die Tür aufging, wußte das intelligente Tier genau, was das bedeutete, und schoß an ihnen vorüber. Erschrocken wichen sie zurück. Es handelte sich um ein kleines, entschlossen wirkendes Männchen, das sicher nicht vorhatte, die Männer mit dem Netz in seine Nähe kommen zu lassen.

Rhonda Williams saß gerade auf einem Stuhl und füllte Spritzen. Als sie den Lärm hörte, blickte sie von der Arbeit auf und sah den Affen genau auf sich zulaufen. In Sekundenbruchteilen war er bei ihr. Sie erstarrte vor Angst. Es war wie im Alptraum. Der Affe rannte zwischen ihren Beinen hindurch und weiter den Flur entlang. Sie brach in ein nervöses, fast hysterisches Lachen aus. Nun kamen die Männer angelaufen. Einer schwenkte das Netz. In ihren Schutzanzügen stürmten sie an ihr vorbei wie tölpelhafte Polizisten in einem Stummfilm. Die Nachhut bildete Oberst Jaax, der sich die Seele aus dem Leib fluchte.

»Verdammte Scheiße! Blödes Mistvieh!«

Es gelang ihnen, das flüchtende Tier in einen anderen Raum zu scheuchen, und sie schlugen die Tür zu. Der Affe war offensichtlich sehr verängstigt, doch die Soldaten hatten noch mehr Furcht als das Tier. Der Ausreißer lief dicht vor den Käfigen auf und ab. Seine Artgenossen ärgerten sich offenbar darüber und bissen ihn in die Zehen. Sie begannen zu bluten, und kurz darauf war das Blut überall im Raum verschmiert. Jerry griff zu einem Funkgerät und erstattete Meldung. Gene Johnson wies ihn an, alles Erforderliche zu unternehmen. Konnte man den Affen erschießen? Johnson würde eine Pistole hereinbringen. Jerry hielt das für keine gute Idee. Er sah, daß der Affe sich nun hinter den Käfigen versteckte. Wenn man versuchte, ihn zu erschießen, mußte man zwischen die Käfige zielen, und wenn die Kugel einen Gitterstab oder die Wand traf, konnte sie in dem Raum zum Querschläger werden. Hier konnte selbst eine leichte Schußverletzung tödliche Folgen haben. Nach Jerrys Ansicht war es am ungefährlichsten, den Affen mit dem Netz einzufangen. Dazu wollte er Sergeant Amen mitnehmen. Als sie den Raum betraten, konnten sie das Tier nirgends sehen.

Jerry ging langsam voran und hielt dabei das Netz hoch. Er war darauf gefaßt, es plötzlich über den Ausreißer zu werfen. Aber wo war er? Die Männer konnten nur mühsam etwas erkennen, weil die Sichtfolien in den Kopfblasen ihrer Anzüge beschlagen waren, und in dem Raum Dämmerlicht herrschte. Jerry schlich vorwärts, in ausreichender Entfernung von den Käfigen mit den ohrenbetäubend schreienden und hüpfenden Affen, die an den Gitterstäben rüttelten. Sergeant Amen folgte ihm mit der gefüllten Injektionspistole.

»Vorsicht, Sergeant«, schrie Jerry. »Lassen Sie sich nicht beißen. Bleiben Sie von den Käfigen weg.«

Jerry sah in jeden Käfig hinein und versuchte, dahinter die Wand zu erkennen. Plötzlich nahm er aus dem Augenwinkel heraus eine Bewegung wahr, und als er blitzschnell mit dem Netz herumwirbelte, sah er den Affen über sich durch die Luft fliegen – er war mit einem vier Meter langen Satz von der Käfigreihe auf einer Seite des Raums zur anderen gesprungen.

»Schnell! Da ist er!« schrie Jerry. Er fuhr mit dem Netz über die Käfige, aber der Affe war schon verschwunden. Wieder ging Jerry langsam durch den Raum, und erneut schoß der Affe mit einem gewaltigen Satz durch die Luft. Jerry verfehlte ihn auch dieses Mal. »Mistvieh!« fluchte er. Das Tier war einfach zu schnell.

Die Männer brauchten zehn bis fünfzehn Minuten, um es hinter den Käfigen zu finden, und wenn sie den Affen entdeckt hatten, hüpfte er auf die andere Seite des Raums. Das kleine zähe Biest war eben an das Leben auf Bäumen gewöhnt und konnte blitzschnell springen. Die räumlichen Bedingungen verschafften dem Affen außerdem einen klaren Vorteil. Wir haben nicht die Hilfsmittel, um diese Situation zu bewältigen, dachte Jerry. Die Viecher können uns jederzeit an der Nase herumführen.

Vor dem Haus tauchte Oberst C. J. Peters auf, um sich persönlich ein Bild von der Lage zu machen. Wie immer trug er Jeans, ein Sweatshirt und Sandalen. Sein Schnauzbart und der Bauchansatz verstärkten noch den lässigen Eindruck, den er machte.

Peters bemerkte einen Fremden, der vor dem Gebäude herumlungerte. Der Mann hatte offensichtlich eine Fährte aufgenommen und kam der Sache immer näher. Peters lief auf ihn zu und fragte, was er vorhabe.

Es war ein Reporter der *Washington Post.* »Was geht hier vor?« fragte er Peters.

»Na ja – hm –, eigentlich nicht viel«, erwiderte dieser. Er war sehr froh, daß er keine Uniform trug – diesmal zahlten sich seine schlechten Gewohnheiten aus. Der Reporter kam, ebensowenig wie die Fernsehleute am Tag zuvor, auf die Idee, um das Gebäude herumzugehen und einen Blick durch die Fenster zu werfen. Kurz danach fuhr er wieder weg, ohne etwas Interessantes gesehen oder gehört zu haben.

»Dieser Affe kennt das Netz«, rief Jerry dem Sergeant zu. Von Natur aus sind Affen nicht aggressiv, aber wenn man sie in die Enge treibt, gehen sie zum Angriff über. Und wir treiben ihn in die Enge, dachte Jerry. Das Vieh weiß genau, was los ist. Dieses Biest würde sich nicht von einem menschlichen Idioten einfangen lassen, der eine Plastiktüte über den Körper gezogen hatte und ein Netz schwenkte. Irgendwann gaben die beiden ihre Versuche auf; es war einfach zu ermüdend. Sie wollten den Affen heute nacht in diesem Raum lassen und es am nächsten Morgen noch einmal probieren.

Die Mannschaft arbeitete an diesem Tag bis in den Abend hinein und tötete die meisten Tiere. Einige Soldaten beschwerten sich zwischendurch, man habe ihnen zu wenig Verantwortung übertragen. Jerry übertrug ihnen daher Aufgaben, die zuvor von den Offizieren erledigt worden waren. Rhonda Williams wies er an, zu Major Nate Powell an den Tisch zu gehen, an dem die Tiere eingeschläfert wurden. Der Major legte die betäubten Affen auf die Metallplatte und hielt die Arme der Tiere auf dem Rücken fest. Rhonda mußte das tödliche Mittel ins Herz spritzen. Sobald sie die Nadel aus dem Körper herauszog, floß eine Menge Blut aus der Wunde. Das war ein gutes Zeichen: Sie hatte das Herz getroffen. Wenn Blut auf ihre Handschuhe kam, tauchte sie die Hände in eine Wanne mit Chlorbleiche, und wenn der Anzug blutig wurde, wischte sie ihn mit einem in Chlorbleiche getränkten Schwamm ab. Schrecklich war es, wenn sie das Herz verfehlte: Dann entleerte sich das Gift im Brustkorb, und der Affe zuckte und krümmte sich und seine Augen rollten. Er schien sich gegen das Sterben zu wehren. Rhonda konnte dabei nicht ruhig bleiben. Sie begann zu keuchen, und ihr Herz flatterte.

Dann schickte Jaax sie zu Captain Haines an den Tisch, an dem den bewußtlosen Affen die Blutproben entnommen wurden. Sie stach jedem Tier eine Kanüle in die Vene, um Blut abzunehmen. Daß die Augen der Affen offenstanden, mochte sie gar nicht; es war, als würde sie ständig angestarrt. Und plötzlich bestätigte sich ihre Furcht. Entsetzt nahm sie wahr, daß die Augen des Tieres, dem sie gerade Blut abnahm, sich bewegten. Der Affe richtete sich auf. Verwirrt sah er Rhonda an und griff nach der Hand, in der sie die Spritze hielt. Es war ein kräftiges Tier. Die Kanüle rutschte aus dem Oberschenkel, und Blut quoll hervor. Rhonda gelang es nicht mehr, ihre Hand zurückzuziehen. Der Affe zerrte sie an sein Maul und versuchte, zuzubeißen!

»Schnell, jemand muß ihn festhalten! Er steht auf!« schrie Rhonda in panischer Angst. Captain Haines packte die Arme des Affen und drückte ihn auf den Tisch zurück.

»Hier ist einer wach! Ich brauche Ketamin!«

Die Kanüle hatte beim Abgleiten die Oberschenkelvene des Affen getroffen. Sofort bildete sich in seinem Bein ein Bluterguß von der Größe eines Tennisballs. Er wurde immer dicker, das Blut sammelte sich unter der Haut, und Rhonda brach fast in Tränen aus. Sie drückte eine Hand auf die Verdickung, um die innere Blutung zum Stillstand zu bringen. Durch ihre Handschuhe hindurch konnte sie spüren, wie die Schwellung wuchs. Eine Schwellung aus Ebola-Blut. Glücklicherweise war sofort ein Soldat zur Stelle, der dem Affen eine doppelte Dosis Ketamin verabreichte. Der Körper sank zurück.

Peter Jahrling verbrachte diese Tage von morgens bis abends im Schutzanzug in seinem Labor. Er untersuchte Blut- und Gewebeproben von den Affen, denn er wollte einerseits herausfinden, wo und wie sich das Virus ausbreitete, und andererseits den Erreger in reiner Form isolieren. Zur gleichen Zeit machte Tom Geisbert die Nächte zu Tagen und starrte unentwegt in seinem Mikroskop Zellandschaften an.

Ab und zu trafen sich die beiden in einem Büro.

»Wie geht es dir?«

»Müde, aber ansonsten okay.«

»Keine Kopfschmerzen?«

»Nee. Und bei dir?«

»Gut.«

Sie waren die Entdecker des Erregerstammes, und es sah so aus, als könnten sie ihn auch benennen, vorausgesetzt, es gelang ihnen, das Virus zu isolieren, bevor es sie erwischte.

Jahrling ging jeden Abend zum Essen nach Hause, brachte seine Kinder zu Bett und las ihnen Märchen vor, kehrte danach aber immer wieder ins Institut zurück, und arbeitete bis spät in die Nacht.

Jahrling fragte sich, ob er das Virus wohl aus seinem eigenen Blut oder aus dem von Tom Geisbert isolieren würde. Für sehr wahrscheinlich hielt er das nicht. Er hatte die Virenprobe nicht unmittelbar unter der Nase gehabt, sondern nur mit der Hand darübergewedelt. So machten sie es in Kliniklabors mit Bakterien immer. Bakterien kann man unter anderem am Geruch erkennen. Und nie wurde jemand krank, auch wenn er an gefährlichen Erregern von Patienten geschnuppert hatte. Die Frage, ob er sich mit dem Ebola-Virus infiziert hatte, war für Jahrling allerdings quälender geworden, seit der Tierpfleger auf dem Rasen gekotzt hatte. Der Mann hatte sich nicht geschnitten oder mit einer Kanüle gestochen. Wenn er dennoch am Ebola-Fieber erkrankte, könnte er sich über die Luft angesteckt haben.

Jahrling brachte ein paar Objektträger mit Tropfen seines eigenen Blutes in den kleinen Mikroskopierraum, schloß die Tür und schaltete das Licht aus. Bald darauf hatten seine Augen sich an die Dunkelheit gewöhnt, aber wie üblich hatte er Schwierigkeiten, durch die Sichtscheibe des Schutzanzugs im Mikroskop etwas zu erkennen. Schließlich hatte er die dunkle Zellandschaft im Blick, körnig und geheimnisvoll, mit schwachem grünem Schimmer. Dieses leichte Glimmen war nichts, worüber man sich aufregen mußte. Anlaß zur Sorge hätte nur ein kräftiges hellgrünes Aufleuchten gegeben. Jahrling war jedoch keineswegs beruhigt. Er, der jahrelange Erfahrung mit ähnlichen Präparaten besaß, begann zu zweifeln. Und wenn sein Blut nun doch leuchtete? Wie konnte er beurteilen, ob es *wirklich* leuchtete? Wie grün ist grün? Wie weit konnte er seinen Hilfsmitteln und Wahrnehmungen trauen?

Angenommen, mein Blut leuchtet, dachte er, wie soll ich darüber berichten? Ich müßte es C. J. sagen. Vielleicht brauche ich nicht in den Slammer zu gehen. Ich könnte auch hier in meinem Labor bleiben, im Bereich der Stufe 4. Ich

bin schon isoliert. Wen kann ich hier in meinem Labor anstecken? Niemanden.
Die Zellandschaft leuchtete nicht. Sein Blut reagierte nicht. Bei dem von Geisbert war es das gleiche. Ob es morgen oder übermorgen leuchten würde, mußte man abwarten, aber die Inkubationszeit war bald vorüber.
Um elf Uhr abends betrat er die Luftschleuse und zog an der Kette, um die Desinfektion in Gang zu setzen. In dem diffusen Licht der Grauzone war er mit seinen Gedanken allein. Durch den chemischen Dunst konnte er nicht viel sehen. Seine Beine schmerzten. Er war so müde, daß er kaum noch stehen konnte und sich an den Chemikalienleitungen festhalten mußte. Die temperierte Flüssigkeit lief über den Schutzanzug, und er spürte ihre Wärme. Hier drinnen fühlte er sich geborgen, umgeben von dem Gluckern der virustötenden Lösungen, dem Zischen der Luft und dem Kitzeln im Rücken, wenn die Chemikalien auf den Anzug spritzen. Er schlief ein.
Als die letzten Strahlen niederprasselten, schreckte er hoch; er stand gegen die Wand der Luftschleuse gelehnt, und seine Hände umklammerten immer noch die Leitungen an der Decke.

Sehr früh am nächsten Morgen kamen Rhonda Williams und die anderen wieder zum Affenhaus, um die nächste Phase der Mission einzuleiten. Als Rhonda in einem der Korridore des Sicherheitsbereiches stand, kroch die Angst in ihr hoch. Nach dem Zwischenfall am vorangegangenen Tag war sie noch angespannter als zu Beginn der Aktion. Sie lief langsam durch den Flur, in dem sich in diesem Augenblick außer ihr niemand aufhielt.
Die Backsteinwände schienen sich nach beiden Richtungen bis ins Unendliche zu erstrecken, gesäumt von Pappkartons, Abfall und Affenfutter. Daß sie niemanden von den

anderen traf, machte Rhonda unruhig. Vielleicht gab es in einem der Räume eine Besprechung, und sie hatte dies nicht mitbekommen.
Plötzlich kam irgend etwas über den Flur auf sie zu – ein Fellbündel. Es war der ausgerissene Affe, das kleine, lebhafte Männchen. Seine Augen blitzten sie an. In der schlenkernden Hand glitzerte etwas – eine Spritze. Er hatte sie irgendwo aufgelesen und wedelte jetzt – voller Rachsucht, wie ihr schien – vor ihr damit herum.
Rhonda versuchte wegzurennen, kam in ihrem Schutzanzug nur im Schneckentempo vorwärts. Endlos schien sich der Korridor hinzuziehen; sie konnte das Ende nicht erreichen. Wo war die Tür nach draußen? Es gab keine! Der Gefahrenbereich hatte keinen Ausgang! Der Affe holte sie auf allen vieren hüpfend ein. Er ließ sie nicht aus den Augen. Dann erhob er den Arm mit der Spritze, die Nadel blitzte auf und durchdrang den Schutzanzug.
Rhonda erwachte in ihrer Kasernenstube.

Desinfektion

Donnerstag, 7. Dezember

Nancy und Jerry wurden um vier Uhr morgens durch das Klingeln des Telefons geweckt. Es war Nancys Bruder. Er rief von einem Krankenhaus in Wichita aus an und berichtete, ihr Vater liege im Sterben.

»Es geht ihm sehr schlecht, und es wird nicht mehr lange dauern«, sagte er. Das Herz habe versagt, und der Arzt wollte von den Angehörigen nun wissen, ob er lebensverlängernde Intensivmaßnahmen durchführen solle. Nancy mußte nicht lange überlegen und sprach sich dagegen aus. Ihr Vater war bis auf 45 Kilo abgemagert, hatte Schmerzen und war in einem schrecklichen Zustand.

Nancy wußte, daß sie hinfahren mußte, aber sollte sie schon heute versuchen, einen Flug zu bekommen? Sie konnte nachmittags in Wichita sein, und vielleicht war er dann noch am Leben, so daß er sie ein letztes Mal sehen konnte. Aber schließlich beschloß sie, nicht zu fliegen. Sie spürte, daß sie ihre Arbeit nicht mitten in der Reston-Krise liegenlassen konnte – es wäre ihr vorgekommen wie Feigheit vor dem Feind.

Wieder klingelte das Telefon. Es war Nancys Vater, der von seinem Krankenzimmer aus anrief. »Kommst du nach Hause, Nancy?« fragte er. Seine Stimme klang keuchend und schwach.

»Ich kann hier im Augenblick nicht weg, Dad. Die Arbeit. Wir sind mitten in einer gefährlichen Krankheitsepidemie.«

»Ich verstehe«, sagte er.

»Wir sehen uns Weihnachten, Dad.«
»Ich glaube, so lange mache ich's nicht mehr, aber na ja, man kann nie wissen.«
»Na klar machst du es.«
»Ich hab' dich lieb, Nancy.«
»Ich dich auch.«
Noch vor dem Morgengrauen standen Nancy und Jerry auf, und er machte sich auf den Weg zum Affenhaus. Nancy blieb noch zu Hause, weckte die Kinder und bereitete ihnen das Frühstück zu. Als die beiden im Schulbus saßen, fuhr auch sie zur Arbeit.
Nach dem Mittagessen kamen die ersten toten Affen an. Ein Lastwagen würde jeden Tag zwei Ladungen aus Reston abholen, und die erste würde man in Nancys Luftschleuse bringen, während sie sich umzog. Sie rechnete mit zehn bis zwölf Affen in Pappkartons.
Die restlichen Tiere – die größte Anzahl mit einem Gesamtgewicht von etwa zwei bis drei Tonnen – wurden dreifach in Plastiksäcke verpackt, die man von außen desinfizierte, aus dem Affenhaus schaffte und in Stahltonnen verstaute. Angestellte der Firma Hazleton brachten sie dann zu einem firmeneigenen Verbrennungsofen, wo man sie bei hoher Temperatur einäscherte. Ein paar Affen mußte man aber untersuchen, um festzustellen, ob und wie sich das Virus in dem Gebäude ausgebreitet hatte. Nancy trug die Pappkartons in den Trakt AA-5, wo sie mit ihrem Partner, einem zivilen Assistenten, bis weit nach Mitternacht arbeitete. Die beiden sprachen kaum miteinander. Nur hin und wieder bat der eine den anderen um ein Instrument oder machte ihn auf ein Krankheitszeichen bei den Affen aufmerksam.
Während der Arbeit dachte Nancy sehr viel an ihren Vater und ihre Kindheit in Kansas. Sie hoffte, den alten Mann noch einmal lebend zu sehen. Doch dazu war es zu spät: Im Lauf des Tages erhielt sie die Nachricht, daß ihr Vater im Kran-

kenhaus von Wichita die Augen für immer geschlossen hatte.

Am Donnerstag, dem 7. Dezember, um vier Uhr nachmittags wurde der letzte Affe getötet und in einen Beutel gesteckt. Die Soldaten gingen in den Luftschleusenkorridor und ließen sich desinfizieren. Es war schwierig gewesen, den ausgerissenen Affen einzufangen. Jerry Jaax hatte ihn über zwei Stunden lang mit dem Netz gejagt. Schließlich hatte das Tier sich so in die Spalte hinter einem Käfig gezwängt, daß der Schwanz noch herausragte, und diese Gelegenheit hatte Sergeant Amen dazu genutzt, um ihm eine hohe Dosis des Betäubungsmittels in den Schwanz zu spritzen. Nach etwa fünfzehn Minuten wurde der Affe ruhig, und sie konnten ihn herausholen.

Über Funk teilten sie Gene Johnson mit, daß der letzte Affe tot war. Johnson wies Sergeant Klages an, das ganze Gebäude noch einmal abzusuchen, damit sichergestellt war, daß sich tatsächlich in keinem Raum mehr ein lebendes Tier befand. In einem der Räume entdeckte Klages eine Gefriertruhe. Er hob den Deckel – und blickte in die Fratzen gefrorener Affen. Die Kadaver waren in durchsichtige Plastiksäcke verpackt, die Gedärme hingen heraus, und die Gliedmaßen waren verdreht. Auf den Körpern hatten sich blutige Eiszapfen gebildet. Es waren die Tiere aus dem Raum F, dem ursprünglichen Infektionsherd, die Dan Dalgard getötet hatte. Klages ließ den Deckel fallen und rief Johnson über Funk zu: »Gene, Sie werden es nicht glauben, was ich hier in einer Gefriertruhe gefunden habe. Da sind zehn oder fünfzehn Affen drin.«

»Oh, Scheiße, Klages!«

»Was soll ich damit anfangen?«

»Ich will keinen Ärger mit Affen mehr! Nicht noch mehr Proben! Macht sie unschädlich!«

»Ich habe auch ein paar Ampullen mit Betäubungsmittel gefunden.«
»Die müßt ihr auch desinfizieren! Wir wissen nicht, ob da jemand eine schmutzige Nadel hineingesteckt hat. Aus dem Gebäude muß alles raus. Alles!«
Sergeant Klages und Merhl Gibson, ein Zivilist, zogen die Tüten aus der Kühltruhe. Sie versuchten, die Affen in »Hutschachteln« zu stecken, aber die Tiere paßten nicht hinein. Also legten sie die Säcke zum Auftauen in den Korridor. Die Desinfektionsteams würden sich am folgenden Tag darum kümmern.
Die 91-Tangos schlurften paarweise durch den Luftschleusenkorridor, betäubt und müde bis jenseits jeglichen Körpergefühls, durchweicht vom Schweiß und mürbe von der ständigen Furcht vor einer Infektion. Insgesamt hatten sie 3500 Blut- und Gewebeproben gesammelt. Weder untereinander noch mit ihren Vorgesetzten mochten sie über den Einsatz sprechen.
Als die Mannschaft sich fertig machte, um nach Fort Detrick aufzubrechen, sahen einige Leute Gene Johnson vor dem Affenhaus auf und ab gehen. Die Kälte schien er gar nicht zu bemerken. Er war so in Gedanken versunken, daß sie ihn nicht anzusprechen wagten. Sein Gesicht war grau, er sah müde aus.
Johnson wollte allein sein. Immer wieder ließ er vor seinem geistigen Auge Revue passieren, was die Leute drinnen getan hatten. Bisher sah es so aus, als hätten es alle gut überstanden.
Während die Soldaten aus dem Gebäude kamen, machte die Desinfektionsmannschaft sich fertig. Es war schon dunkel, aber Gene Johnson hatte so viel Furcht vor dem Virus, daß er das Haus nicht über Nacht in diesem Zustand lassen wollte.
Den Desinfektionstrupp leitete Merhl Gibson. Er legte einen

Schutzanzug an und erkundete das Gebäude, um sich eine Vorstellung davon zu verschaffen, was zu tun war. Als er den Sicherheitsbereich betrat, traute er seinen Augen nicht. Räume und Korridore waren blutverschmiert und mit medizinischem Verpackungsmaterial übersät. Das Affenfutter, das überall herumlag, zerbröckelte unter den Schuhsohlen. Affenkot lag in Kringeln auf dem Fußboden, zog sich in Streifen über die Wände und war auch in Form kleiner Handabdrücke zu sehen. Er hatte eine Bürste und einen Eimer Chlorbleiche dabei und machte sich gleich an die Arbeit. Doch sein Versuch, das Zeug von einer Wand zu schrubben, schlug fehl. Er rief Gene über Funk an: »Die Scheiße hier ist wie Beton. Die kriegen wir nicht ab.«

»Tun Sie, was Sie können. Wir haben den Befehl, hier Ordnung zu schaffen.«

»Wir werden alles versuchen.«

Am folgenden Tag kauften sie Messer und Stahlspachtel und gingen erneut an die Arbeit. Als sie Wände und Fußböden mit den Spachteln bearbeiteten, ließ die Hitze in den Anzügen sie fast ersticken.

Milton Frantig lag jetzt seit mehreren Tagen auf der Isolierstation des Fairfax Hospital. Es ging ihm viel besser: Das Fieber war zurückgegangen, er hatte kein Nasenbluten bekommen, und jetzt wurde er langsam unruhig und wollte nach Hause. Er litt ganz offensichtlich nicht an Ebola-Fieber. Jedenfalls zeigte der Erreger sich im Bluttest nicht. Wahrscheinlich hatte er nur eine leichte Grippe gehabt. Die CDC entließen ihn schließlich.

Als Peter Jahrling und Tom Geisbert am neunzehnten Tag nach dem Vorfall mit der offenen Flasche immer noch kein Nasenbluten hatten, betrachteten sie sich endgültig als Davongekommene. Zusätzliche Sicherheit gab ihnen die Tatsa-

che, daß auch bei Dan Dalgard und den Tierpflegern aus dem Affenhaus bisher keine Anzeichen des Ebola-Fiebers zu bemerken waren. Das Ganze war allerdings verblüffend. Was war mit dem Virus los? Es ließ die Affen wie Fliegen umfallen, der Erreger tropfte ihnen aus allen Poren, und doch war bisher kein Mensch erkrankt. Wenn es nicht das Ebola-Zaire-Virus war, was war es dann? Handelte es sich um einen mutierten Stamm? Und woher kam er? Jahrling war überzeugt, daß er aus Afrika stammen mußte. Immerhin reagierte er mit den Nachweisreagenzien für den Mayinga-Stamm, den man in Zaire isoliert hatte. Er verhielt sich wie der fiktive Andromeda-Stamm.
Die Centers for Disease Control konzentrierten sich darauf, die Herkunft des Virus zurückzuverfolgen. Die Spur führte schließlich zu den Ferlite Farms, jene Affengroßhandlung in der Nähe von Manila, von der die Affen in Reston stammten. Die Farm war eine Zwischenstation für die Affen auf ihrem Weg aus den Wäldern von Mindanao in die Nähe Washingtons gewesen. Wie die Wissenschaftler feststellten, waren bei Ferlite Farms ebenfalls zahlreiche Affen gestorben, aber auch auf den Philippinen war offenbar kein einziger Tierpfleger erkrankt. Wenn es ein afrikanisches Virus war, was hatte es dann auf den Philippinen zu suchen? Und warum starben die Menschen nicht, die mit den Affen umgingen?

Montag, 18. Dezember

Die Desinfektionsmannschaft schrubbte das Gebäude mit Bleichlauge, bis sich die Farbe von den Betonfußböden löste, und auch dann hörten sie noch nicht auf. Als alle Innenflächen gereinigt waren, folgte der letzte Schritt. Sie dichteten alle Außentüren, Fenster und Abzugsschächte mit silbernem Klebeband ab. Über den äußeren Öffnungen des Lüftungssystems befestigten sie Kunststoffolien. Als das ganze Haus bis auf einen Ausgang luftdicht verschlossen war, legte die Mannschaft an mehreren Stellen kleine Papierfetzen aus, die mit Sporen des harmlosen Bakteriums *Bacillus subtilis niger* getränkt waren. Solche Sporen sind sehr widerstandsfähig. Werden sie durch ein Desinfektionsverfahren abgetötet, kann man davon ausgehen, daß auch nichts anderes mehr am Leben ist.

Als nächstes brachte das Desinfektionsteam neununddreißig elektrische Pfannen in das Affenhaus. Die Soldaten legten ein Elektrokabel mit vielen Abzweigungen durch das Gebäude und schlossen dann die Pfannen wie die Lichter an einem Weihnachtsbaum an. In jede Pfanne legten sie eine Handvoll weiße Desinfektionskristalle, die wie Kochsalz aussahen. Sie stellten die Pfannen auf volle Leistung, dichteten auch den Ausgang ab, und gegen achtzehn Uhr betätigte jemand den Hauptschalter. Die Kristalle verdunsteten und wurden zu Gas. Es blieb drei Tage im Haus, drang in alle Lüftungsschächte und Büros, in die Schubladen der Schreibtische und in die darin liegenden Bleistiftspitzer. Es durchsetzte die Kopiergeräte, die Personalcomputer und die Sitzpolster der Stühle, und es sank in die Abflußrohre, wo es auf die Chlorbleiche in den Kanalisationsleitungen traf. Schließlich ging das Desinfektionsteam – immer noch in Schutzanzügen – wieder hinein und sammelte die Sporenproben ein. Das Gas hatte die *niger*-Bakterien abgetötet.

Das Affenhaus war keimfrei. Sie hatten das Ebola-Virus besiegt. Für kurze Zeit, bis sich dort wieder Kleinstlebewesen ansiedelten, war die Primaten-Quarantänestation in Reston das einzige Gebäude auf der Welt, in dem nichts mehr lebte, absolut nichts.

Der gefährlichste Stamm

Januar 1990

Die genaue Herkunft des Virusstammes, der die Epidemie im Affenhaus in Reston ausgelöst hatte, blieb weiterhin verborgen. Man wußte nur, daß Viren dieses Typs irgendwo im philippinischen Regenwald fortlebten. Und es dauerte auch nicht lange, bis die Erreger erneut zu einer Bedrohung für Menschen wurden.

Nachdem das Affenhaus von der Armee freigegeben worden war, ging es wieder in die Verfügungsgewalt von Hazleton Research Products über. Die Firma kaufte neue Affen von den Philippinen, und das Haus füllte sich wieder mit Javaneraffen, die in den Regenwäldern Mindanaos eingefangen worden waren. Einen knappen Monat später, am 12. Januar 1990, bemerkte Dan Dalgard bei einigen Affen im Raum C blutige Nasen. Er rief Peter Jahrling an.

»Es scheint wieder loszugehen«, sagte er. »Gibt es eine Möglichkeit, *nur* auf SHF zu testen?« Er wollte nicht wissen, ob es sich wieder um das Ebola-Virus handelte. »Unmöglich, tut mir leid«, sagte Jahrling. »Wir müssen alles testen.«

Es *war* wieder das Ebola-Virus. Da es bei der ersten Epidemie keine Opfer unter den Menschen gegeben hatte, faßten die Verantwortlichen bei der Armee, den CDC und bei Hazleton den Entschluß, die Affen zu isolieren und einfach sich selbst zu überlassen. Dan Dalgard hoffte, er könne zumindest einen Teil der Tiere retten. Seine Firma wollte nicht, daß die Armee noch einmal mit Schutzanzügen anrückte.

Jetzt unternahm man im Gebäude eine Art Experiment,

einen Testlauf des Ebola-Virus. Dalgard und seine Kollegen konnten beobachten, was der Erreger von sich aus in einer Affenpopulation anrichtet, die auf engem Raum lebt. Das Virus »Ebola-Reston« verbreitete sich schnell von einem Raum zum anderen. Und während es unter den Affen gedieh, schien es sich zu verändern. Es führte nun zu etwas ähnlichem wie einer Erkältung, die allerdings tödlich war: Wenn die Affen starben, flossen ihnen große Mengen an weißem und gelbem Schleim aus der Nase, vermischt mit Blut, das nicht gerann. Die Lunge war zersetzt und überschwemmt von dem Erreger. Wenn in einem Raum ein einziger Affe Nasenbluten bekam, starben kurz darauf etwa 80 Prozent der Tiere in diesem Raum.

Nach den Vermutungen der Wissenschaftler im Institut handelte es sich um einen mutierten Stamm des Ebola-Virus, der sich von dem Erreger, den sie einen Monat zuvor beobachtet hatten, leicht unterschied. Es war beängstigend. Offensichtlich verbreitete sich »Ebola-Reston« über die Lüftungsschächte des Gebäudes. Am 24. Januar war es in Raum B eingedrungen. In den folgenden Wochen verbreitete sich die Infektion in den Räumen I, F, E und D, in denen alle Tiere zugrunde gingen. Dann, Mitte Februar, kam es zu einem Unfall: Ein Tierpfleger von Hazleton – wir wollen ihn hier John Coleus nennen – verletzte sich beim Sezieren eines Affen mit dem Skalpell. Er war gerade dabei, die Leber herauszuschneiden, als die Klinge des Skalpells, verschmiert mit Blut und Leberzellen, durch die Schutzhandschuhe tief in seinen Daumen eindrang.

Sofort brachte man die Leber, an der er gearbeitet hatte, zur Analyse ins Institut. Tom Geisbert sah sich ein Stück davon in seinem Mikroskop an und stellte fest, daß die Zellen voller Viren waren. Alle im Institut glaubten nun, John Coleus werde sterben. »Wir hatten hier große Angst, daß es ihn erwischt hätte«, erzählte mir Peter Jahrling später. Die CDC entschieden sich dafür, ihn nicht zu isolieren. Also ging Coleus weiterhin in die Kneipe und trank Bier mit seinen Freunden.

»Hier im Institut«, sagte Peter Jahrling, »waren wir alle entsetzt, daß der Mann in die Kneipe ging. Die CDC hätten so etwas natürlich nicht zulassen dürfen. Es war ein gefährliches Virus, und die Situation war bedrohlich. Wir wissen nicht viel über diesen Erreger. Vielleicht verläuft die Ansteckung wie bei einer gewöhnlichen Erkältung – mit einer Inkubationszeit, in der man Viren ausscheidet. Wenn man dann krank wird, hat man vielleicht schon ein Dutzend Leute angesteckt. Uns fehlen über dieses Virus noch so viele Kenntnisse. Wir haben keine Ahnung, woher es kommt, und ebensowenig wissen wir, in welcher Form es das nächstemal auftauchen wird.«

John Coleus war zuckerkrank, und deshalb waren seine Beine schlecht durchblutet. Ein Zeh entzündete sich und bekam Wundbrand, so daß die Ärzte sich entschlossen, ihn zu amputieren. Die Operation fand innerhalb der Inkubationszeit für das Virus statt. Es gibt keine Berichte, daß er während des Eingriffs übermäßig blutete. Er erholte sich gut von der Operation. Der Erregerkontakt blieb ohne Folgen.

Die Tiere im Affenhaus starben ohne Ausnahme, und wieder gab es keine menschlichen Opfer.

Aber es ereignete sich etwas Unheimliches. In dem Affenhaus hatten insgesamt vier Tierpfleger gearbeitet: Jarvis Purdy, Milton Frantig, John Coleus und ein weiterer Mann. Alle vier waren später im Ebola-Bluttest positiv. Das Virus war in ihr Blut eingedrungen und vermehrte sich in ihrem Körper. Aber offensichtlich machte es sie nicht krank und verschwand irgendwann auf natürlichem Wege aus ihrem Organismus.

Sie gehören zu den wenigen Menschen, die eine Infektion mit dem Ebola-Virus überlebt haben.
Besorgniserregend allerdings ist die Tatsache, daß drei der Männer sich infiziert hatten, ohne daß das Virus durch eine Wunde in ihren Körper eingedrungen war. Es konnte nur über die Lunge in den Organismus gelangt sein.
Dr. Philip Russell, der General, der für die Mission in Reston verantwortlich gewesen war, erklärte mir kürzlich, die Ebola-Epidemie habe ihn zu jener Zeit zwar »zu Tode erschreckt«, aber wozu der Erreger wirklich fähig ist, sei ihm erst später klargeworden, als er erfuhr, daß er sich über die Luft ausgebreitet hatte: »Als ich die Befunde über die Tröpfcheninfektion bei den Affen sah, dachte ich: ›Mein Gott, ein paar kleine Mutationen, und das Virus wird mit der Atemluft von Mensch zu Mensch übertragen. Es wäre der Schwarze Tod.‹ Stellen Sie sich nur ein Virus vor, ansteckend wie die Grippe und todbringend wie die Pest im Mittelalter – damit hatten wir es zu tun.«
Bis heute weiß niemand, warum die infizierten Männer nicht am Ebola-Fieber gestorben sind. Sie hatten so etwas wie eine leichte »Ebola-Erkältung«. Ein winziger Unterschied in der genetischen Ausstattung des Virus hatte offenbar zu einer Strukturveränderung in einem der sieben rätselhaften Virusproteine geführt. Der Erreger war für Menschen recht harmlos geworden, während er die Affen zugrunde richtete. Er hätte natürlich auch in eine ganz andere Richtung mutieren können …

Im Frühjahr suchte ich Oberst Nancy Jaax in ihrem Büro auf, um sie über ihre Arbeit während der Ereignisse von Reston zu befragen. Ohne zu zögern öffnete sie ihre Aktenschränke und bot mir Einsicht in die Unterlagen an. Ich bat sie, mir Präparate von infiziertem Gewebe zu zeigen. Sie suchte in einem der Schränke nach Objektträgern und trug sie ins

Nachbarzimmer, wo ein Mikroskop mit zwei Paar Okularen stand.

Sie schob ein Glasplättchen ein, und ich sah durch das Mikroskop eine Zellandschaft, die an manchen Stellen zerstört war.

»Das ist männliches Keimdrüsengewebe«, erklärte sie. »Es ist stark infiziert. Ebola-Zaire in einem Affen. Er wurde 1986 durch die Luft infiziert, in der Studie, die ich mit Gene Johnson durchgeführt habe.«

Beim Anblick des Zellschnitts aus dem Affenhoden beschlich mich ein unangenehmes Gefühl.

»Sie meinen, es ist durch die Lunge des Affen gewandert und dann in seine –?«

»Ja. Ganz schön eklig«, erwiderte sie. »Aber jetzt wird Ihnen richtig schwindlig werden. Ich zeige Ihnen mal die Lunge.«

Sie wechselte das Präparat, und was wir jetzt sahen, ähnelte rosafarbener, mottenzerfressener Brüsseler Spitze.

»Das ist ein Schnitt durchs Lungengewebe. Ein Affe, der sich über die Luft angesteckt hat. Sehen Sie die Blasen in der Lunge? Das ist Ebola-Zaire.«

Ich konnte einzelne Zellen erkennen, von denen manche angeschwollen und mit dunklen Flecken gefüllt waren.

»Nehmen wir mal eine stärkere Vergrößerung.«

Die Zellen rückten näher. Aus den dunklen Flecken wurden eckige schwarze Klumpen, die aus den Zellen quollen.

»Da sehen Sie die dicken Brocken«, sagte sie.

Es waren Ebola-Kristalloide. Mir standen die Haare zu Berge, und ich spürte, wie sich mein Magen umdrehte. Plötzlich hatte ich das Gefühl, ich hätte etwas gesehen, was ein Zivilist besser nicht sehen sollte.

»Diese Lunge ist stark infiziert«, erklärte Nancy Jaax in nüchternem Ton. »Sehen Sie, wie die Brocken unmittelbar in die luftgefüllten Räume der Lunge quellen? Wenn Sie husten, kommt das Zeug mit dem Schleim in den Rachen. Deshalb will man vermeiden, daß jemand, der Ebola hat, einem ins Gesicht hustet.«

»Mein Gott.«

»Möglicherweise ist die Heimat des Virus eigentlich ein Insekt, und die haben keine Lunge. Aber Sie sehen hier, wie Ebola sich an die Lunge *angepaßt* hat. Und von dort gelangt es unmittelbar in die Luft.«

»Ein ganz schön raffiniertes Lebewesen.«

»Da haben Sie völlig recht. Das Biest hat einen ausgeklügelten Lebenszyklus. Man kann das Was-wäre-wenn-Spiel spielen. Was wäre, wenn es in die Lunge eines Menschen gerät? Wenn es mutiert, könnte es zum Problem werden. Zu einem *großen* Problem.«

Im März 1990, während der zweiten Epidemie in Reston, erließen die CDC strenge Bestimmungen für den Import von Affen. Darin wurden umfangreichere Untersuchungs- und Quarantäneverfahren vorgeschrieben. Außerdem zogen die CDC vorübergehend die Lizenzen für Hazleton Research Products, die Charles River Primates Corporation und Worldwide Primates Inc. zurück. Diesen Firmen wurden Verletzungen der Quarantänevorschriften vorgeworfen. (Später erhielten sie allerdings neue Genehmigungen). In der Folge dieser Maßnahmen kam der Import von Affen in die Vereinigten Staaten mehrere Monate lang zum Erliegen. Bei Hazleton belief sich der Gesamtverlust auf mehrere Millionen Dollar. Affen sind wertvolle Tiere. Obwohl die CDC gegen Hazleton vorgingen, zollten die Wissenschaftler von USAMRIID und sogar einige Fachleute des CDC der Firma und insbesondere Dan Dalgard hohes Lob, weil sie das Haus bei Ausbruch der Epidemie der Armee unterstellt hatten. »Es war schwierig für Hazleton, aber sie haben das Richtige getan«, erklärte mir Peter Jahrling.

Hazleton hatte das Affenhaus von einer Immobilienfirma

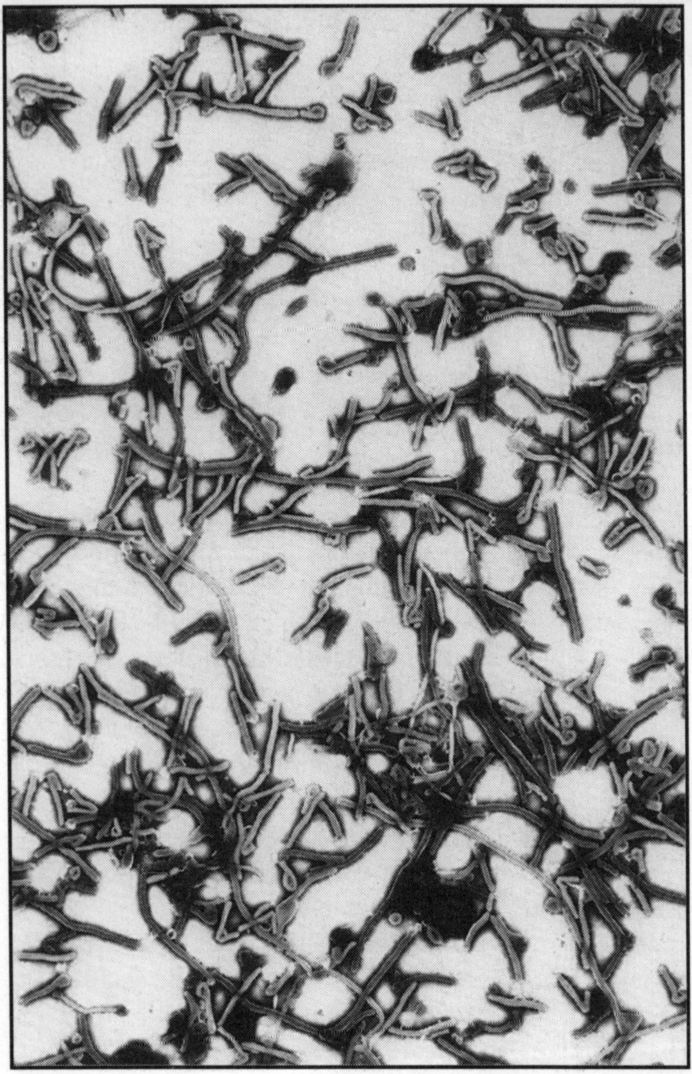

Virusteilchen von Ebola-Zaire in 17000facher Vergrößerung. Auffällig sind vor allem die Schleifen an den Enden mancher Teilchen, die sogenannten Schäferstäbe, die für Ebola-Zaire und seine Verwandten typisch sind. Aufnahme von Thomas Geisbert, USAMRIID.

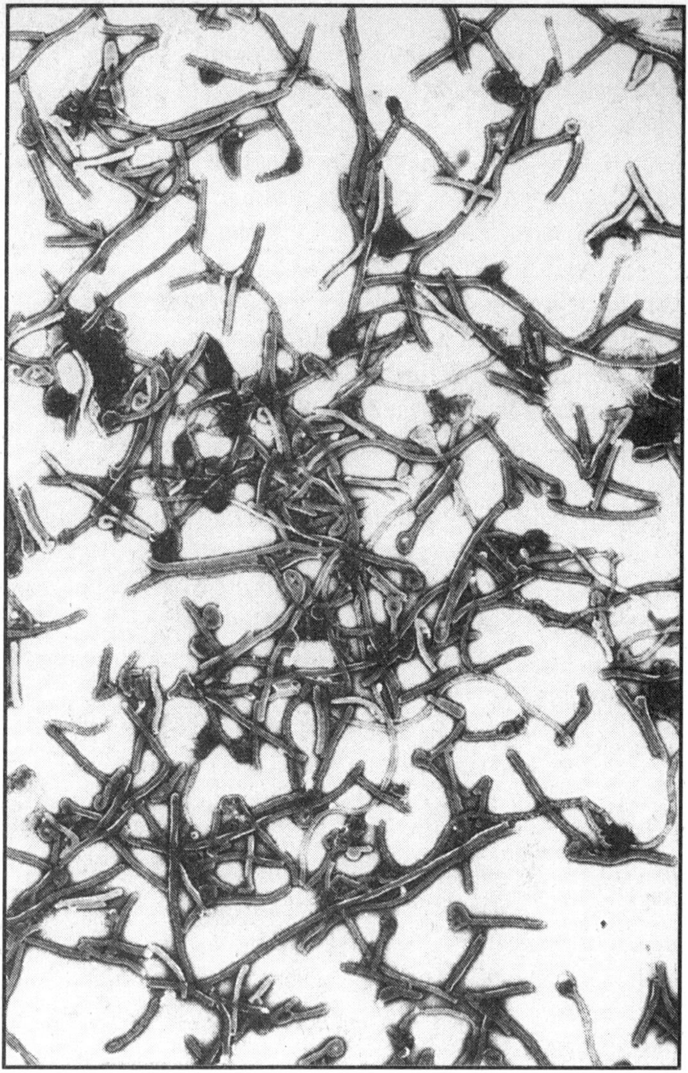

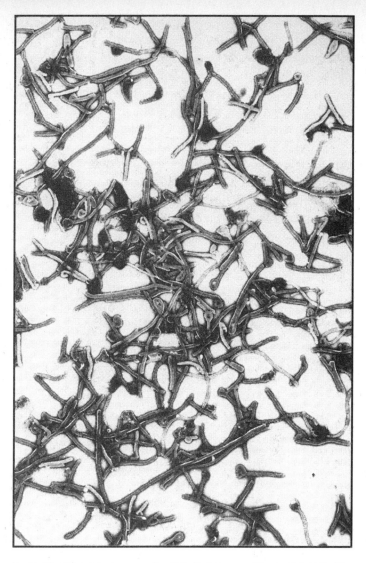

Reston-Virusteilchen knospen aus einer Zelle (Aufnahme von Thomas Geisbert). »Wissen Sie, die Unterschiede sind auf den ersten Blick kaum zu erkennen« (Peter Jahrling).

gemietet. Die Geschäftsbeziehungen dieser Partner wurden durch den Einsatz der Armee und die zweite Ebola-Epidemie natürlich nicht gerade besser. Später räumte Hazleton das Gebäude, und heute steht es leer.

Peter Jahrling ist jetzt leitender Wissenschaftler von USAMRIID. Zusammen mit Tom Geisbert gilt er als Entdecker des Reston-Stammes. Jahrling zeigte mir einmal in seinem Büro ein Foto von ein paar Ebola-Virusteilchen. Sie ähnelten Spaghetti. »Sehen Sie sich den Haken hier an, oder diesen langen Schlauch«, sagte er, während sein Finger ein schleifenförmiges Gebilde nachzeichnete. »Das ist Reston – oh, habe ich Reston gesagt, nein, es ist Zaire. Wissen Sie, die Unterschiede sind auf den ersten Blick kaum zu erkennen. Damit sind wir bei einer philosophischen Frage: Warum ist das Zeug aus Zaire gefährlich und das aus Reston nicht, obwohl sie so eng miteinander verwandt sind? Das Ebola-Reston-Virus wird mit ziemlicher Sicherheit durch Tröpfcheninfektion übertragen. Die Angestellten von Hazleton – ich bin ziemlich überzeugt, daß sie sich das Virus über die Luft zugezogen haben.«

»Ist der Schuß danebengegangen?«

»Das glaube ich nicht«, sagte Jahrling. »Er hat uns erwischt. Wir hatten nur Glück, daß es ein Gummigeschoß war und kein Dumdum-Projektil. Ich mache mir Sorgen, daß die Leute meinen, sie seien dem Schuß entgangen. Und wenn sie das nächstemal Ebola im Mikroskop sehen, denken sie: ›Ach, es ist nur Reston‹, und dann arbeiten sie damit außerhalb des Sicherheitsbereichs. Wenn sich dann herausstellt, daß es nicht Reston ist, sondern sein großer Bruder, kommt das dicke Ende nach.«

C. J. Peters verließ später die Armee und ging als Leiter der Abteilung für besondere Krankheitserreger an die Centers for Disease Control. Rückblickend, so sagte er mir, sei er ziemlich sicher, daß das Ebola-Virus sich bei der zweiten Epidemie im Affenhaus durch die Luft ausgebreitet habe, vielleicht auch schon bei der ersten. »Die Art der Übertragung von Raum zu Raum läßt vermuten, daß in dem Gebäude Ebola-haltige Tröpfchen in der Luft hingen«, sagte er. »Wenn man Gewebeschnitte der Lunge eines Affen mit Ebola-Zaire betrachtet, sieht man, daß die Atemwege voller Viren sind. Haben Sie diese Bilder gesehen?«

»Ja, Nancy Jaax hat sie mir gezeigt.«

»Dann kennen Sie das ja. Man kann die Ebola-Teilchen in den luftgefüllten Hohlräumen der Lunge eindeutig erkennen.«

»Haben Sie versucht, Ebola-Reston in der Luft zu versprühen und es auf diese Weise auf Affen zu übertragen?« fragte ich.

»Nein«, erwiderte er entschieden. »Ich halte das für keine gute Idee. Wenn jemand erfährt, daß die Armee herauszufinden versucht, ob das Ebola-Virus sich über die Atemwege verbreitet, könnte man uns vorwerfen, wir entwickelten biologische Angriffswaffen – einen Weltuntergangserreger. Deshalb haben wir diese Forschungen nicht weiterverfolgt.«

»Das heißt, Sie wissen nicht genau, ob Ebola sich über die Luft verbreitet.«

»Richtig. Wir wissen es nicht. Wenn es dazu fähig ist, wäre es das Schlimmste, was man sich vorstellen kann.«

Zu den drei Geschwistern (Marburg, Ebola-Sudan und Ebola-Zaire) war also ein viertes hinzugekommen: Ebola-Reston. Wissenschaftler der Centers for Disease Control zerlegten die Gene dieser Viren und verglichen ihre Erbinformation. Wie sich herausstellte, sind die Erreger aus Zaire und Reston so eng verwandt, daß man sie kaum unterscheiden kann. Jedes der Viren enthält sieben Proteine, von denen vier völlig unbekannt sind. Eine winzige Abweichung in einem dieser Proteine ist wahrscheinlich der Grund dafür, daß das Virus sich in Washington nicht wie ein Buschfeuer verbreitete. Armee und CDC haben das Reston-Virus nie in eine niedrigere Sicherheitsklasse eingestuft. Es gehört nach wie vor zur Gefahrenklasse 4, und wenn man damit umgehen will, muß man immer noch einen Schutzanzug tragen. Nach Ansicht der Sicherheitsfachleute reichen die Befunde bisher nicht für die Behauptung, der Reston-Stamm sei weniger gefährlich. Vielleicht handelt es sich in Wirklichkeit um das gefährlichste Virus aus der Familie der Filoviren, weil es sich über die Luft ausbreiten kann.

Warum ähnelt das Reston-Virus so stark dem Erreger aus Zaire, obwohl es aus Asien stammt? Stämme von verschiedenen Kontinenten unterscheiden sich meist stark. Vielleicht – so vermuten einige Forscher – kommt der Reston-Stamm eigentlich aus Afrika und ist erst vor kurzem nach Asien gelangt. Möglicherweise ist er im Körper afrikanischer Wildtiere nach Asien importiert worden. Gerüchten zufolge haben Großgrundbesitzer auf den Philippinen illegal Wildtiere aus Afrika eingeführt, um sie auf ihren Ländereien auszusetzen und zu jagen. Sollte das Ebola-Virus beispielsweise in Leoparden, Löwen oder Kaffernbüffeln leben, könnte es mit einer Ladung solcher Tiere auf die Philippinen gelangt sein. Aber das ist Spekulation. Den natürlichen Schlupfwinkel des Ebola-Reston-Virus kennt man ebensowenig wie den anderer Fadenviren.

Vierter Teil
Kitum Cave

Manche Leute halten mich für hysterisch,
aber es liegen noch Katastrophen vor uns.

Joshua Lederberg

Die Landstraße

August 1993

Die Straße zum Elgon führt von Nairobi aus nach Nordwesten in das kenianische Hochland. Zwischen grünen Hügeln, die in den afrikanischen Himmel ragen, steigt sie bergan, vorbei an kleinen Bauernhöfen und Zederngehölzen. Dann kommt man an eine Bergkante, wo sie ins Nichts zu führen scheint. Dahinter liegt eine mit gelbem Dunst angefüllte Senke, das Große Rift-Tal. Die Straße windet sich zwischen den welligen Abhängen hinunter bis zur Talsohle, und dort erreicht sie eine Savanne mit vereinzelten Akazienbäumen. Weiter geht es am Ufer der Süßwasserseen auf dem Talgrund entlang und durch Sümpfe mit gelbgrünen Fieberbäumen, die in der Sonne glühen. Wenn man die kleinen Städte an den Seen hinter sich hat, wendet sich die Straße nach Westen in Richtung des Victoriasees und einer blauen Hügelkette, die sich auf der Westseite des Rift-Tals erhebt. Das schmale, zweispurige Asphaltband, das in gerader Linie zwischen den Hügeln hochsteigt, ist überfüllt mit qualmenden Lastwagen, die sich auf dem Weg nach Uganda und Zaire die Steigung emporquälen.

Die Straße zum Elgon gehört zur AIDS-Route, dem Kinshasa Highway, der Afrika in der Mitte durchquert. Auf dieser Straße kam das AIDS-Virus aus dem Regenwald, und breitete sich dann über die ganze Welt aus. Früher war hier eine staubige Piste, die sich durch das Herz Afrikas zog, und es war fast unmöglich, sie auf ihrer ganzen Länge zu befahren. In den siebziger Jahren wurde sie asphaltiert; von da an rollten die Fernlastwagen auf ihr, und kurz darauf tauchte das AIDS-Virus in den Ortschaften entlang der Straße auf. Woher das Virus genau stammt, ist eines der großen ungelösten Rätsel.

Die Straße zum Elgon war mir vertraut; ich war schon als Junge darauf gefahren, als sie noch eine Erdpiste war. Zusammen mit meinen Eltern und meinen Brüdern hatte ich eine Zeitlang bei einer Luo-Familie auf einem Hof zwischen den Hügeln gewohnt, mit Blick auf den Victoriasee. Es war ein traditionelles Gehöft mit Lehmhütten und einem Gehege für die Rinder.

Seit meinem zwölften Lebensjahr war ich nicht mehr in Afrika gewesen, aber wenn man den Schwarzen Kontinent einmal kennengelernt hat, wird er zu einem Teil der eigenen Seele. Ich hatte den warmen Sand der Flußufer unter meinen nackten Füßen gespürt und die Krokodile gerochen. Ich kannte das Kratzen der Tsetsefliegen in den Haaren, und ich hatte noch die Stimmen im Ohr, die mit dem weichen Akzent der Luo Englisch sprachen und mich drängten, ich solle mich nicht genieren und mehr Fett vom Schwanz des Schafbocks essen. Ich kannte das Gefühl, in dem grauen Licht vor Sonnenaufgang aufzuwachen: Zuerst wußte ich nicht, wo ich war, dann sah ich eine Lehmwand mit einem Loch, und allmählich wurde mir klar, daß das Loch ein Fenster in einer Hütte war und daß mich eine Horde Kinder durch dieses Fenster beobachtete.

Als ich nach Afrika zurückkam, lebten alle meine Erinnerungen wieder auf. Zuerst kam der Duft, der Geruch der Herdfeuer nach Akazien- und Gummibäumen, der die Städte einhüllt und an den Menschen kleben bleibt. Dann sah ich wieder die Menschenmassen, die sich auf den Straßen entlangbewegten, als gingen sie dort seit Anbeginn der Zeiten – Fußgänger, die nirgendwohin und überallhin wanderten. Die Frauen singen beim Gehen religiöse Lieder, und manche von ihnen haben Gitarren dabei oder balancieren Säcke mit Holzkohle oder Salz auf dem Kopf.

Der Landrover dröhnte in einer kleinen Wolke aus Dieselabgasen und schaukelte durch ein Schlagloch. Robin MacDonald, mein Führer, hielt das stoßende Lenkrad fest. »Die Straße ist richtig gut«, sagte er. »Das letztemal, als ich hier war, hätten Sie jetzt geschrien. Ich bin seit Jahren nicht am Elgon gewesen – eigentlich seit meiner Kindheit nicht mehr. Mein Alter hatte einen Freund, der hier oben eine Shamba hatte« – eine Shamba ist ein Bauernhof –, »und den haben wir öfter besucht. Das war schön damals. Aber den Hof gibt's jetzt nicht mehr. Der ist *kwisha.*« *Kwisha* heißt »erledigt«. Er steuerte um eine Ziegenherde herum und bediente dabei ausgiebig die Hupe.
Die Straße durchquerte Maisfelder. In der Mitte jedes Ackers stand eine kleine Hütte aus Lehm oder Beton. Zwischen den Maispflanzen bewegten sich Menschen, die das Land mit Hacken bearbeiteten. Hier wurde jeder Zentimeter genutzt, bis unmittelbar vor die Haustüren. Wir kamen an einem Mann vorbei, der am Straßenrand stand und einen mit Bindfaden zusammengeschnürten Koffer in der Hand hatte. Er winkte uns zu. Ein anderer trug einen englischen Regenmantel, einen Filzhut und einen Spazierstock, eine graue Gestalt, die im hellen Sonnenlicht wanderte. Viele Leute winkten uns zu, als wir vorüberfuhren, andere blieben wie angewurzelt stehen und starrten uns an. Einmal mußten wir anhalten, weil eine Rinderherde, die von Kikuyu-Jungen mit Stöcken angetrieben wurde, die Straße überquerte.
»Wissen Sie«, sagte Robin verträumt, »als ich klein war, brauchte man immer drei Tage, wenn man in diesem Land irgendwohin wollte. Wir schossen eine blöde Thomsongazelle und ernährten uns drei Tage lang davon. In den alten Zeiten, vor zwanzig Jahren, war das alles hier Wald und

Grasland. Jetzt sind hier Maisfelder. Überall Mais. Und der Wald ist weg.«
Robin MacDonald ist Berufsjäger und Safariführer. Er gehört zu den etwa zwei Dutzend professionellen Jägern, die es in Ostafrika noch gibt. Er ist der Sohn des berühmten Großwildjägers Iain MacDonald, der 1967, als Robin dreizehn war, mit einem selbstgelenkten Kleinflugzeug in der afrikanischen Ebene abstürzte und ums Leben kam. Damals hatte Robin schon gelernt, was er wissen mußte. Er hatte mit seinem Vater Leoparden und Löwen gejagt und bereits seinen ersten Kaffernbüffel erlegt. Tagelang hatten die beiden im trockenen Dornengebüsch der Yatta-Hochebene den Elefanten nachgespürt.
Heute jagt er keine Elefanten mehr, denn er hält das Verbot des Elfenbeinhandels für richtig, aber er stellt den Kaffernbüffeln nach. Sie gehören nicht zu den bedrohten Tierarten und gelten in Afrika als das gefährlichste Großwild.

Robin zündete sich eine billige afrikanische Zigarette an und richtete den Blick auf mich. »Was haben Sie in der Höhle vor? Wollen Sie *Proben* sammeln? Schachteln mit Fledermausscheiße oder so was?«
»Nein, ich möchte mich nur umsehen.«
»Ich war als Kind öfter bei der Höhle«, sagte er. »Da oben gibt's 'ne Krankheit, stimmt's? Dagegen ist AIDS ein Klacks, stimmt's? Man wird zu Suppe und explodiert, was? Pfft – es kommt aus allen Löchern, ist es das? Und wie lange dauert es?«
»Etwa sieben Tage.«
»Au wei! Und wie kriegt man es?«
»Wenn man verseuchtes Blut anfaßt. Vielleicht auch durch die Luft. Und es ist sexuell übertragbar.«
»Wie AIDS, meinen Sie?«
»Ja. Die Hoden schwellen an und werden blau.«

»Was? Die Eier werden dick? Na wunderbar! Man kriegt Bälle wie ein Pavian! Du lieber Gott, das ist ja ’ne Scheiße!«
»Da haben Sie den Erreger gut beschrieben«, sagte ich.
Robin zog an seiner Zigarette. Er nahm die Baseballmütze vom Kopf und strich sich die Haare glatt. »Na gut. Sie wollen in die Höhle und Fledermauskacke angucken. Und dann – und dann – wenn Sie in einem von meinen Zelten explodieren – was soll ich dann mit Ihnen machen?«
»Fassen Sie mich nicht an, sonst werden Sie unter Umständen auch noch krank. Rollen Sie das Zelt mit mir drin zusammen und bringen Sie es zu einem Krankenhaus.«
Er bog sich vor Lachen. »Schön. Wir rufen die Fliegenden Ärzte. Die nehmen dann alles mit. Und wo sollen sie es hinbringen, hä?«
»Zum Nairobi Hospital. Laßt mich am Eingang der Notaufnahme.«
»Na gut, Mann. Machen wir.«
Am Horizont tauchten die Charangani-Hügel auf, eine Bergkette am Rand des Rift-Tals, höckerig und grün, geduckt unter aufquellenden Regenwolken. Als wir uns dem Elgon näherten, wurden die Wolken dunkler und dichter; Regentropfen klatschten auf die Windschutzscheibe. Die Luft wurde kalt und rauh. Robin schaltete die Scheinwerfer ein.
»Haben Sie Bleichlauge gefunden?« fragte ich ihn.
»Ich hab’ eine halbe Gallone im Kofferraum.«
»Einfache Wäschebleiche?«
»Richtig. Hier in Kenia nennen wir sie Jik. Blöde Jik.«
»Ist es das gleiche wie Chlorox?«
»Stimmt. Jik. Wenn du es trinkst, bist du tot.«
»Ich hoffe, Marburg ist dann auch tot.«
»Das hoffe ich auch, Mann. Blödes Jik.«
Wir fuhren jetzt durch dichter besiedeltes Land und schließlich durch Ortschaften. Überall sahen wir Lastwagen, die vor Wellblechhütten standen. Es waren kleine Restaurants.

Manche warben mit dem Angebot: »Gegrilltes Ziegenfleisch, Tusker-Bier, Bett, Frau.« Nach Ansicht der Ärzte in Ostafrika tragen 90 Prozent der Prostituierten, die hier an den Hauptstraßen arbeiten, das AIDS-Virus in sich. Genau weiß es niemand, aber insgesamt sind im Umfeld des Elgon bis zu 30 Prozent aller Männer und Frauen im zeugungs- und gebärfähigen Alter mit HIV infiziert. Die meisten von ihnen werden an AIDS sterben. Auch die Kinder leiden vielfach schon bei der Geburt an der Immunschwäche und fallen ihr in den ersten Lebensjahren zum Opfer.
HIV ist ein raffiniertes Virus: Es verbirgt sich jahrelang in einem Menschen, bevor es ihn umbringt. Hätte man den AIDS-Erreger früher bemerkt, wäre er vielleicht nach dem Kinshasa Highway benannt worden. In den letzten Jahren hat er sich überall auf der Welt stark vermehrt, und sein Siegeszug ist noch keineswegs zu Ende – er hat gerade erst begonnen. Bisher weiß niemand, was HIV in Afrika, Indien, Bangladesch oder Thailand anrichten wird. Es könnte die Bevölkerung dieser Erdteile und Länder erheblich dezimieren.

Das Lager

Carrie MacDonald, Robins Frau, ist auch seine Geschäftspartnerin. Sie begleitet ihn oft auf den Safaris. Wenn die Kunden nichts dagegen einzuwenden haben, nehmen die beiden häufig auch ihre zwei kleinen Kinder mit. An der Expedition, die ich zu Kitum Cave unternehmen wollte, nahmen die Kinder teil. Außerdem begleiteten uns drei erfahrene Safariführer, die regelmäßig mit den MacDonalds Touren unternahmen, sowie ein mit mir befreundetes Paar. Die Safariführer, Katana Chege, Herman Andembe und Morris Mulatya, sollten in dem Lager, das wir am Mount Elgon aufschlagen wollten, einen Großteil der Arbeit verrichten. Meinen Freund Frederic Grant kannte ich schon seit meiner Kindheit. Für ihn und seine Frau Jamy Buchanan hatte ich Anweisungen für den Fall niedergeschrieben, daß ich an Marburg-Fieber erkrankte. Das Papier, das sich jetzt in einem versiegelten Umschlag in meinem Rucksack befand, beschrieb die Symptome einer Filovirusinfektion sowie experimentelle Behandlungsmethoden. Ich hatte meinen Freunden von dem Umschlag erzählt, wollte ihnen das Papier aber erst überreichen, wenn ich Kopfschmerzen bekäme. Daß ich es verfaßt hatte, war – gelinde gesagt – ein Ausdruck meiner Nervosität.

Wir fuhren mit zwei Landrovern, die von Carrie und Robin gesteuert wurden. Ich saß bei Robin im Wagen, dessen Fahrstil dafür sorgte, daß keine Langeweile aufkam. Irgendwann hielt er an, um geröstete Maiskolben zu erstehen, die

am Straßenrand angeboten wurden. Der Mais war knusprig und köstlich.
Robin kaute an den Kolben, während er weiterfuhr. Plötzlich griff er sich an den Unterkiefer und fluchte entsetzlich: »Mein Zahn! So ein Mist! Eine Füllung ist herausgefallen! Dieses Arschloch von einem Zahnarzt!« Er kurbelte das Fenster herunter und spuckte den Mais in den Wind. »Nur weiter so! Drei Füllungen, und jetzt sind sie alle draußen. Carrie hat mich zu dem Typen geschickt. Meinte, er wär' ein guter Zahnarzt – bah!«
Er beschleunigte, bis wir Carrie wieder einholten. Die beiden Autos dröhnten den Highway entlang, als ob sie zusammengebunden wären. Robin lehnte sich aus dem Fenster und warf mit einem abgenagten Maiskolben nach dem Wagen seiner Frau. Der Kolben prallte vom Heckfenster ab, ohne daß sie es zu bemerken schien. Außerdem kümmerte er sich überhaupt nicht um Warnschilder: »Weniger Blut auf den Straßen – Fahren Sie vorsichtig!«
Bei Sonnenuntergang bogen wir nach Kitale am Fuß des Elgon ab, um Tusker-Bier und Kohle zu kaufen. Die Landstraße, die in das Städtchen hineinführt, wird von turmhohen Gummibäumen gesäumt, unter denen Stände mit Regenschirmen und Kunststoffarmbanduhren aufgebaut sind. Wir kamen nur im Schrittempo voran.
»Sie fahren in die falsche Richtung!« rief ein Mann auf Swahili.
»Wo sind die Wegweiser?« rief Robin zurück.
»Wir brauchen hier keine Wegweiser.«
Wir stellten die Wagen ab und gingen zu Fuß durch den Ort. Sofort waren wir von Kupplern umringt. Ein junger Mann in einem weißen Skianorak fragte mich: »Wollen Sie nach Kigawera gehen? Ja? Ich bringe Sie hin. Kommen Sie mit, jetzt gleich. Schöne Mädchen. Ich bringe Sie hin.« In dieser Gegend dürfte Monets Freundin gewohnt haben.

Über der Stadt und den Bäumen erhob sich der Elgon bis in unsichtbare Höhen, ein Schatten, eingehüllt in eine amboßförmige Gewitterwolke. Lautlos zuckten Blitze um den Berg. Die Luft war feucht und schwer.

Man könnte AIDS mit gutem Grund als die schlimmste Umweltkatastrophe des 20. Jahrhunderts bezeichnen. Das AIDS-Virus entstammt offenbar einem geschädigten Ökosystem und dürfte von afrikanischen Primaten – kleineren oder größeren Affen – auf die Menschen übergesprungen sein. HIV-2 zum Beispiel, einer der beiden Haupttypen von HIV, ist wahrscheinlich ein mutiertes Virus, das ursprünglich in den Halsbandmangaben zu Hause war, einer kleinen afrikanischen Affenart. Später infizierten sich Menschen, die vielleicht als Affenjäger blutiges Fleisch anfaßten. HIV-1 dürfte von Schimpansen auf die Menschen übertragen worden sein, möglicherweise auf dem gleichen Weg. In dem westafrikanischen Staat Gabun wurde kürzlich aus einem Schimpansen ein Stamm des Affen-AIDS-Virus isoliert, der enger als jedes andere bekannte Tiervirus mit HIV-1 verwandt ist. Das legt die Vermutung nahe, daß das menschliche AIDS-Virus sich erst in jüngerer Zeit aus dem Schimpansenvirus entwickelt hat. Die Symptome von AIDS wurden erstmals 1980 in Los Angeles beschrieben. Sie fielen einem Arzt auf, als er mehrere homosexuelle Patienten behandelte, die offensichtlich an derselben ansteckenden Krankheit starben. Hätte damals jemand die Vermutung geäußert, die unbekannte Krankheit könnte von afrikanischen Schimpansen stammen, wäre die medizinische Welt einstimmig in Gelächter ausgebrochen. Heute lacht niemand mehr.
Der Umstand, daß Schimpansen zu den bedrohten Tierarten des Regenwalds gehören und daß ein Virus, das zunächst in deren Körpern zu Hause war, keineswegs bedroht ist, erscheint mir wie eine Ironie der Natur. Diese Viren, so

könnte man sagen, nehmen höchst wirkungsvoll ihre eigenen Interessen wahr.
Das AIDS-Virus wandelt sich schnell und ständig, und zwar nicht nur auf seinem Weg von Individuum zu Individuum, sondern schon im Körper ein und desselben Infizierten. Wenn jemand an AIDS stirbt, beherbergt sein Organismus meist mehrere, durch Mutationen entstandene Virusstämme. Wegen dieser Wandelbarkeit des Erregers ist es schwierig, Impfstoffe zu entwickeln. Im Hinblick auf die Überlebensfähigkeit des Virus bedeutet dies, daß es Veränderungen in Ökosystemen von Natur aus sehr gut überstehen kann. Wenn die tropischen Lebensräume vernichtet werden, gehören das AIDS-Virus und andere Erreger zu den Überlebenden, denn sie passen sich schnell jeder denkbaren Veränderung an.

Als wir die Gegend um den Elgon auf schlammigen Wegen erkundeten, fanden wir ausgebrannte Hütten der Bukusu-Bauern. In den vergangenen Wochen war über Stammesfehden am Elgon berichtet worden. Die Massai hatten die Bukusu, eine Volksgruppe, die an der Südseite des Mount Elgon lebte mit automatischen Waffen niedergemetzelt, ihre Hütten in Brand gesteckt und das Land in Besitz genommen. Vor meiner Abreise aus den USA hatte ich Robin gefragt, ob man am Elgon gefahrlos reisen könne. Er hatte mich damit beruhigt, daß es derzeit keine blutigen Unruhen mehr gebe. Dennoch waren wir vor möglichen Schießereien gewarnt worden, hatten aber bisher zum Glück noch nichts Derartiges erlebt.
Um die niedergebrannten Hütten wuchsen schwach entwickelte Bananenbäume. Auf den brachliegenden Feldern ringsherum gediehen Wildkräuter und kleine Baumsprößlinge.
Wir schlugen unser Lager auf einer Wiese auf – es war die

gleiche Stelle, an der auch Charles Monet übernachtet hatte. Morris Mulatya, unser Koch, schüttete einen Sack voll Holzkohle auf die Erde, zündete ein Feuer an und setzte Teewasser auf. Robin MacDonald ließ sich auf einen Klappstuhl fallen, zog seine Turnschuhe aus und massierte sich die Füße. Ganz in der Nähe am Rand des Waldes, der unseren Lagerplatz umgab, stand ein Kaffernbüffel, der uns beäugte.
»Es ist ein Männchen«, murmelte Robin. »Das sind Mistviecher. Man muß auf sie aufpassen. Die heben dich hoch, Mensch. Die Kaffernbüffeln haben in Afrika mehr Menschen auf dem Gewissen als alle anderen Tierarten – außer den Flußpferden, die haben noch mehr umgebracht.«
Ich kniete im Gras und sortierte eine Reihe von Kisten, in denen sich Schutzanzüge, Desinfektionsausrüstung und Lampen befanden. Die Luft war kühl, Wiese und Wald rochen nach dem letzten Regen. Der Rauch des Lagerfeuers kringelte sich in der Luft, und man hörte das Kling-Klang der Stangen, als MacDonalds Leute die Safarizelte aufbauten.
Robin lauschte den Vogelrufen. »Hören Sie das? Das sind Turakos. Und das ist ein Baumhopf. Und da ist ein Mausvogel, sehen Sie den langen Schwanz?«
Er stand auf und schlenderte zu dem Bach hinunter, der in der Nähe des Lagers über eine Lichtung rauschte. Ich folgte ihm.
»Ob es hier wohl Forellen gibt?« fragte Robin. »Man könnte bestimmt gut mit Fliegen fischen.«
Ich hielt eine Hand ins Wasser. Es war eiskalt, schaumig und hatte eine graue Färbung vom Vulkanstaub – nicht gerade Wasser, in dem man Forellen findet.
»Reden wir vom Angeln«, sagte Robin. »Haben Sie schon einmal davon gehört, daß man Krokodile angelt?«
»Nein.«
»Man hängt ein Stück Fleisch an eine Kette. Das Stück muß

so groß sein. Und überall sind Fliegen! Es ist ein richtiger Sport! Die stinken, die Krokodile. Man kann sie im Wasser riechen. Du stehst im seichten Wasser, und sie schwimmen auf dich zu. Das Wasser ist schlammig, du kannst sie nicht sehen und weißt nicht, wo sie sind. Und dann – pfft! Sie ziehen dich runter. Ende. Das war's dann. So ist sie, die Natur. Wenn man's bedenkt, ist sie voller Mörder, von den Flüssen bis zum Meer.«

Im Gras kniete ein junger Mann mit Barett und militärischem Arbeitsanzug, der ein russisches Sturmgewehr in der Hand hielt und uns mit mäßigem Interesse betrachtete. Er war ein Askari, ein Milizionär.

Seit aus Uganda Wilderer über den Elgon gekommen waren und alles niedergeschossen hatten , was sich bewegte, einschließlich der Menschen, schrieb die kenianische Regierung vor, daß jeder, der den Elgon besuchen wollte, von solchen bewaffneten Wächtern begleitet sein mußte.

»Ecoe simba hapa?« rief Robin ihm zu. Ob es hier Löwen gebe?

»Hakuna simba.« Keine Löwen mehr da.

Wir keuchten den Pfad nach Kitum Cave hinauf. Spuren von Kaffernbüffeln kreuzten schräg unseren Weg. Sie waren breiter, tiefer ausgetreten und gerader als die Pfade der Zweibeiner und rochen nach Büffelurin.

Polycarp Okuku, so hieß unser Askari, zog an einem Hebel am Lauf seines Sturmgewehrs. Die Waffe war jetzt scharf, und in der Zündkammer befand sich eine Patrone.

Das Ladegeräusch weckte MacDonalds Aufmerksamkeit. »Blödmann«, murmelte er. »Das Ding da ist doch kein Spielzeug!«

Okuku kümmerte sich nicht darum. »Sehen Sie«, sagte er, und zeigte dabei auf einen Felsbrocken. »Klippschliefer.« Wir beobachteten, wie ein kleines, braunes Geschöpf, etwa

so groß wie ein Murmeltier, gewandt die Felsen hinunterlief; vielleicht ein Wirt des Marburg-Virus.
In dem Tal standen afrikanische Olivenbäume, Zedern, breitblättrige Crotonbäume, moosbewachsene Kosobäume und peitschenartige, junge Teakholzgewächse. Hier und da wuchsen Steineiben, deren gerade, silbrige Stämme sich nach oben im bewegten Grün verloren. Es war nicht der Regenwald der Niederungen, dessen Baumkronen ein geschlossenes Dach bilden, sondern ein afrikanischer Bergregenwald: Sein Kronendach war unterbrochen von Löchern und Lichtungen, durch die das Sonnenlicht bis auf den Boden fiel. Solche offenen Stellen waren mit Gras und Papyrus bewachsen und von wilden Veilchen geziert. Im afrikanischen Bergregenwald stehen die Bäume einzeln, als stattliche Individuen. Jeder von ihnen hat freien Raum um sich, und die Äste heben sich im Zickzack gegen Wolken und Himmel ab, wie Arme, die ins Unendliche greifen. Von unserem Standort aus konnten wir weiter unten am Berg kleine Bauernhöfe erkennen. Wenn man den Blick von den Niederungen zum Berg schweifen ließ, sah man vereinzelt dicht mit Sträuchern bewachsene Abschnitte und Gruppen größerer Bäume. Weiter oben folgte die ununterbrochene Decke des ostafrikanischen Regenwaldes, der zu den am stärksten gefährdeten Lebensräumen der Erde gehört.
Der Wald hatte eine silbriggraue Farbe. Hier und da ragte eine Steineibe in die Höhe. Der Stamm dieser Bäume ist leicht gerillt und astfrei, manchmal gerade, manchmal spiralförmig oder mit einer leichten Biegung, die den Baum spannungsgeladen und kraftvoll erscheinen läßt wie einen gespannten Bogen. Oben öffnet sich die kelchförmige Krone wie bei einer Ulme, und die herabhängenden Zweige sind mit Bündeln dunkelgrüner, blattartiger Nadeln sowie mit kugelförmigen Früchten besetzt.
»Hier fehlt das Wild«, sagte Robin. Er blieb stehen und rückte

seine Baseballmütze zurecht. »Wenn sie die Elefanten nicht abgeknallt hätten, Mann, dann wären sie hier überall auf dem Berg.«

Es herrschte eine unheimliche Stille, unterbrochen nur durch das entfernte »Huh-huh« der Stummelaffen, die vor uns flohen. Ich versuchte mir vorzustellen, wie es war, wenn die Elefanten durch einen Wald aus Steineiben wanderten, die so groß waren wie Mammutbäume. In dem Dickicht in der Nähe von Kitum Cave waren die Steineiben kaum zu erkennen, denn sie wurden im Tal nicht sehr groß, aber ich bemerkte ein junges Exemplar, das zwei Meter Durchmesser hatte und fast 30 Meter hoch war.

Der Eingang von Kitum Cave war vom Fußweg aus fast nicht zu sehen und zum größten Teil von moosbewachsenen Felsen versperrt. Zwischen einer kleinen Gruppe Zedern über der Höhlenöffnung sprudelte ein Bachlauf hervor, der über den Eingang nach unten rauschte. Das Rauschen wurde beim Näherkommen lauter, und jetzt bemerkten wir den Geruch von etwas Lebendigem. Es roch nach Fledermäusen. Zwischen den Felsblöcken standen Büschel von riesigen Brennesseln, die an unseren nackten Beinen entlangstreiften und die Haut reizten. Mir schien, als seien es lauter kleine Injektionsnadeln.

Aus dem Höhleneingang flatterten Schmetterlinge und winzige Fluginsekten, die sich von dem stetigen kühlen Luftstrom aus der Höhle treiben ließen wie lebendiger Schnee. Wir blieben auf dem Elefantenpfad stehen, der direkt in die Höhle führte. Neben uns befand sich eine Felswand mit schrägen Einkerbungen – die Elefanten hatten mit den Stoßzähnen Stücke herausgebrochen und das Gestein gekaut, um sich mit Mineralstoffen zu versorgen. Die Wälder am Elgon beherbergten früher etwa zweitausend Elefanten. Heute umfaßt die Population nur noch eine Familie von etwa siebzig Elefanten. Die Wilderer hatten die Tiere am Eingang der Höhle aus dem Hinterhalt heraus erschossen. Von da an blieb die Herde meist außer Sichtweise, versteckte sich in höher gelegenen Tälern. Nur einmal pro Woche oder alle vierzehn Tage, wenn der Hunger nach Salz größer wurde als die Furcht vor den Menschen, führten die alten Weibchen, die Großmütter, die Herde zur Höhle. Neben den Elefanten waren auch viele andere Tiere in die Höhle gekommen, vermutlich auch, um Salz zu suchen: Busch- und Wasserböcke, Kaffernbüffel, Rotducker (eine Antilopenart), vielleicht Kleinaffen, vielleicht auch Paviane und mit Sicherheit Ginsterkatzen. Auch verschiedene Nagetiere kamen hierher, zum Beispiel Ratten, Spitz- und Wühlmäuse, die Salz suchten oder auf die Jagd gingen. Nachts kamen Leoparden auf der Suche nach Beute.

Kitum Cave ist für den Elgon etwas ähnliches wie die U-Bahn-Station am Times Square für New York: Ein unterirdischer Verkehrsknotenpunkt, an dem sich alles vermischt, wo sich die Wege der verschiedensten Tierarten in einem verschlossenen Raum kreuzen. Ein geeigneter Ort für einen Virus, das Artgrenzen überspringt.

Ich öffnete meinen Rucksack und holte die Ausrüstung heraus: Einzelteile eines biologischen Freiland-Schutzanzuges der Sicherheitsstufe 4. Es handelte sich nicht um den orangefarbenen Racal-Anzug mit Drucksystem, sondern um einen drucklosen Körperanzug und einen Vollsicht-Atemschutzhelm. Der Anzug bestand aus Tyvek, einem schweren, weißen Kunststoff, der Feuchtigkeit und Staub abhält. Dazu gehörten ein Paar widerstandsfähige Gummihandschuhe, gelbe Gummistiefel, eine schwarze Atemmaske mit Klarsichtscheibe und zwei violetten Filtern, die Viren zurückhalten können. Mit dieser Maske sah man fast wie ein Insekt aus. Ich legte eine Rolle Klebeband, eine Duschhaube aus Gummi, eine Taschenlampe und eine Helmlampe auf einen Stein. Dann stieg ich in den Anzug, setzte die Dusch-

haube auf, zog den Helm herunter und schloß den Reißverschluß. Fred Grant half mir dabei, die Handschuhe und Stiefel an den Rändern mit Klebeband abzudichten.
Polycarp Okuku saß auf einem Stein, hatte das Gewehr über die Knie gelegt und sah mich mit gleichgültigem Ausdruck an. Ganz offensichtlich wollte er nicht den Eindruck erwecken, er sei überrascht, daß jemand im Schutzanzug in die Höhle ging. Er drehte sich um und sprach eine Zeitlang mit Robin MacDonald auf Swahili.
Robin wandte sich zu mir. »Er möchte wissen, wie viele Menschen in der Höhle schon ums Leben gekommen sind.«
»Zwei«, erwiderte ich, »aber nicht in der Höhle – sie sind später gestorben. Der eine war ein Mann, der andere ein Junge.«
Okuku nickte.
»Die Gefahr ist gering«, sagte ich. »Ich muß einfach vorsichtig sein.«
Robin scharrte mit seinen Turnschuhen im Staub und sagte zu dem Askari: »Du explodierst, Mann. Du kriegst es, und dann – pfft, Ende, das war's. Wenn du dir das holst, kannst du den Löffel abgeben.«
»Ich habe von diesem Virus gehört«, bemerkte Okuku. »Die Amerikaner haben hier was gemacht.«
»Hast du damals hier gearbeitet?« fragte ich.
»Ich war damals nicht hier«, erwiderte Okuku. »Ich hab' nur davon gehört.«
Ich zog mir die Maske über das Gesicht und befestigte die Helmlampe an der Stirn.
»Wie fühlt man sich?« fragte Grant.
»Es geht«, sagte ich. Meine Stimme hörte sich dumpf an.
»Wie lange willst du da drin bleiben?«
»Ihr könnt mich in etwa einer Stunde zurückerwarten.«
»Eine Stunde?«
»Ja – gebt mir eine Stunde.«

»Na gut. Und dann?«
»Und dann? Wählt 9-1-1.«
Der Eingang war riesig. Ich ging über eine schlammige Stelle mit Tierfährten und über eine breite Felsplatte, die mit porösem, getrockneten Kot bedeckt war. Ich drehte mich noch einmal um.Wolken verdunkelten den Himmel und kündigten den nachmittäglichen Regenschauer an. Ich schaltete die Lampe an.
Kitum Cave erweitert sich zu einem großen Raum mit herabgestürzten Felsbrocken. Im Jahr 1982, ein paar Jahre nachdem Charles Monet die Höhle besucht hatte, war das Dach herabgestürzt. Der Steinschlag hatte einen Pfeiler zerschmettert, der es wohl bis dahin gestützt hatte. Jetzt lag hier ein breiter Geröllhaufen. Darüber war ein neues Höhlendach entstanden.
Ich hatte einen Plan dabei, der von Ian Redmond stammte, einem englischen Elefantenfachmann, der fünf Monate hier gelebt hatte. Von seinem Lager in der Nähe des Eingangs hatte er Tag und Nacht das Kommen und Gehen der Elefanten beobachtet. Er hatte keinerlei Schutzausrüstung dabeigehabt und war dennoch gesund geblieben. (Als ich Peter Jahrling von USAMRIID später über Redmonds Lager in Kitum Cave erzählte, fragte er mich allen Ernstes: »Sehen Sie eine Möglichkeit, eine Blutprobe von ihm zu bekommen? Ich würde gern ein paar Tests damit anstellen.«)
Auf Ian Redmond geht die interessante Idee zurück, Elefanten könnten Kitum Cave gegraben haben. Die Elefantenmütter bringen ihren Jungen bei, wie sie Steine abbrechen müssen, um an Salz zu gelangen, ein Wissen, das unter den Elefanten vielleicht schon seit Jahrhunderttausenden von einer Generation zur nächsten weitergegeben wird. Wenn die Elefanten nun Nacht für Nacht ein paar Pfund Gestein aus Kitum Cave abgenagt hatten, konnte in ein paar hunderttausend Jahren durchaus eine solche Höhle entstanden

sein. Ian Redmond hatte es jedenfalls berechnet und Elefanten-Speläogenese genannt – Entstehung von Höhlen durch Elefanten.
Das Licht wurde dämmrig, und der Höhleneingang war hinter mir zu einem hellen Halbkreis zusammengeschrumpft. Ich kam zu einem Nistplatz der Fledermäuse. Es waren Flughunde. Meine Lampe scheuchte sie auf: Sie ließen sich von der Decke fallen und flatterten mir um den Kopf. Dabei stießen sie Laute aus, die mir wie das Gelächter von Zwergen vorkamen. Die Felsen unter den Fledermäusen waren mit feuchten, glitschigen Exkrementen bedeckt – eine spinatgrüne, mit grauen Flecken übersäte Masse, die mich an Austern mit Kaviar erinnerte.
Hinter der Fledermauskolonie wurde die Höhle trocken und staubig. Eine trockene, staubige Höhle ist etwas sehr Ungewöhnliches. Die meisten Höhlen sind feucht, weil sie vom Wasser ausgewaschen wurden. Es gab kein Anzeichen für fließendes Wasser, kein Bachbett, keine Stalaktiten. Viren mögen trockene Luft und Staub und Dunkelheit – der Einwirkung von Feuchtigkeit und Sonnenlicht halten die meisten von ihnen nicht lange stand. Eine trockene Höhle ist für sie ein guter Platz zum Überleben. Der Kot und der trocknende Urin konnten voll von ihnen sein. Vielleicht schwebten sie sogar durch die kühle, lichtlose und fast unbewegte Luft.
Die Marburg-Virusteilchen sind recht widerstandsfähig. Man kann sich vorstellen, daß sie in einer dunklen Höhle geraume Zeit überleben. Wie Tom Geisbert zeigen konnte, überstehen sie sogar in Wasser mindestens fünf oder sechs Tage. Er ließ einmal ein paar Virusteilchen in einer Flasche Wasser bei Raumtemperatur auf dem Tisch stehen – natürlich im Hochsicherheitslabor. Dann träufelte er das Wasser in Flaschen mit lebenden Affenzellen. Die Zellen füllten sich mit Kristalloiden, platzten und starben. Damit hatte Tom nachgewiesen, daß die Virusteilchen dieses Erregers nach

fünf bis sechs Tagen noch ebenso tödlich und ansteckend sind wie in frischem Zustand. Die meisten Viren bleiben außerhalb eines Wirtsorganismus nicht lange erhalten – der AIDS-Erreger zum Beispiel überlebt den Kontakt mit Luft nur etwa 20 Sekunden lang. Wie lange Marburg oder Ebola aktiv bleiben, wenn sie an einer trockenen Oberfläche kleben, hat bisher noch niemand untersucht. Es besteht durchaus die Möglichkeit, daß die Fadenviren unter solchen Umständen eine ganze Zeitlang aktiv bleiben – vorausgesetzt, sie kommen nicht mit Sonnenlicht in Kontakt, denn die Strahlen schädigen ihr genetisches Material.
Ich stieg auf den Wall und berührte das Höhlendach, den versteinerten Regenwald. Die Felsen bestanden aus verfestigter Asche, die vom Ausbruch des Elgon herrührte. Darin eingebettet lagen gewaltige steinerne Balken. Die dunkelbraunen Stämme glänzten und warfen das Licht meiner Stirnlampe in opaleszierenden Farben zurück. Ein paar Holzstücke waren heruntergefallen, und die Löcher, die sie im Höhlendach zurückgelassen hatten, waren von spitzen weißen Kristallen aus Mineralsalzen gesäumt. Hatte Peter Cardinal sie angefaßt? Ich sah Fledermäuse, die in den Löchern und zwischen den Kristallen nisteten – insektenfressende Tiere, die kleiner waren als die Flughunde in der Kolonie am Eingang. Als ich das Licht meiner Lampe über die Löcher gleiten ließ, stoben die Tiere daraus hervor. Im Schutzanzug war es inzwischen unerträglich heiß geworden. Auf der Sichtscheibe hatten sich Tropfen gebildet, die unter meinem Kinn in der Maske zusammenliefen.
Über rasiermesserscharfe Gesteinsplatten tastete ich mich zu einer Wand vor, an der die Stoßzähne von Elefanten ihre Spuren hinterlassen hatten. Ich ging an einem zerbrochenen Pfeiler vorbei und stieß auf einen Seitentunnel, der in einem Bogen bergab und wieder in den Hauptraum der Höhle mündete. Als ich mich durch den engen Durchgang zwängte,

stieß ich mit dem Kopf heftig gegen einen Stein. Ohne Schutzanzug hätte ich mir hier eine Verletzung zugezogen.
Ich kroch aus dem Gang wieder heraus und stieg zur hinteren Wand der Höhle. Hier lebten in völliger Dunkelheit zahlreiche Spinnen in ihren Netzen. Überall hingen ihre Eihüllen an den Felsen. Vielleicht waren Spinnen die Wirtsorganismen. Sie konnten das Virus mit einem Insekt aufnehmen, das sie fraßen. Vielleicht waren Monet und Cardinal von Spinnen gestochen worden.
Über herabgefallene Steinplatten kletterte ich zum Hauptraum zurück. Auf dem Gipfel des Geröllhaufens ließ ich das Licht umhergleiten. Es reichte nicht bis zu den Rändern des riesigen Raums, sie blieben nach allen Seiten hin in der Dunkelheit verborgen.
Kein Instrument und kein Sinnesorgan zeigte mir an, ob der Feind in der Nähe war. Ich schaltete das Licht aus. Schweiß floß über meine Brust, und ich hörte das dumpfe Pochen meines Herzens und das Rauschen des Blutes in den Ohren.

Der Nachmittagsregen ging nieder. Fred Grant hatte sich in den Höhleneingang zurückgezogen, während der Askari in der Nähe auf einem Stein saß, mit dem Maschinengewehr herumspielte und ein gelangweiltes Gesicht machte.
»Schön, daß du wieder da bist«, sagte Grant. »Hat es dir gutgetan?«
»Das werden wir in einer Woche wissen«, erwiderte ich.
Er betrachtete mich genau. »Auf deiner Sichtscheibe sind Spritzer.«
»Was für Spritzer?«
»Sieht aus wie Wasser.«
»Das ist nur der Schweiß in der Maske.«
Ich holte eine Plastikwanne und stellte sie unter den Wasserfall am Höhleneingang. Als sie halb gefüllt war, trug ich sie zum Elefantenweg und schüttete zwei Liter »Jik« hinein.

Dann stieg ich in die Wanne. Mit einer Toilettenbürste schrubbte ich den angeklebten Tierkot von den Stiefeln und Hosenbeinen und ließ ein wenig von der braunen Lösung über Kopf und Gesichtsmaske laufen. Ich tauchte Kartenzeichnung in der Klarsichthülle, die Taschenlampe und die Kopfleuchte in die Brühe ein. Dann kamen Gesichtsmaske, Filter und die Brille an die Reihe.
Unter dem Schutzanzug trug ich normale Kleidung und Turnschuhe. Ich legte alles ab und verpackte es zusammen mit ein paar Spritzern Jik in einer Gefahrstofftüte aus Plastik, die ich in einer zweiten verstaute. Beide Beutel wusch ich von außen mit der Lauge ab. Dann zog ich frische Kleidung an und verpackte den Schutzanzug ebenfalls mit Jik in doppelten Plastiktüten.
Robin MacDonald erschien oben auf den Felsen über dem Höhleneingang. »Hallo, Mr. Fledermausmist«, rief er. »Haben Sie Proben mitgebracht?«
Mit den Gefahrstofftüten auf dem Rücken kehrten wir ins Lager zurück. Der Regen wurde stärker. Wir setzten uns mit einer Flasche Scotch ins Messezelt, während die Tropfen herunterprasselten und in den Blättern rauschten. Es war drei Uhr nachmittags. Die Wolken verdichteten sich so, daß der Himmel schwarz wurde und wir mußten die Petroleumlampen anzünden. Der Donner rollte um den Berg, aus dem Regen wurde ein Wolkenbruch.
Robin lehnte sich auf seinem Klappstuhl zurück. »O Mann, am Elgon hört der Regen nie auf. So ist es das ganze Jahr über.«
Plötzlich flackerte und knallte es – keine 15 Meter vom Zelt entfernt hatte ein Blitz in einen Olivenbaum eingeschlagen. Wir kippten dem Scotch ein paar Tusker-Bier hinterher und pokerten ein wenig. Robin weigerte sich, mitzuspielen.
»Wie wär's mit einem Whisky, Robin?« sagte Fred Grant zu ihm.

»Nicht für mich«, erwiderte er. »Mein Magen mag das nicht. Bier ist genau das richtige. Es enthält Protein, und hinterher schläft man gut.«

Der Regen ließ nach, und plötzlich riß die Wolkendecke auf. Mausvögel stießen flötenartige Schreie aus, doch plötzlich hörte der Lärm auf, und der Elgon hüllte sich in Schweigen. Der Wald schwankte sanft hin und her. Es begann wieder zu regnen.

»Wie geht es Ihnen, Mr. Fledermausmist?« fragte Robin. »Bekommen Sie schon psychische Symptome? Wenn man auf der Toilette mit sich selbst spricht, dann fängt es an.«

Die »psychischen Symptome« setzten tatsächlich ein. Immer wieder dachte ich daran, wie ich mit dem Kopf gegen das Höhlendach gestoßen war. Zwischen meinen Haaren hatte sich eine hübsche Beule gebildet, und um sie herum mußte die Haut mikroskopisch kleine Risse haben. Ich begann zu begreifen, wie es sein mußte, wenn man mit einem Filovirus in Kontakt gekommen war.

Das Auftauchen des AIDS-Virus, des Ebola-Virus und einer Reihe anderer Erreger aus dem Regenwald scheint eine natürliche Folge der Vernichtung tropischer Lebensräume zu sein. Diese Viren kommen aus ökologisch geschädigten Gegenden. Vielfach stammen sie von den ausgefransten Rändern der Regenwälder oder aus der tropischen Savanne, die immer stärker von Menschen besiedelt wird. Die Regenwälder sind das größte Lebensreservoir unseres Planeten, hier gibt es die meisten Tier- und Pflanzenarten. Sie sind aber auch das größte Reservoir für Viren, denn alle Lebewesen tragen Viren in sich. Wenn sie aus dem Ökosystem ausbrechen, können sie sich wie das Echo eines sterbenden Lebensraums in Wellen in der menschlichen Bevölkerung verbreiten.

Auf diese Weise wurden folgende Viren und Viruserkrankungen bekannt: Lassa; Rift-Valley; Oropuche; Rocio; Q-Fieber;

Guanarito; V.E.E.; Affenpocken; Dengue-Fieber; Chikungunya; die Hantaviren; Machupo; Junin; die tollwutähnlichen Stämme Mokolo und Duvenhage; Le Dantec; das Kyasanur Forest-Gehirnvirus; das Semliki-Forest-Virus; Crimean-Congo; das Sindbis-Virus; O'nyong nyong; ein namenloses São-Paulo-Virus; Marburg; Ebola-Sudan; Ebola-Zaire; Ebola-Reston und natürlich HIV.
Manchmal kommt es mir so vor, als habe die sterbende Natur diese Lebensformen aus der Dunkelheit der Regenwälder entlassen, um sich gegen den Menschen zu wehren. Die sich wie Krebsgeschwüre verbreitenden menschlichen Siedlungen in den Ballungsräumen überall auf der Erde vernichten die Natur und begraben sie unter Beton- und Asphaltflächen. Die Natur kennt interessante Wege, um das ökologische Gleichgewicht auf der Erde wiederherzustellen. Vielleicht markiert das AIDS-Virus nur den Beginn einer solchen neuen Entwicklung. Ich glaube, daß es sich bei AIDS nicht um eine isolierte Erscheinung handelt, sondern nur um einen Schritt in einem natürlichen Prozeß. Möglicherweise ist diese Geißel noch nicht die mächtigste Waffe der Natur gegen den Menschen.

Im Herbst fuhr ich zu dem aufgegebenen Affenhaus in Reston. Es war ein warmer Tag im Indian Summer. Das Gebäude lag verlassen da. In den Bürofenstern, die dem Parkplatz zugewandt sind, hingen Schilder mit der Aufschrift »Zu vermieten«. Über die Rasenfläche hinter dem Haus gelangte ich zu der Glastür, durch die das Team hineingegangen war. Sie war verschlossen, von ihren Kanten hingen silberne Klebebandfetzen. Auf einem Schild an der Wand das dahinterliegenden Raums stand »Räum deinen Kram selbst weg«. Daneben erkannte ich den Luftschleusenkorridor, die Grauzone, durch die das Team in den Gefahrenbereich gelangt war.

Aus der Tagesstätte jenseits der Büsche drang Kindergeschrei herüber. Ich ging an der Rückseite des Gebäudes entlang und kam zu einem Fenster, durch das ich ins Innere sehen konnte. Drinnen wuchs eine Rankenpflanze, die sich auf der Suche nach Wärme und Licht gegen das Fenster drückte. Es war das Tataren-Geißblatt, ein Gewächs, das auf Müllhalden und verlassenen Grundstücken gedeiht. Seine Blüten haben keinen Geruch – genau wie ein Virus; und sie gedeihen in ruinierten Ökosystemen. Der Name erinnerte mich an den Tartarus, die lichtlose Unterwelt in Vergils Aeneis, durch die die Schatten der Verstorbenen irren.
Die Ranken versperrten die Sicht in den ehemaligen Gefahrenbereich. Ich umrundete das Gebäude und kam zu einer weiteren Glastür, die mit Klebeband verschlossen war. Als ich die Nase gegen die Scheibe preßte und die Hände seitlich an die Augen legte, um die Reflexe abzuschirmen, sah ich einen Eimer, der mit einer trockenen braunen Kruste verschmiert war. Es sah aus wie eingetrocknete Affenexkremente. Gleichgültig, was es war, sie hatten es sicher mit Chlorbleiche durchgerührt. Zwischen der Wand und dem Eimer hatte eine Spinne ihr Netz gebaut, und auf dem Fußboden darunter lagen die Überreste der Fliegen und Wespen, die sie gefangen und verzehrt hatte. Jetzt, im Herbst, hatte die Spinne ihre Eier in das Netz gehängt und damit ihren Fortpflanzungszyklus wieder in Gang gesetzt. Das Leben war ins Affenhaus zurückgekehrt. Das Ebola-Virus war in diesen Räumen in Erscheinung getreten und hatte seine Fratze gezeigt. Es wird wiederkommen.

Die wichtigsten Personen

»Charles Monet« – französischer Emigrant, der im Westen Kenias lebte. Brach im Januar 1980 während einer Flugreise zusammen, weil er mit dem Marburg-Virus infiziert war.

Oberstleutnant Nancy Jaax – Tierpathologin bei USAMRIID. Arbeitet seit 1983 mit dem Ebola-Virus. Seit 1989 ist sie Leiterin der Abteilung für Pathologie. Im Herbst 1989 beteiligte sie sich an dem Einsatz zur Abwehr des Virus in Reston.

Oberst Gerald (Jerry) Jaax – Leiter der Abteilung für Tiermedizin bei USAMRIID, Ehemann von Nancy Jaax. Er war Einsatzleiter des Entgiftungsteams in Reston.

Eugene (Gene) Johnson – ziviler Virusforscher, der bei der Armee arbeitete. Fachmann für das Ebola-Virus. Leitete nach dem Tod von »Peter Cardinal« im Frühjahr 1988 eine Expedition der Armee nach Kitum Cave am Elgon und war bei dem Einsatz in Reston verantwortlich für Logistik und Sicherheit.

»Peter Cardinal« – ein dänischer Junge, der im Sommer 1987 seine Eltern in Kenia besuchte und dort an einer Infektion mit dem Marburg-Virus starb. Einen nach ihm benannten Stamm des Marburg-Virus bewahrt die Armee in ihren Tiefkühltruhen auf.

Dan Dalgard – Tiermediziner an der Primaten-Quarantänestation (dem Affenhaus) in Reston.

Peter Jahrling – ziviler Virusforscher bei der Armee, der den Virusstamm, der sich durch das Affenhaus von Reston fraß, entdeckte.

Tom Geisbert – technischer Assistent; verantwortlich für den Betrieb des Elektronenmikroskops bei USAMRIID.

Oberst Dr. med. Clarence James (C. J.) Peters – Chef der Abteilung für Krankheitsbewertung bei USAMRIID. Er war Leiter der Operation in Reston.

Dr. Joseph McCormick – Leiter der Abteilung für besondere Krankheitserreger bei den CDC.

Robin MacDonald – Safariführer und Berufsjäger in Ostafrika. Er führte den Autor im Sommer 1993 nach Kitum Cave.

Glossar

Blasentrage: Sicherheitstrage zum Transport von Patienten, die mit einem gefährlichen Erreger infiziert sind.

CDC: Abkürzung für Centers of Disease Control; medizinische Forschungseinrichtung und Behörde in Georgia, Atlanta, deren Aufgabe es ist, die Gefahr von Seuchen möglichst frühzeitig zu erkennen und gegebenenfalls Maßnahmen zur Eindämmung zu ergreifen.

Chemturion-Schutzanzug: Biologischer Schutzanzug mit Überdrucksystem, der in Sicherheitslabors der Klasse 4 verwendet wird; wegen seiner Farbe auch als »blauer Anzug« bekannt.

Ebola-Virus: Äußerst gefährlicher Krankheitserreger aus den Tropen; genaue Herkunft unbekannt. Seine drei Unterarten **Ebola-Zaire, Ebola-Sudan** und **Ebola-Reston** sind eng mit dem **Marburg-Virus** verwandt. Zusammen bilden sie die Familie der Filoviren, das heißt der fadenförmigen Viren.

Einschlußkörper: Kristallähnliche Anordnungen aus dicht gepackten Virusteilchen; werden in diesem Buch auch oft als **Kristalloide** bezeichnet.

Grauzone: Raum zwischen dem Gefahrenbereich und der Außenwelt. »Der Raum, wo die Welten aufeinandertreffen.«

HIV (Abkürzung für *Human Immunodeficiency Virus*): Virus, das die menschliche Immunschwäche AIDS auslöst; Erreger der Gefahrenklasse 2 aus dem afrikanischen Regenwald; genaue Herkunft unbekannt. HIV vermehrt sich heute weltweit; wie stark es in der Bevölkerung vordringen wird, ist bisher völlig unbekannt.

Kristalloide: Siehe »Einschlußkörper«.

Marburg-Virus: Eng mit dem Ebola-Virus verwandter Erreger; wurde anfangs auch »gestrecktes Tollwutvirus« genannt.

Mayinga-Stamm: Gefährlichster der bekannten Ebola-Stämme; wurde aus dem Gewebe einer infizierten Krankenschwester gewonnen, die unter dem Namen Mayinga N. bekannt wurde und 1976 in Zaire starb.

Racal-Anzug: Transportabler Schutzanzug mit batteriebetriebenem Überdrucksystem; dient zur Freilandarbeit mit gefährlichen Erregern, die möglicherweise durch die Luft übertragen werden; aufgrund seiner Farbgebung auch als »orangefarbener Schutzanzug« bekannt.

SHF (Abkürzung für *simian hemorrhagic fever;* hämorrhagisches Affenfieber): Viruskrankheit bei Affen, die nicht auf Menschen übertragen werden kann.

Slammer (Militärjargon): Das Krankenhaus der Sicherheitsstufe 4 bei **USAMRIID.**

USAMRIID: Abkürzung für *United States Army Medical Research Institute of Infectious Diseases*; medizinisches Forschungsinstitut für Infektionskrankheiten bei der US-Armee in Fort Detrick bei Frederick (Maryland).

Wirtsorganismus: Lebewesen, das einem Parasiten (zum Beispiel einem Virus) als Wohnort und oft auch als Nahrungsquelle dient.

Viren

Sie sitzen auf Türgriffen und Telefonhörern, Büchern und Betten, Geldscheinen und Kaffeetassen, hocken auf Schuhen und Fingerspitzen, lauern auf Tieren und Pflanzen, schweben auf dem Wasser und im Wind. Zu Myriaden und Abermyriaden bevölkern sie den gesamten Globus. Winzige Gebilde sind es, nicht einmal mit einem Lichtmikroskop zu sehen.

Es ist eine unheimliche Sippschaft. »Schleim« und »Gift« nennen Forscher die Allgegenwärtigen – lateinisch *Virus*. Eine Horde von Übeltätern, Experten der Zerstörung. Kaum ein Lebewesen bleibt von ihnen verschont. Die Minimonster greifen Tiere, Pflanzen und sogar Bakterien an. Und sie attackieren Menschen. Krankheiten wie Masern und Mumps, Windpocken und Gürtelrose, Tollwut und Kinderlähmung, Schnupfen und Grippe, Röteln und Pocken, Herpes und Gelbfieber, Hepatitis, Hirnhautentzündung und AIDS gehen auf ihr Konto. Hunderte verschiedener Viren gibt es, die allein *Homo sapiens* zusetzen. Die gefährlichen Vagabunden haben Milliarden Menschen auf der Welt krank gemacht und Millionen umgebracht, und noch vielen mehr werden sie Leid zufügen oder gar das Leben nehmen.

Seit über hundert Jahren versuchen Medizin und Wissenschaftler das Wirken der üblen Mikroben zu erforschen und sie zu bekämpfen. Doch noch immer steht das Heer der Virusforscher vor vielen ungelösten Rätseln. Und kaum ist ein Missetäter besiegt, tauchen plötzlich neue Killerkeime auf, die keiner der Experten zuvor kannte. Sorgsam wachen Seuchenfahnder etwa bei den Centers for Disease Control (CDC) im amerikanischen Atlanta oder beim Hamburger Bernhard-Nocht-Institut für Tropenmedizin in Zusammenarbeit mit der Weltgesundheitsorganisation (WHO) über Virenattacken, um verheerende Epidemien zu verhindern. Doch keinesfalls jeder Gefahr werden sie Herr. »Viren sind unsere einzigen und echten Rivalen um die Herrschaft über den Planeten«, sagt Genetiker und Medizin-Nobelpreisträger Joshua Lederberg von der Rockefeller University in New York, »wir müssen auf Draht sein, um mit ihnen Schritt zu halten.« Der Kampf gegen die Krankheitskeime ist die große medizinische Herausforderung unserer Zeit.

Selbst die simpelste Viruserkrankung, die Erkältung, haben die Forscher noch nicht besiegt. Geniest und gehustet wird von morgens bis abends, von Januar bis Dezember rund um den Globus. Und es scheint, als brächten die Viren ihre Opfer absichtlich dazu, den infektiösen Schleim auf diese Weise loszuwerden, denn so können sich die Keime optimal verbreiten. Mit kleinsten Staub- und Wasserteilchen schweben sie dann durch die Luft, um von einem Wirtsorganismus zum anderen zu wandern. Allein in Deutschland schlagen die Erreger, Rhinoviren genannt, etwa fünfzigmillionenmal im Jahr zu. Der volkswirtschaftliche Schaden, den sie verursachen, ist immens. Dreißig Millionen Arbeits- und Schultage werden in Amerika jährlich wegen Erkältungskrankheiten versäumt – das kostet zirka fünf Milliarden Dollar.

Husten und Schnupfen, so haben Wissenschaftler herausgefunden, werden von mehr als zweihundert Erregerstämmen verursacht – so viele wurden bislang entdeckt, wahrscheinlich sind es noch viel mehr. Ein wirksames Gegenmittel haben Mediziner noch nicht. »Bis heute ist es nicht gelungen, auch nur eine einzige Impfsubstanz gegen Erkältungen herzustellen«, sagt Koen Andries, Virologe beim belgischen

Pharmakonzern Janssen, »dabei brauchen wir genauso viele, wie es Schnupfenviren gibt.« Wer sich ansteckt, kann nur warten, bis alles wieder vorbei ist; bis die Millionen Keime im Nasen-Rachen-Raum ihr Werk einstellen und Kopf- und Gliederschmerzen, Fieber und Mattheit abklingen.

Im Kampf gegen eine andere Virenattacke hingegen hatten Mediziner und Forscher beachtlichen Erfolg – und die Erreger waren keineswegs so harmlos: die Pocken. Die lebensgefährliche Infektionskrankheit tauchte vor zweitausend Jahren nur in Indien und Vorderasien auf, kam dann mit Reisenden und Entdeckern nach Japan, Europa und Nordafrika. Eroberer brachten sie nach Australien und Amerika. Historiker glauben, daß etwa der Spanier Hernando Cortez im Jahre 1521 die Azteken weniger mit Waffengewalt als mit Hilfe der Pockenviren überwand. Einige Männer von Cortez' kleiner Truppe litten unter der Infektion, die schon lange in Europa grassierte, und steckten ihre übermächtigen Gegner an. Die Folge: Eine verheerende Epidemie begann unter den Indianern zu wüten – und Cortez konnte Mexiko erobern.

Die Pocken, auch Blattern genannt, rafften allein in Europa Millionen Menschen dahin. Im 18. Jahrhundert etwa starben auf dem Kontinent vierhunderttausend an der Seuche. Und noch in den sechziger Jahren unseres Jahrhunderts erkrankten laut WHO weltweit hunderttausend Männer, Frauen und Kinder an Pocken. Der Erreger wird durch unmittelbaren Kontakt von Mensch zu Mensch oder mit der Atemluft übertragen. Er vermehrt sich zunächst in Mund, Rachen und Luftröhre. Dann wandert er in die Lunge und ins Blut, anschließend befällt die Mikrobe Magen, Darm, Milz, Leber und Nervenzellen. Auf der Haut des Erkrankten bilden sich zahlreiche rote Flecken, die zu Bläschen und Pusteln wachsen – sie sind voller Pockenviren. Wer zu den fünfzig bis achtzig Prozent der Infizierten gehörte, die den Angriff der Keime überlebten, war für den Rest seiner Tage gezeichnet:

Eine gräßliche Narbenlandschaft entstellte Körper und Gesicht.
Der grausamen Krankheit Einhalt gebieten konnte erst eine Entdeckung des Engländers Edward Jenner. Der Landarzt, der vor zweihundert Jahren in der Grafschaft Gloucestershire praktizierte, stellte fest, daß während einer örtlichen Pockenepidemie die Melkerinnen fast ausnahmslos von dem Übel verschont blieben. Er fand heraus, daß die Frauen sich irgendwann vorher mit Kuhpocken infiziert hatten, einer leichten Form der Erkrankung; damit waren sie vor der schweren Attacke geschützt. Das brachte den Arzt auf eine Idee: Er spritzte Menschen die weniger gefährlichen Erreger ins Blut. Die Behandelten wurden immun und waren nun vor dem todbringenden Pockenvirus gefeit. Damit hatte Jenner die Schutzimpfung erfunden. Anderswo griffen Mediziner den Trick des englischen Landarztes auf, und bald wurde in Europa und anderswo die Vorbeugungsmaßnahme zur Pflicht. Sie befreite ganze Nationen von der gräßlichen Geißel.
1966 startete die WHO ein Programm, um die Seuche weltweit auszurotten. Gesundheitsbeamte wurden losgeschickt, um selbst in den entlegensten Gegenden der Erde nach Menschen zu suchen, die von Blattern befallen waren. Die WHO-Fahnder impften alle Personen, mit denen die Infizierten Kontakt hatten. Als letzten Pockenkranken der Welt machten die Seuchendetektive im Jahr 1977 den Somalier Ali Maolin ausfindig – seither gelten die Blattern als besiegt. Allerdings gab es ein Jahr später noch einmal zwei Fälle im englischen Birmingham, und zwar als Folgen eines Unfalls in einem Labor, in dem Wissenschaftler das Virus untersucht hatten. Seither existieren die mikroskopischen Massenkiller nur noch tiefgekühlt hinter dicken Mauern im Hochsicherheitstrakt der CDC in Atlanta und in einem weiteren Labor in Moskau. Nun will die WHO auch diese Rest-

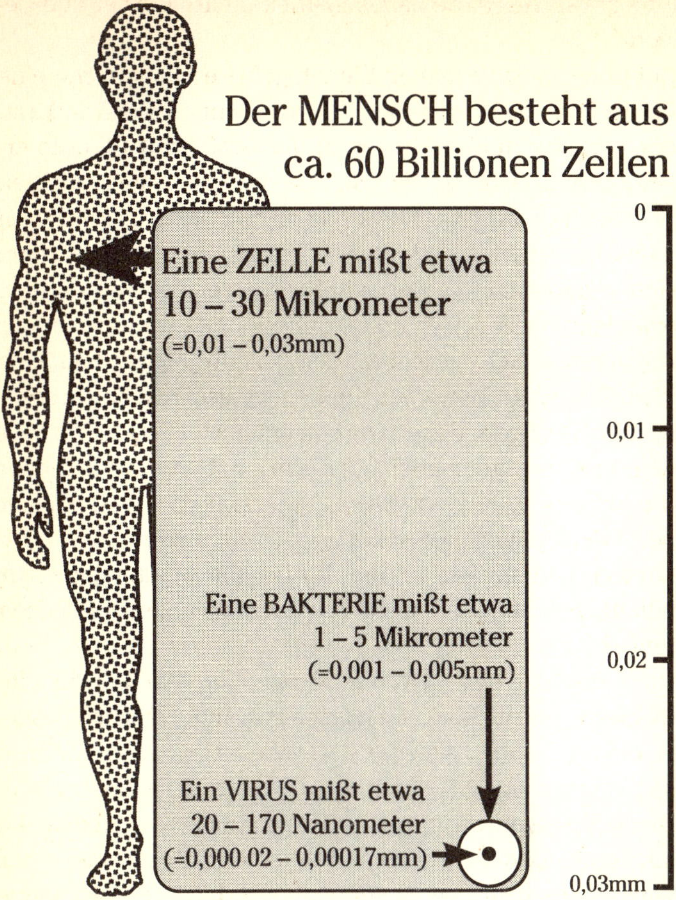

Größenvergleich Mensch, Zelle, Bakterie, Virus

bestände exekutieren, in luftdichten Kammern sollen die Keime bei 120 Grad 45 Minuten gesiedet werden. Sicherheitshalber sollen die abgetöteten Erreger dann noch verbrannt werden.

Warum Wissenschaftler in einem Fall so viel Erfolg gegen Viren haben, im anderen jedoch überhaupt nichts auszurichten vermögen, hängt von einer ganzen Reihe von Faktoren ab. Etwa von dem Aufwand, den die Mikrobenjäger zur Erforschung und Bekämpfung der Krankmacher treiben. »Bei globalen lebensgefährlichen Seuchen ist der wissenschaftliche Einsatz sicher größer als bei relativ harmlosen oder lokalen Epidemien«, sagt Professor Herbert Schmitz, Virologe am Hamburger Tropeninstitut, »allein schon deshalb, weil die Pharmaindustrie als einer der großen Geldgeber manchmal ein großes und manchmal nur ein kleines Geschäft wittert.« Darüber hinaus liegt es natürlich auch am Feind, gegen den die Virologen zu Felde ziehen. Denn Viren sind Weltmeister im Erfinden von Strategien bei ihren Attacken auf Organismen. Außerdem wechseln viele Erreger immer wieder ihr Erscheinungsbild, und jede Art ist anders gebaut. Wie vielfältig ihr Formenreichtum ist, offenbart sich unter dem Elektronenmikroskop.

Die kleinsten aus der Sippe messen 0,000 02 Millimeter, von ihnen hätten hundert Billiarden in einem Kubikzentimeter Platz; die größten bringen es etwa auf die hundertfache Ausdehnung. In diesen unterschiedlichen Formaten gibt es sie als Kugeln, Stäbchen und lange Fäden, Zylinder, Spiralen, stachelige Gebilde oder Strukturen mit vielen Flächen. Und manche sehen gar wie Weltraumlandefähren mit abgeknickten dünnen Stelzbeinen aus. Ob Mikro-Spaghetti oder Mini-Igel – in ihrer Feinstruktur bestehen fast alle Viren aus einer Hülle und einem Capsid. Die Hülle ist aus Lipiden, Fettsäuren, gebaut. Das Capsid wird aus Proteinen, Eiweißen, gebildet. Im Inneren befinden sich Nukleinsäuren: entweder Ribonukleinsäure (RNA) oder Desoxyribonukleinsäure (DNA); lange Kettenmoleküle, die aus kleineren Molekülen, Nukleotiden, zusammengesetzt sind. Diese kodieren durch die Art und Weise ihrer Anordnung die genetische Information. »Die kleinsten Viren haben dreitausend Nukleotide«, weiß Virologe Schmitz, »die größten einige Hunderttausend.«

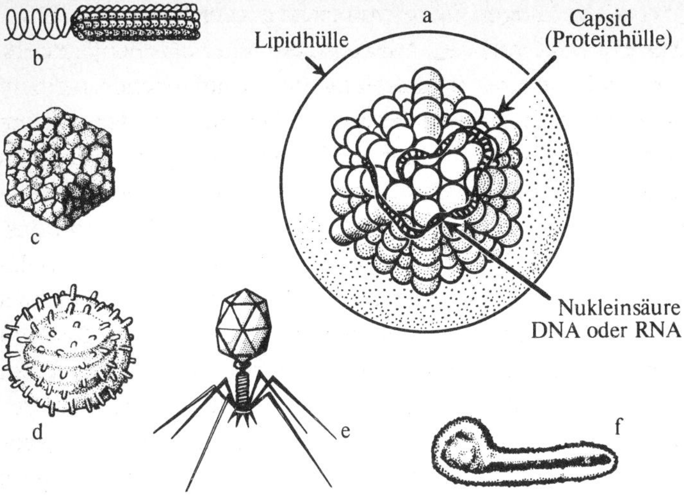

Aufbau verschiedener Viren

Der Bauplan der meisten Viren a) ist sehr einfach: Sie bestehen aus Nukleinsäure (DNA oder RNA), der Trägerin der Erbinformationen, und einer Hülle aus Proteinen. Viele Viren haben zusätzlich noch eine zweite Hülle aus Lipiden. b) Tabakmosaikvirus mit zylindrischer Proteinhülle; c) Rhinovirus ohne Lipidhülle und mit Ikosaedersymmetrie; d) Grippevirus, dessen Lipidhülle mit Stacheln aus Eiweißmolekülen gespickt ist; e) T-4 Bakteriophage, ein Virus ohne Lipidhülle von komplexer Struktur; f) Ebola-Virus, besteht aus einem RNA-Faden, einer Protein- und Lipidhülle.

Manche der Nukleinsäure-»Päckchen« sind ausgesprochen empfindlich wie etwa der AIDS-Erreger. An der Luft oder im Wasser, fernab von jedem »Nährboden«, verliert er seine Wirkung schon nach ein paar Minuten. Andere Keime sind sehr widerstandsfähig. Sie können Stunden und Tage schadlos ohne jede Zelle überstehen und nach dem Dornröschenschlaf zuschlagen. Zu solchen hartnäckigen Typen zählen beispielsweise das Pockenvirus und der Polioerreger, der die Kinderlähmung verursacht. Tiefe Temperaturen vertragen die meisten sehr gut; minus 196 Grad Celsius von flüssigem Stickstoff sind kein Problem für sie. Doch bei hohen Temperaturen gehen sie alle zugrunde.

Die Gefährlichen sind hilflose Geschöpfe: Sie haben keinen eigenen Stoffwechsel, können nicht selbst Energie erzeugen und sich nicht ohne fremde Hilfe vermehren – geschweige denn sich selbständig bewegen. Viren sind keine Lebewesen, sondern ähneln eher Kristallen, wie schon 1935 der amerikanische Biochemiker und Nobelpreisträger Wendel Stanley feststellte, als er aus Pflanzenzellen das Tabakmosaik-Virus isolierte.

Ziellos treiben die Winzlinge in der Welt dahin, bis sie zufällig eine geeignete Zelle finden. Das ist nicht irgendeine beliebige, es muß eine sehr spezifische sein. So hat ein Schnupfenvirus nur an Zellen in der Nase Interesse, Leber- oder Darmzellen etwa läßt es links liegen. Auf Leberzellen wiederum sind Hepatitisviren spezialisiert und das Ziel von Polioviren sind Zellen des Gehirns. AIDS-Viren sind auf weiße Blutkörperchen aus und haben mit anderen Bausteinen des Organismus nichts im Sinn. Und es gibt sogar Viren, Bakteriophagen genannt, die ausschließlich Bakterien und dann meist nur eine einzige Art davon befallen. Sie können Bakterien so verändern, daß sie zur tödlichen Bedrohung werden. Wissenschaftler vermuten, daß die Streptokokken-Infektionen, die im Mai 1994 in Südengland Schlagzeilen machten, durch solche »scharf« gemachten Bakterien verursacht wurden. Damals starben mindestens sechs Briten daran. Ihre Haut und ihre Organe verwandelten sich innerhalb von Stunden in totes Gewebe. Ob ein Bakterium oder eine Körperzelle der Bestimmungsort ist – an der »richtigen« Stelle legen die Viren los, entfalten ihr zerstörerisches Potential. Die Parasiten werden zu Piraten. Sie krallen sich an die Zellmembran und dringen ins Innere des biologischen Bausteins ein. Wie sie da hineinkommen ist für Virologen oft noch ein Rätsel. Manche machen es mit List und Tücke, andere offenbar mit Gewalt. Das Grippevirus etwa, so haben Wissenschaftler entdeckt, katapultiert sich mit einer raffinierten mechanischen Sprungfeder ins Innere. Dort lassen sie ihre Hüllen fallen und geben ihre Nukleinsäuren mit den genetischen Informationen frei. Diesen fremden Anweisungen muß die Zelle nun Folge leisten. Statt neuer Zellprodukte werden jetzt neue Viren produziert – das eroberte Terrain wird zur Virenfabrik. Und dort geht es zu wie am Fließband. Denn der Output neuer Krankheitskeime kann ein irrwitziges Tempo annehmen.

Eine einzige Zelle schafft es, in wenigen Stunden Hunderte neuer Viren herzustellen. Diese Tochterparasiten brechen aus ihrer Geburtsstätte aus und lassen sich in die Blutbahn schwemmen. Der Lebenssaft transportiert sie dann zu neuen Zielen – als genetische Kuckuckseier.

Der menschliche Organismus ist den heimtückischen Schmarotzern jedoch nicht schutzlos ausgeliefert. Er hat ein Abwehrsystem. In Blut und Lymphe patrouillieren ständig Wächter, die Eindringlinge aufspüren und vernichten. Während Bakterien von sogenannten Freßzellen (Makrophagen) eingefangen und »verspeist« werden, sind Viren dem Angriff eines ganzen Verbunds von Antikörpern ausgesetzt. Dieses Immunsystem hat eine hochkomplexe Organisation. Bei vielen Attacken ist es siegreich. Doch manche Viren haben Strategien entwickelt, mit denen sie die Verteidigung des Organismus trickreich überlisten können. Dann ist es meist schwierig, den Erkrankten wirksam Hilfe zu leisten. Zwar versuchen Forscher Mittel zu entwickeln, die in die einzelnen Schrittfolgen der Virenvermehrung eingreifen und so die Ausweitung einer Infektion verhindern sollen, doch: »Generell gibt es keine Chemotherapie gegen Viren«, sagt Herbert Schmitz, »und in den Fällen, wo eine entwickelt wurde, nur mit enormen Nebenwirkungen. Denn ein allgemein gegen Viren gerichtetes Medikament greift auch immer die Zelle an.« So bleibt oft nur eine Vorbeugemaßnahme bei drohender Infektion: Impfen – ähnlich wie es Jenner bei

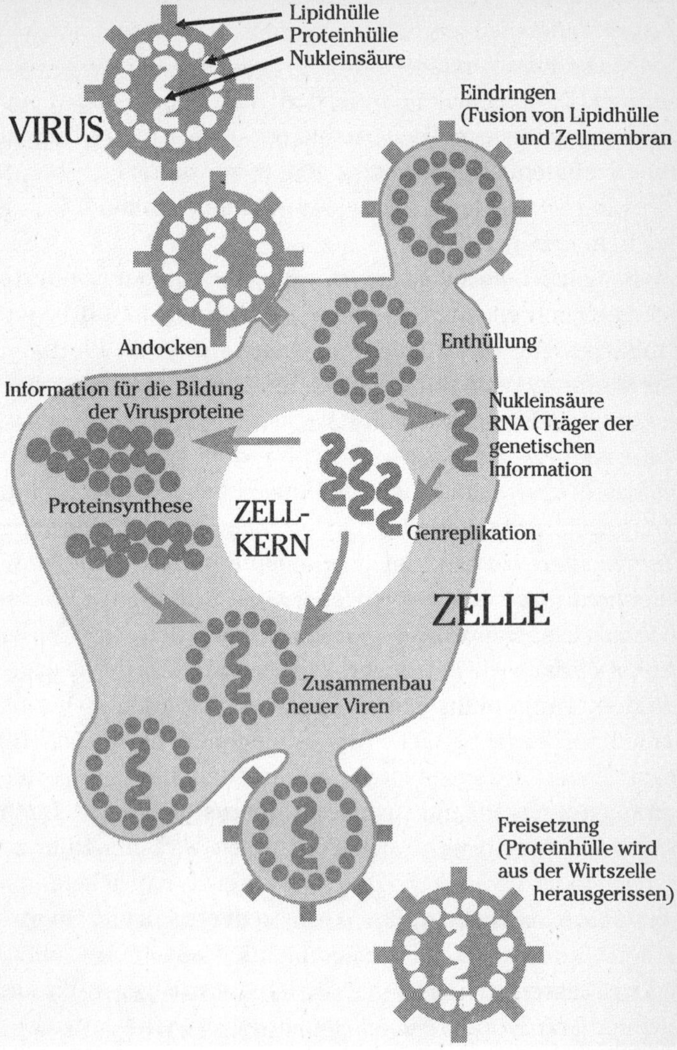

Vermehrung eines RNA-Virus in einer Zelle (stark vereinfacht)

den Pocken tat. Dabei gibt es prinzipiell zwei Möglichkeiten. Entweder werden abgetötete Krankheitskeime oder enge, aber harmlose Verwandte des Erregers injiziert. Auf diese vermeintliche Bedrohung reagiert das Immunsystem mit der Produktion von Abwehrstoffen. Der Organismus »speichert« sie und kann später bei einer »wirklichen« Ansteckung erfolgreich den Kampf aufnehmen.

Noch keinerlei Rezept haben Virologen und Mediziner jedoch gegen eine Mikrobe gefunden, die Millionen Menschenleben bedroht. Anfang der achtziger Jahre fiel amerikanischen Ärzten auf, daß das eigentlich sehr seltene Kaposi-Sarkom, ein bösartiger Hauttumor, und die ebenfalls nur vereinzelt vorkommende Lungenentzündung durch das Bakterium *Pneumocystis carinii* plötzlich auffallend häufig auftraten. Sie nannten die Krankheit AIDS (Acquired Immune Deficiency Syndrome).

Wenige Jahre später gelang es einer von Luc Montagnier geleiteten Forschergruppe des Pariser Pasteur-Instituts, ein Virus als Ursache zu isolieren. Es wird »Humanes Immundefizienz-Virus« (HIV) genannt. Inzwischen haben Wissenschaftler festgestellt, daß es sogar eine ganze Reihe verschiedener Varianten dieses Erregers gibt. Die Mikroben stammen mit größter Wahrscheinlichkeit aus dem afrikanischen Regenwald. Die meisten AIDS-Experten vermuten, daß die Keime irgendwann von Grünen Meerkatzen auf Menschen übertragen wurden. Die allererste Infektion mag Jahrzehnte, vielleicht aber auch sehr viel weiter zurückliegen.

HI-Viren lassen sich in Blut, Sperma, Scheidensekret, Speichel und Tränen nachweisen. Beim Geschlechtsverkehr mit einem Infizierten oder beim Stich mit einer verunreinigten Nadel können sich Gesunde anstecken – dann kann es bis zum Beginn des Leidens Jahre dauern. Mediziner sind sich allerdings noch nicht sicher, ob die Krankheit tatsächlich

bei allen Infizierten zum Ausbruch kommt. Es gibt Menschen, die sich vor zehn Jahren angesteckt haben, aber bisher noch keine Symptome zeigen.
Die Erreger haben eine heimtückische Strategie entwickelt. Sie unterlaufen alle Abwehrmechanismen des Körpers und dringen sogar in die sogenannten T4-Helferzellen ein, spezielle weiße Blutkörperchen, die eine zentrale Rolle im Immunsystem spielen. T4-Helferzellen koordinieren den Kampf gegen Eindringlinge und die Erzeugung von Antikörpern. Obendrein befallen HI-Viren auch noch die Makrophagen, die ständig den Körper bedrohende Bakterien auffressen. Die Folge: Teile des Immunsystems produzieren nun selbst neue HI-Viren – und gehen dabei zugrunde. So wird im Lauf der Zeit die Abwehr immer stärker gestört. Krankheitskeime, die im Normalfall erfolgreich bekämpft werden, können sich nun ungehindert vermehren. Infektion folgt auf Infektion, der Körper wird immer schwächer. Organe erkranken – schließlich stirbt der Patient. Ein Schicksal, das inzwischen vierzehn Millionen Menschen auf der ganzen Welt droht – so viele HIV-Ansteckungen meldete die WHO 1993. Für das Jahr 2000 rechnet die Weltgesundheitsorganisation sogar mit vierzig Millionen Infizierten.
Das HI-Virus ist nicht der einzige Erreger, der in den letzten Jahrzehnten neu auftauchte. Immer wieder entdeckten Virologen bislang unbekannte Keime. Im Jahre 1967 erkrankten plötzlich in Marburg, Frankfurt und Belgrad Laborangestellte, die mit Zellkulturen aus den Nieren von Grünen Meerkatzen aus Uganda hantiert hatten. Die Kranken bekamen sogenanntes hämorrhagisches Fieber: Die Körpertemperatur stieg, auf der Haut bildeten sich Flecken. Dann fingen Haut und innere Organe zu bluten an – und es hörte nicht mehr auf. Auch Pflegepersonal und die Frau eines Infizierten zeigten nach kurzer Zeit diese Symptome; insgesamt waren es einunddreißig Menschen. Sieben von ihnen

starben. Als Erreger isolierten Virologen einen Keim, den sie nie zuvor gesehen hatten. Sie nannten ihn Marburg-Virus. Die Affen, die zu Forschungszwecken aus Afrika importiert worden waren, hatten die Mikrobe eingeschleppt. Von den Tieren war sie auf Menschen übergegangen. In den siebziger und achtziger Jahren erkrankten erneut einige Personen am Marburg-Fieber – alle waren entweder in Afrika gewesen oder mit dort Infizierten in Kontakt gekommen.

1976 löste ein verwandter Erreger im Sudan und in Zaire Epidemien aus. Im südlichen Sudan, im Städtchen Nzara, brach plötzlich der Lagerverwalter einer Baumwollfabrik zusammen und verblutete innerlich. Bald darauf starben auf die gleiche Weise einige andere Angestellte. Dann verbreitete sich der Erreger in der ganzen Stadt und gelangte irgendwie ins Krankenhaus der Ortschaft Maridi. Durch die Mehrfachverwendung von Spritzen brach dort eine Epidemie aus und verwandelte das Hospital in eine Leichenhalle. So unversehens wie die Mördermikrobe gekommen war, verschwand sie auch wieder. Doch zwei Monate später brachte sie 800 Kilometer weiter westlich in einer Missionsstation den Tod. Insgesamt erkrankten damals über fünfhundert Menschen an der Seuche, mehr als vierhundertdreißig starben. Drei Jahre später kam es erneut zu einem Ausbruch des Ebola-Virus. So tauften Wissenschaftler den Keim – nach einem Fluß in Zaire.

Virologen versuchten immer wieder, die Wege zurückzuverfolgen, die sowohl der Ebola- als auch der Marburg-Erreger von einem Infizierten zum nächsten genommen hatten, um deren Ursprung ausfindig zu machen. Alles deutet darauf hin, daß beide Varianten irgendwo im Tierreich schlummern. Grüne Meerkatzen konnten Forscher als Reservoir ausschließen; während der ersten Marburg-Epidemie etwa waren sie nur Zwischenwirte. Trotz intensivster Fahndung nach möglichen Quellen in der Fauna des afrikanischen

Urwalds wissen Virologen bis heute nicht, wo sich die Keime genau verstecken – verstecken, bis es zu einem neuen Angriff kommt.

Marburg- und Ebola-Viren, so ergaben elektronenmikroskopische Analysen, haben die Form langer Fäden. Deshalb fassen die Wissenschaftler sie mit dem Begriff Filoviren zusammen. Die Länge der 0,00008 Millimeter dünnen Erreger variiert stark und kann bis zu 0,014 Millimeter betragen. Oft sind die Mikroben zu einem »U«, zu einer »6« oder zu einem Kreis geschlungen. »Zum großen Teil sind die Nukleotide von ›Marburg‹ und ›Ebola‹ identisch«, sagt Herbert Schmitz vom Hamburger Tropeninstitut, in dessen Hochsicherheitslabor Proben beider Keime zu Untersuchungszwecken lagern, »doch die Unterschiede sind noch so groß, daß das Immunsystem keinen Schutz vor der einen Infektion aufbaut, wenn man die andere bereits durchgemacht hat.«

Bei Raumtemperatur bleiben die Keime, die sich vorwiegend in der Leber, offensichtlich aber auch in den Wänden der Blutgefäße vermehren, sehr lange infektiös. Erst wenn sie 30 Minuten lang auf 60 Grad erhitzt oder mit UV- oder Gammastrahlen behandelt werden, sind sie unschädlich. Eine wirksame Waffe gegen sie haben Mediziner nicht. Um das Infektionsrisiko zu begrenzen, muß ein Kranker schon beim geringsten Verdacht isoliert werden. Zudem müssen Schwestern und Ärzte beim Umgang mit Blut und Ausscheidungen des Patienten größte Vorsicht walten lassen. Bei den Infizierten selbst können nur die Symptome behandelt werden: Es müssen Medikamente verabreicht werden, die die Blutungen stillen und das Immunsystem stärken. Dann bleibt nur abzuwarten, ob der Kranke es schafft, mit der Ansteckung fertig zu werden.

Virologen fanden in den letzten Jahrzehnten noch eine ganze Reihe neuer Killermikroben. Etwa das Lassa-Virus, benannt nach einem Dorf in Nigeria, wo es 1969 zum erstenmal eine Epidemie verursachte. Die Infizierten bekommen Angina, übergeben sich, haben Bauchschmerzen und Husten. Dann treten Ödeme, Blutungen und Schock auf. Die meisten Erkrankungen verlaufen relativ leicht, doch ein Teil der Leidenden überlebt die Ansteckung nicht. In Afrika infizieren sich bis zu dreißigtausend Menschen jährlich, etwa fünftausend sterben an Lassa-Infektionen. Verwandte Viren tauchten in Südamerika auf. In Argentinien wurden sie Junin- und in Bolivien Machupo-Viren getauft. Sie verursachen ebenfalls hämorrhagische Fieber, die in vielen Fällen tödlich verlaufen. Die Erreger stammen von Nagetieren und »überleben« in deren eingetrocknetem Urin und Kot. Mit dem Staub werden sie durch die Luft transportiert und können dann Menschen infizieren.

Nager-Parasiten schlugen auch in Brasilien zu. Im Januar 1990 wurde eine fünfundzwanzigjährige Landwirtschaftsingenieurin mit hohem Fieber, Kopfschmerzen und Übelkeit in ein Krankenhaus in São Paulo eingeliefert. Keiner der Ärzte wußte Rat. Dann fingen innere Organe der Frau zu bluten an. Nach ein paar Tagen starb sie. Das Virus, das Wissenschaftler isolierten und Sabia nannten, stammte offensichtlich von Mäusen oder Ratten. Wie auch das Four-Corners-Virus, das US-Forscher 1993 identifizierten. Seit 1990 hat die Mikrobe mindestens zwanzig Menschen in Amerika umgebracht – meist Navajos, die im Grenzgebiet von New Mexico, Arizona, Colorado und Utah, der »Four-Corners-Region«, lebten. Der Keim haust in der dort heimischen Hirschmaus, die Vorräte und Wohnungen infiziert.

Und 1977 kam es in Ägypten zu einer mysteriösen Epidemie. Im Niltal erkrankten zwanzigtausend Menschen an Hirnhautentzündung, wurden blind, bekamen Leberschäden oder Hautblutungen. Sechshundert überlebten die Infektion nicht. Als Verursacher entdeckten Wissenschaftler ein Virus, das zuvor nur Schafe, Ziegen und Rinder getötet hatte und unter den Tieren bereits in den dreißiger Jahren im Rift-Valley in Kenia entdeckt worden war. 1988 wütete der aggressiv gewordene Keim erneut in Mauretanien. 1264 Bewohner des nordwestafrikanischen Landes erkrankten, 224 Menschen kamen um. Das Rift-Valley-Virus wird hauptsächlich durch Moskitos übertragen – achtzehn verschiedene Mückenarten stehen bislang als Keimtransporteure fest.

Die Liste neuer Virenattacken will kein Ende nehmen. Forscher wissen schon bald nicht mehr, wie sie die Erreger nennen sollen, die sie entdecken. So tauchte etwa im Jahr 1993 eine Mikrobe im südsudanesischen Regenwald auf, die unter »X« registriert wurde. Der bis dato unbekannte Winzling brachte Tausende Menschen um und verschwand dann wieder.

Virologen rechnen damit, daß es *Homo sapiens* in Zukunft mit einer ganzen Reihe weiterer geheimnisvoller Viren zu tun bekommen wird. Ob sie alle nur noch nicht entdeckt oder wirklich neu sind, können die Keimkenner kaum entscheiden. Auf alle Fälle entwickeln sich Viren permanent weiter. »Der ständige Evolutionskampf zwischen dem Wirt und seinen Parasiten, in dem beide Seiten einen Vermehrungsvorteil erringen wollen«, sagt Arnold Levine, Virologe von der Princeton University in New Jersey, »sorgt dafür, daß dauernd neue infektiöse Erreger entstehen.« Der einfache Bau der Keime, ihre riesige Zahl und große Vermehrungsrate sind optimal für permanente Veränderungen. Denn in den Nukleinsäuren finden dauernd Mutationen und Rekombinationen statt – so entstehen immer neue Varianten. Denen gelingt es beispielsweise, ihren ursprünglichen Wirt zu verlassen und sich in andere Organismen einzunisten. Vor allem die Tropen mit ihrer vielfältigen Tierwelt scheinen solch ein großes Potential gefährlicher Mikroben zu bergen, die auf Eroberungsfeldzug unter Zweibeinern gehen können.

»Auch das Vordringen des Menschen in bislang unberührte Natur spielt eine wichtige Rolle«, sagt Herbert Schmitz. Durch Eingriffe ins ökologische Gleichgewicht des Planeten verändern sich die Lebensgewohnheiten von Tieren, die Viren beherbergen. Und damit bekommen die Parasiten einen neuen Wirkungskreis. In Afrika etwa sind deshalb die Affenpocken auf dem Vormarsch. »Wahrscheinlich stammen sie von Erdhörnchen«, vermutet Schmitz, »weil afrikanische Kinder auf Flächen spielen, die ihre Eltern gerodet haben. Da kommen die Kleinen irgendwie mit den Exkrementen der dort lebenden Erdhörnchen in Berührung.« Die Spielenden infizieren sich, bekommen Affenpocken, und manche sterben daran. »Das Revier der Erdhörnchen war früher der Wald, der nun verschwunden ist; nur langsam ziehen sie sich ins verbliebene Gehölz zurück.«
Wenn Viren einmal den menschlichen Organismus erobert haben, sind ihre Vermehrungschancen gut wie nie zuvor. Denn die ständig wachsende Erdbevölkerung und die daraus resultierende Enge in den Slums ausufernder Millionenstädte macht es den Erregern immer leichter, von einem Opfer zum nächsten zu wandern. Obendrein sorgt die steigende Mobilität für eine globale Verbreitung im Düsenjet-Tempo. Mit dem Massentourismus kann aus einer lokalen Epidemie im Nu eine weltweite Seuche werden.
Die Bedrohung wird noch unheimlicher, seit Wissenschaftler herausgefunden haben, daß nicht nur komplette Viren, sondern offensichtlich sogar schon »Bruchstücke« gefährlich werden können. So haben Forscher Keime gefunden, die nur aus einem Virenkern ohne Hülle, also aus nackten Nukleotiden bestehen. Allerdings wurden solche als Viroide bezeichneten Gebilde bislang nur bei Pflanzen entdeckt; sie machen beispielsweise Chrysanthemen, Gurken und Kokospalmen krank. Außerdem können offensichtlich allein bestimmte Proteine, die normalerweise in den Caspiden von

Viren vorkommen, Infektionen verursachen. Solche Keime, Prione genannt, sind vermutlich für die Schafskrankheit Scrapie, den Rinderwahnsinn und die Creutzfeld-Jacob-Krankheit beim Menschen verantwortlich. Alle drei sind Infektionen des Zentralnervensystems, bei denen das Hirn zu einem löchrigen Schwamm degeneriert und der Tod unausweichlich ist. Erwiesen ist, daß der Erreger vom Schaf aufs Rind übergegangen ist – in England sind inzwischen über hundertdreißigtausend Rinder am Wahn verendet. Doch bis heute ist nicht geklärt, ob es derselbe Erreger ist, der den Menschen krank macht und ob sich der Zweibeiner beim Rindfleischverzehr anstecken kann.

Noch etwas anderes Beunruhigendes haben Forscher entdeckt: Viren können sogar Krebs verursachen. Molekularbiologen fanden heraus, daß einige Keime in ihrem Erbgut ein Onkogen, ein Krebsgen, tragen, das sie bei der Infektion an den Wirt abgeben. Wenn ein solches Virus seine Nukleotide in den Kern einer Wirtszelle einschleust, kann es zur Katastrophe kommen – dann reagiert die Zelle nicht mehr auf die sie kontrollierenden Signale des Körpers und wird zur wuchernden Tumorzelle. Dasselbe Gen jedoch gibt es auch im gesunden Organismus von Tier und Mensch. Dort kann es existieren, ohne krank zu machen. Wissenschaftler vermuten, daß dieses Onkogen zu den Lebewesen gehört und irgendwann einmal in der Entwicklungsgeschichte von Viren aus anderen Organismen »entwendet« wurde. Viren haben diese Gene in ihr eigenes Erbgut eingebaut und so »scharf« gemacht, daß sie nach einer Infektion Krebs auslösen können.

Weil dieses Onkogen bei einer ganzen Reihe von Lebewesen gefunden wurde, glauben seine Entdecker Michael Bishop und Harold Varmus von der University of California in San Francisco, daß Viren an der Evolution kräftig mitgewirkt haben könnten. »Vielleicht sind Virenübertragungen von

DNS-Molekülen eine wichtige Ursache für die genetische Vielfalt des Lebens«, vermutet auch Michael Syvanen. Den Molekularbiologen von der University of California in Davis verblüfft, daß nach dem Aussterben der Dinosaurier auf der Erde vor fünfundsechzig Millionen Jahren die Zahl der Säugetierarten sehr schnell zunahm. Im Schatten der Riesenechsen lebten nur wenige dieser Spezies. Doch schon in der relativ kurzen erdgeschichtlichen Spanne von zehn Millionen Jahren wurde daraus ein breites Spektrum: Nager, Beuteltiere, Rüsseltiere, Wale, Seekühe, Paarhufer, Primaten und andere. Syvanens These zu dieser rapiden Differenzierung: Die Evolution, eigentlich ein eher gemächlicher Prozeß, wurde durch Viren beschleunigt. Die Keime haben als Gen-Boten gewirkt, Erbmaterial bei einem Wirt aus- und bei einem anderen wieder eingebaut. So wurde genetische Information von Art zu Art übertragen und wirkte schneller als Mutationen, natürliche Auswahl und Vererbung.

Solchen Spekulationen zufolge haben die Krankmacher dann auch eine Daseinsberechtigung: »Wenn Viren wirklich nur lästige Gebilde wären«, sagt Syvanen, »müßte man erwarten, daß Zellen mit großem Aufwand eine Resistenz gegen die Erreger aufbauen. Das tun sie auch in gewissem Maße, aber in anderer Hinsicht kommen sie den Viren wieder sehr weit entgegen.« Offensichtlich lädt das Leben die Schädlinge, die es bekämpft, gleichzeitig regelrecht ein – als Entwicklungshelfer.

Horst Güntheroth

Danksagung

Mein Dank gilt zuallererst dem gesamten militärischen und zivilen Personal von USAMRIID. Die Personen, die an der Aktion in Reston beteiligt waren, riskierten ihr Leben und konnten nicht damit rechnen, daß ihre Arbeit jemals öffentlich gewürdigt werden würde.

Zu großem Dank bin ich auch Sharon DeLano verpflichtet, meiner Lektorin bei Random House. Irgendwann sagte ich zu ihr: »Gott steckt im Detail«, worauf sie erwiderte: »Nein, Gott steckt im Gesamtaufbau.« Weiterhin danke ich Sally Gaminara von Doubleday (Großbritannien) für wertvolle redaktionelle Ideen sowie Ian Jacman und Harold Evans für ihre Hilfe.

Lynn Nesbit danke ich, weil sie für das finanzielle Wohl meiner Familie Sorge getragen hat. Ebenso gilt mein Dank Robert Bookman, Lynda Obst, Cynthia Cannell, Eric Simonoff und Chuck Hurewitz. Jim Hart danke ich für seine äußerste Aufgeschlossenheit bei unseren Gesprächen, ebenso Ridley Scott.

Dieses Buch beruht auf einem Artikel, der 1992 in der Zeitschrift *New Yorker* erschien. Ich danke Robert Gottlieb, der den Beitrag in Auftrag gab, und Tina Brown, die ihn veröffentlichte.

Verpflichtet bin ich weiterhin John Bennet, dem Redakteur des Artikels, und Caroline Fraser, die ihn überprüfte. Dank gebührt außerdem Pat Crow, Jill Fritsch, Elizabeth Macklin und Chip McGrath.

Wertvolle Hinweise gaben mir Stephen S. Morse und Joshua Lederberg, die beide als Virusforscher an der Rockefeller University in New York arbeiten. Manche Bedenken (und Befürchtungen), die in diesem Buch zum Ausdruck kommen, wurden der Welt auf einer Konferenz über neu in Erscheinung getretene Viren zur Kenntnis gebracht, die Morse organisierte und leitete; sie fand seltsamerweise im Mai 1989 statt, wenige Monate vor der Epidemie in Reston. Auf dieser Tagung prägte Morse den Begriff *emerging viruses* (neu aufgetauchte Viren).

Für wissenschaftliche Irrtümer, die in diesem Buch vielleicht vorkommen, bin ich natürlich allein verantwortlich.

Bei USAMRIID gilt mein besonderer Dank Dr. Ernest Takafuji, dem Kommandanten der Einrichtung, und David Franz, seinem Stellvertreter. Weiterhin danke ich für ihre Hilfe: Peter Jahrling, Nancy und Jerry Jaax, Thomas Geisbert und Eugene Johnson, die mir ihre Gedanken und Gefühle während der Reston-Krise mitteilten. Zeit und Mühe opferten mir auch Curtis Klages, Nicole Berke Klages, Rhonda Williams und Charlotte Godwin Whitford. Außerdem danke ich Cheryl Parrott, Carol Linden, Joan Geisbert, Ed Wise und den anderen 91-Tangos sowie den zivilen Tierpflegern, die mir von ihren Erlebnissen in Reston erzählten. Herzlichen Dank auch an Ada Jaax.

Bei den Centers for Disease Control gilt mein Dank denen, die sich die Zeit nahmen, mir ihre Erinnerungen mitzuteilen: Dr. C. J. Peters und Susan Peters, Dr. Joel Breman, Heinz Feldman, Thomas G. Ksiazek, Dr. Joseph B. McCormick und Anthony Sanchez. In anderen Institutionen: David Huxsoll, Dr. Frederick A. Murphy und Dr. Philip K. Russell.

In Kenia: Dr. Shem Musoke, Dr. David Silverstein und Oberst Anthony Johnson. In Südafrika: Dr. Margareta Isaäcson und Dr. G. B. »Bennie« Miller. Am Bighorn River: Dr. Karl M. Johnson. Bei Hazleton Washington: Hier danke ich Dan

Dalgard für seine Hilfe bei den Teilen des Manuskripts, in denen seine Gedanken wiedergegeben werden, sowie für die Erlaubnis, aus seiner »Chronologie der Ereignisse« zu zitieren.

Ich danke Arthur L. Singer Jr. bei der Alfred P. Sloan Foundation für seine ständige Unterstützung und sein Interesse. Mein Dank gilt auch Carol Rigolot vom Council of the Humanities an der Princeton University. Ferner danke ich Peter A. Seligmann und Russell Mittermeier bei Conservation International.

Im Zusammenhang mit der Reise nach Kitum Cave gilt mein besonderer Dank Graham Boynton sowie Christine Leonard, Katana Chege, Morris Mulatya, Herman Andembe und Jamy Buchanan. Ian Redmond lieferte wertvolle Informationen über die Höhle. Außerdem möchte ich nicht vergessen, die Unterstützung von David und Gregory Chudnovsky zu erwähnen.

Schließlich gilt mein Dank auch vielen Freunden: Peter Benchley, Freeman Dyson, Stona und Ann Fitch, Sallie Gouverneur, William L. Howarth, John McPhee, Dr. David G. Nathan, Richard O'Brien, Michael Robertson, Ann Waldron, Jonathan Weiner und Robert H. White. Danken möchte ich auch meinem Großvater Jerome Preston Sr., meinen Eltern Jerome Preston Jr. und Dorothy Preston, die mich unterstützten, meinem Bruder Dr. David G. Preston für seine Begeisterung über die Geschichte und meinem anderen Bruder, dem Autor Douglas Preston.

Mein letzter und größter Dank geht an meine Frau Michelle Parham Preston für ihre außergewöhnliche Unterstützung und Liebe.

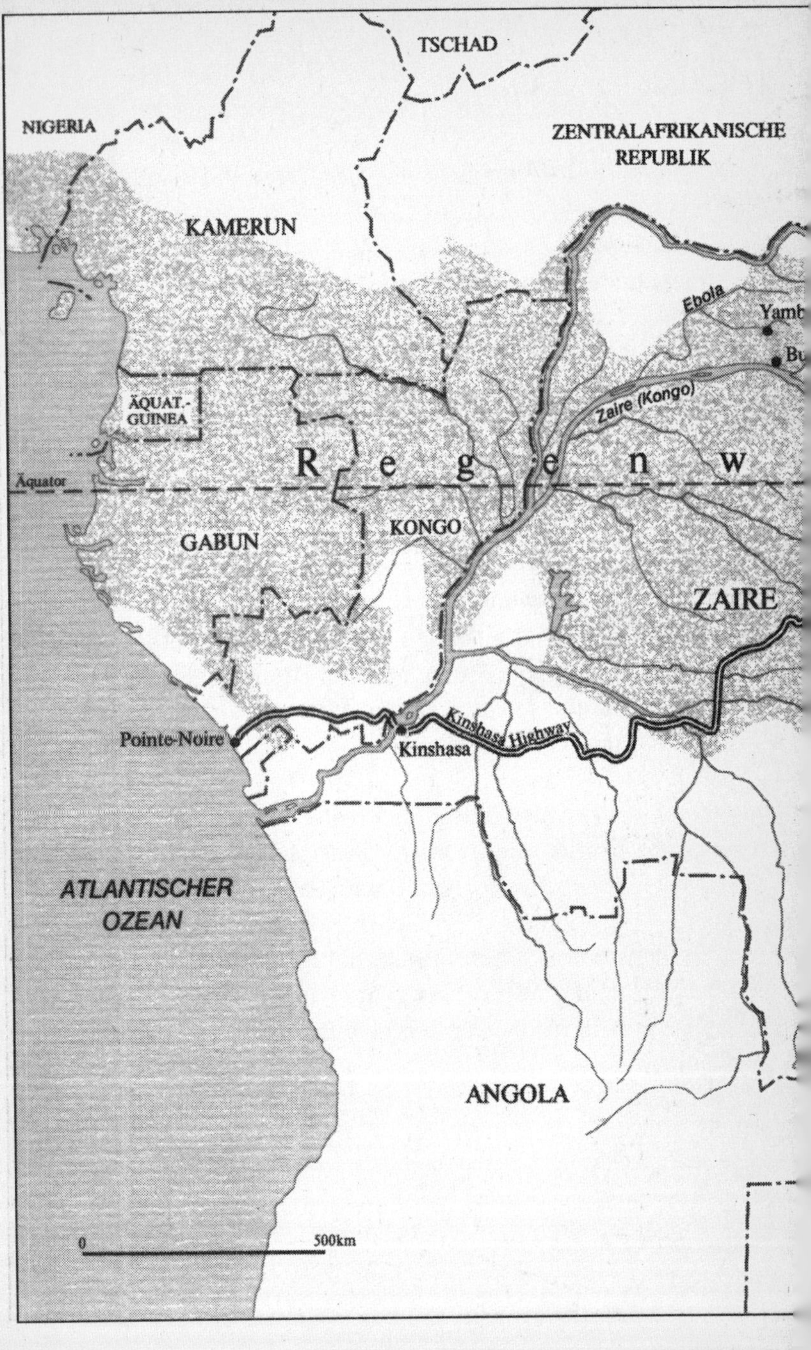

TSCHAD
NIGERIA
ZENTRALAFRIKANISCHE
REPUBLIK
KAMERUN
Ebola
Yamb
Bu
ÄQUAT.-
GUINEA
Zaire (Kongo)
R e g e n w
Äquator
KONGO
GABUN
ZAIRE
Pointe-Noire
Kinshasa
Kinshasa Highway
ATLANTISCHER
OZEAN
ANGOLA
0
500km

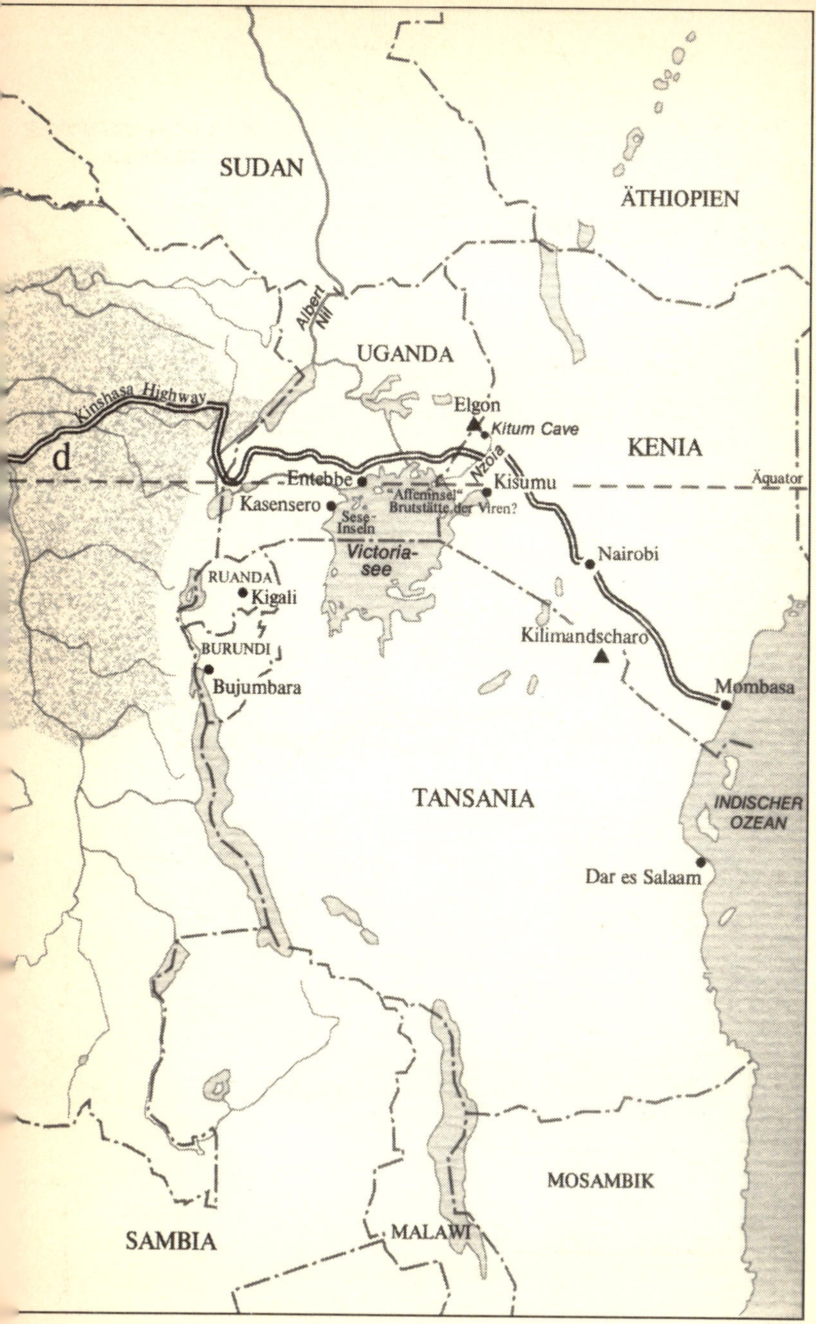
SUDAN
ÄTHIOPIEN
Albert Nil
UGANDA
Elgon
Kitum Cave
Kinshasa Highway
d
KENIA
Nzoia
Entebbe
Kisumu
Äquator
Kasensero
"Affeninsel"
Brutstätte der Viren?
Sese-Inseln
Victoria-see
Nairobi
RUANDA
Kigali
BURUNDI
Kilimandscharo
Bujumbara
Mombasa
TANSANIA
INDISCHER OZEAN
Dar es Salaam
MOSAMBIK
SAMBIA
MALAWI